平安朝音楽制度史

荻　美津夫著

吉川弘文館　刊行

目次

挿表目次

序章　問題の所在

かつて筆者は、雅楽を中心とした古代音楽の成立過程について検討し、

第一期　古代音楽の発生・流入期（〜八世紀末）
第二期　展開期（八世紀末〜十世紀初）
第三期　成熟期（十世紀初〜十二世紀初）
第四期　衰退期（十二世紀初以降）

とした。[1]しかし、これよりはやく井浦芳信氏は『日本演劇史』の中で舞楽について、

舞楽不整斉期（〜八世紀末）
舞楽整斉期——前半期——（八世紀末〜十世紀半）
舞楽整斉期——後半期——（十世紀半〜十二世紀初）
舞楽衰退期（十二世紀初〜十三世紀後半）

とし、さらに舞楽整斉期の後半期を、一条天皇代・藤原頼通時代・堀河天皇代の三期に分けている。[2]筆者の場合は成熟期とし、井浦氏は整斉期とし、言葉は異なるが、ともに十世紀から十二世紀の時期を古代宮廷音楽の中心をなした雅楽の最盛期ととらえており、十二世紀以降を衰退期とみる点においても同様である。これに対し、鎌倉時代を雅楽

の衰退期とするのではなく、新たに発展したとする見方もあろうかと思うが、宮廷儀式や王卿貴族の遊びの音楽としてみた場合には、やはり全体的に衰退傾向にあると言わねばならないであろう。

ところで、宮廷音楽の隆盛期・衰退期はおよそ摂関政治・院政の時代に重ねて捉えることができる。隆盛期は村上朝から藤原道長・頼通を中心とした摂関政治の最盛期をはさんで白河院政期の初期、すなわちおよそ堀河朝までであり、衰退期は堀河天皇の死によって確立した残りの白河院政期と、鳥羽・後白河院政の時期以降のこととなる。当該期は律令国家解体後に成立した王朝国家の時代であり、令制の官職及び官庁も次第に大きな変化をとげ、十・十一世紀には特定の氏族が特定官庁を世襲するという官司請負制が生み出される。(3)音楽においても例外ではなく、雅楽寮は制度として依然存続するが、次第に同寮内における楽器・装束・楽人・舞人の不備があらわになっていき、十世紀に急成長してきた衛府の楽人・舞人がこれにとって代わるようになる。その結果、十一世紀前半には左右両部制が成立し、これによって左舞には狛氏、右舞には多氏が定められ、その後、舞人・楽人の序列である一者・二者といった制度も誕生する。ほかに、世襲楽人として狛・豊原・大神などの諸楽家が形成される。また、十世紀前半には楽所が創設され、楽所人が祗候し御遊などの管絃の遊びに奉仕した。

およそこの十世紀から十二世紀までの音楽史的評価に関しては、近年、黒田俊雄氏が次のように説いている。(4)すなわち、宮廷音楽は十〜十一世紀に権威讃仰の典礼音楽から脱却し、それなりの社会生活のための音楽を享受し、社会生活のための演奏が定着するようになり、音楽を官職的「職」とし、社会的地位と収益権を保証された私的な「家業」とする下級官人や楽人などが現われる。他方では都市生活の発展がみられ、郢曲・今様が民衆によって創出され、これらを中心とした音楽が展開し、十二世紀には頂点に達し、両者は互いに響応し合うかのように和様音楽成立の社会的環境を助長したなどと説いている。さらに、十世紀以後の「王朝期の雅楽」に関して、これを貴族層の遊楽の

「文化」的生活態度からひとりでに生み出されたとみるのではなく、この背景には「地方民衆・豪民・領主層等の擡頭、それを基礎にした公領（国衙領）・荘園支配の再編・整備」などがあり、それらによって発展向上した「田舎」の生活と、「くに」（地方）の社会的・階級的な新たな胎動が存在したのであり、彼らの活動によってはじめて貴族層の「和様」音楽の優雅な達成が可能になったとも指摘している。王朝国家の政治・宗教・文化において補完的ではあるがそれぞれ重要な位置を占めていた音楽には、黒田氏が指摘する社会的背景の問題があり、このほかにも王権との関わり、宗教的役割などの重要な課題が残されているが、また制度的にも以下に指摘するように未詳な部分も依然として存在しているのである。

本書ではこれらの課題のうち、十世紀より十二世紀までの音楽制度の変遷と楽人の系譜を中心にとりあげ考察するものである。そこで、以下ではまず当該時代における雅楽寮・楽所・楽人等に関する問題点をあげてみよう。

律令制の一機構として成立した雅楽寮は、九世紀に入ると律令国家の変質にともなう官制の縮小化によって、楽人の人員は大幅に削減された。嘉祥元年（八四八）九月には、歌人二〇名、笛生四名、笛工二名、舞生九名（内訳は舞生二・田舞生二・五節舞生二・筑紫諸県舞生三）、唐楽生三六名、高麗楽生一八名、百済楽生七名、新羅楽生四名とみえる。(5)しかし、『延喜式』巻二一「雅楽寮」（以下『延喜雅楽寮式』とする）日食条によれば、ほかに歌女三〇名の存在が知られるし、同歌女条には「歌女者、取庶女容貌端正有声音者充之」とその任用についてみえ、同楽師条には「凡雑楽師有闕者、不問生徒及入色、簡取伎業優長者申省、省丞已上試、訖具状申官、其生者、簡才申省、省亦試練申官補之」とあり、楽師・楽人の数は削減されたものの、闕員は補綴されていたことが窺われる。

楽官については、宇多天皇の「寛平御遺誡」に一般の権官の停止をうたった箇所がある。それによると六衛府・馬寮官人とともに陰陽寮と雅楽寮に関しては「為取其芸、年来有例、随宜処分」とあり、特殊な才能を必要とするがゆえに許されていたことが知られるのである。

また、同式には同寮の勤仕すべき儀式と、どのように供奉すべきかが規定されている。これによるとその多くの宮廷儀式は治部省あるいは雅楽寮の官人が歌女・楽人を率いて主導的な立場で供奉したが、同寮が特殊な形で奉仕したのは相撲節であり、同式によると官人ならびに雑楽人は、左右相撲司・左唐楽・右高麗楽に分配されたという。相撲節における音楽と衛府・雅楽寮の関係については、すでに有吉恭子氏の考察がみられる。(6) 有吉氏によると、およそ九世紀前半に至るまでは同節において音楽の占める比重はあまり大きなものではなく、勝負の楽として相撲のもとに完全に繰り込まれており、その中心になったのは衛府の官人であった。ところが、九世紀の中頃になると楽舞への要望が強くなり、近衛の楽の拡大、同節における奏楽の重視という傾向がおこり、近衛の楽人の実質的な奏楽への関わりが大きくなっていき、雅楽寮が相撲節と関係をもつようになったのもこの頃だという。このように同節において雅楽寮は初めから従の立場で加えられていたのであり、これは有職書や古記録によっても確認でき、雅楽寮が近衛の楽人中心の相撲節に関係をもつようになるのは、九世紀中頃から後半にかけてであった。したがって、後述する他の節会など多くの宮廷儀式にあっては、次第に衛府の舞人・楽人が雅楽寮のそれに代わって実質的に奏楽の中心を占めるようになるが、その時期は九世紀半ばを溯らないことが確認できるのであり、その交代する時期が一つの問題点となる。確かに、『続日本後紀』承和六年（八三九）八月庚戌朔条によると、雅楽寮の考人で近衛に補される者に勅使の試を免じ本府の試補を許しているように、当該期には雅楽寮考人が近衛に補任される道がひらかれており、近衛府の楽人と雅楽寮の楽人の一部は重なりあっていたことも考えられるが、(7) 先の『延喜雅楽寮式』楽師条には雑楽師や雑楽生の補綴に関する点がみられ、これらの中には大同四年（八〇九）三月二十一日付太政官符から窺われるような唐楽・高麗楽などの舞師・舞生らが含まれていたのであり、また『日本紀略』延喜二十一年（九二一）十月十八日条には「覧雅楽寮舞人、於清涼殿前奏音楽」とあり、同寮大允小子百雄・同属船木氏有・新羅琴師船良実が奏舞者であったことが知られ、十世紀初頭には減少しつつも依然として雅楽寮でほぼまかない得るだけの奏舞・奏楽者が存在していたのである。この点に関しては第一章の雅楽寮の変遷のところで検討することになるであろう。

楽所とは元来、節会・行幸その他の特別の必要にあたって、臨時に雅楽寮の楽人をとどめおく場合の詰所のようなものであった。(8) これまでの楽所研究について顧みれば、林屋辰三郎氏の『中世芸能史の研究』における考察を嚆矢として、その創設時期を批判した有吉恭子氏の論考、近年では永田和也氏の楽所職員や機能などに関する考察が注目される。(9) 有吉氏によると、楽所という言葉には楽人が実際に音楽を奏する場所としての楽屋に近い意味をもつものと、いわゆる音楽機関としての意味のものの二つがあり、十一世紀末以降、楽屋という言葉が使われるようになると、これと相前後して楽所は音楽機関としての意味で使われるようになり、組織的にも整備され、その機能も明確になるという。(10) 確かに十一世紀末頃から楽屋という言葉が使用されてからは、ほとんどの場合いわゆる楽所を示すことが多いが、なかには音楽機関としての楽所というのではなく、従前通り楽屋の意味や単に楽人の候う所という意味で使われた事例も若干みられるのであり、また楽所の機能という点についても再考すべきところがある。その機能については永田氏が、楽所は御遊と密接に結び付くことを的確に指摘し、その成立の端緒は御遊に召された楽事堪能者の詰める所、あるいは演奏場所を意味する「楽所」にあり、御遊のたびに集められていた楽事堪能者を管理・運用するために生まれた機関であるとしている。(11) さらに氏は楽所職員である別当・預の補任の方式や補任された人々を明らかにし、また楽所人の名をあげるなど、(12) これによって摂関期の楽所の実態がかなり明らかにされたということができよう。

しかし、それにもかかわらず依然としていくつかの問題が残されている。すなわち、楽所の創設時期の問題やその機能と性格の問題、楽所構成員の中の別当・預・勾当、ことに実際音楽に直接携わった楽所人の構成や出身等の問題である。また、きわめて素朴な疑問として、管見によると村上朝の楽所始以後、臨時的なものを除いて楽所始の記事は数人の天皇の代においてのみみられ、すべての天皇の代においてはみられないこと、また楽所の置かれた場所もすでに指摘されているように桂芳坊・弓場殿・馬場殿などと一定せず、しかも皇居は内裏と多くの里内裏を何度も移動し、また焼失もしたが、このあいだ楽所はいかなる状態にあったのか、さらに常設楽所という場合、十世紀前半にひらかれて以来すべての天皇の代において文字通り常に開かれていたのか、あるいは随時開かれたのか、随時であったとするならばそれはどのような時期であったのか、などの問題も残されている。

楽所の創設時期については、周知のように『日本紀略』天暦二年（九四八）八月五日条の記事から村上朝とするか、さらに溯らせて醍醐朝とするかという説が中心となる。楽所の機能とその性質については、従来までは楽所とは舞楽の教習と統轄機関で、制度的な完成は鳥羽天皇の頃とする見方が一般的であり、楽所には天暦の頃から衛府の官人が配され楽所人の中心を占めていたと考えられている。ことに楽所人に関して、林屋氏は「当初は儀礼よりも勝負や遊宴の場合の楽事にたずさわった楽所人すなわち近衛の人々が、この節会・行幸などのなかへ組み込まれることになったのである」と説き[13]、一般的にも、楽所人の中心は、すでに天暦の頃から衛府の人々であったという見方が強い[14]。しかし、本書第二・三章で検討していくように楽所とは、石清水臨時祭・賀茂臨時祭に勤任する陪従のための調楽の場であり、御遊や臨時宴遊に奏楽者として加わった楽所人の調楽や祇候の場であったのであり、十一世紀後半までの段階において、楽所人は衛府官人によって占められていたわけではなく、衛府の人々が当初から楽所楽人として楽所に参画していたかは疑問が残る。また後述するように楽所舞人・楽人を集成した記録と考えられてきた『楽所補任』の書名や内容において再検討が必要とされているのであり、楽所自体いまだ多くの未解決の問題を含んでいるといってよいであろう。

本書ではまず、これらの雅楽寮と楽所に関する問題を検討していくことになるが、そのテーマの中心の一つになるのは楽所人や石清水・賀茂臨時祭、内侍所御神楽などに奉仕した陪従、あるいは雅楽寮・衛府官人などとして補任された重代・非重代の専業地下楽人・舞人たちの出自や系譜である。従前までの楽人・舞人に関する研究は、必ずしも多いものではなく、藤原孝道とその琵琶・箏の伝授系譜、あるいは『文机談』『胡琴教録』などの楽書を通してみた楽人の研究がいくつかみられる。[15] しかし、陪従やいわゆる楽家楽人などの地下の楽人についての研究はわずかしかみられない。その中にあって、平出久雄氏は楽家の系図などを通して地下の楽家楽人の考察を進めたようだが、その成果は残念ながら『日本雅楽相承系譜』[15]（以下、平出『相承系譜』とする）などを除いて公にされていない。近年の研究で注目されるのは、福島和夫氏の『楽所補任』や狛氏・豊原氏などに関する考察である。『楽所補任』についての論考では春日系楽書の中に原本があり、これまでなしとされてきた伝本も数本あることを初めて明らかにし、従来一般に使用されてきた『群書類従』補任部所収の同書には誤読や見落としが多く、「更に転写時の誤字および類従編纂時の改変・誤刻・脱落・付加等」もあり、「使用にたえ得ぬ体の悪本である」という。[17]『楽所補任』は十二世紀初め鳥羽朝以降の地下楽人の氏名・年齢・官職などが記されたものであり、これらのほかにも彼らが掌った音楽や勤仕した行事などの注記がみられ、断片的にしかみられぬ古記録類の楽人史料を補う貴重なものとなっている。したがって、福島氏が同書の原本を明らかにし、また善本として行真本・直葛本などの則行本系諸本のあることを紹介したことによって、地下楽人研究における同書の史料的価値は一層重要なものになったといえるであろう。

しかし、氏が同書の書名について、「春日本には、もともと名称はないか、或いは単に『補任』とのみ記したと思われる」こと、しかしその後独立した名称としては不便であるとして、『楽人補任』『楽人補任記』などと称されたこと、したがって「文政二年の類従本刊行以前は、『楽人補任』または単に『補任』が通称であり、類従本とその系統

（明治以降）および後に春日本が『楽所補任』を称した」ことを説いており、同書の再検討の必要性が認められる。[18]福島氏にはまた、春日系楽書に深い関わりをもつ興福寺楽人狛氏、あるいは笙を主業とする楽家の豊原氏などの考察があり、狛氏については『教訓抄』の著者である狛近真の系譜とその楽統の継承に大きな役割を果たした順良房聖宣について検討している。[19]

このほか地下の楽家楽人に関しては、音楽事典[20]などに簡単な解説がみられるくらいであり、楽人の系譜や活動についてはそれぞれの系図や音楽系統図、あるいは楽書や説話集などに断片的に窺い得るものの異説も多く、いまだその活動状況については不明な点も多い。十一世紀以後、ほとんどの地下の楽家楽人は衛府の下級官人に補任され、「家業」としての音楽を世襲的に相伝することが彼らの身分を保証するものであった。したがって、学問の世界において官司請負の主体となる博士家では有能な人材を養子形式の門弟として一族へ取り込んだように、[21]楽家でも同族内や他の楽家との間でも盛んに行われた。さらに楽家とは関わりのない音楽に有能な者（「非重代楽人」）を養子とすることもあった。音楽の相伝・養子などを通して楽家間の交流も当然盛んであったが、相伝ことに秘曲の伝授をめぐっては、他の楽家のみならず同族間の争いも多く、時には殺傷事件にまで発展することもあった。

すでに述べたように、地下の楽人に関する史料は公家の日記などの古記録に散見しているほかは、楽家の系図・楽統の相承系譜・楽書・説話集などによって窺うことができる。これらのうちの『相承系譜』については、黒田俊雄氏の指摘にもあるように、[22]その系譜に配された顔ぶれをみると、「聖代」の理想化や摂関政治美化に基づく伝承の傾向のある系譜もあり、楽書や説話集に集録されている様々な楽人の伝承についても美化したものが多く、異説も存在している。系図についても同様のことがいえるが、これらからはまた、当時の楽人の活動を浮かびあがらせることも可能なのである。[23]系図以下の史料は二次的なものであるが、いうまでもなく批判的に用いることによって貴重な情報を得られるのであり、地下楽人の名前などに関しては公家の日記には誤記や記憶違いなども間々あり、むしろ系図や楽書などが頼りとなる場合も多い。したがって本書では、公家の日記類を基本的な史料としながらも、楽統の系譜のところでは各楽家の系図を中心として他史料で補足しつつ考察を進めていくことになろう。これらの地下の楽家・楽人の系譜・活動については第四章において検討することになる。

注

（1）拙著『日本古代音楽史論』七頁。
（2）井浦芳信『日本演劇史』一一一～一六八頁。
（3）佐藤進一『日本の中世国家』二五頁。
（4）黒田俊雄「日本中世社会と『芸能』」（『岩波講座日本の音楽・アジアの音楽』第三巻所収）二七二～二七七頁。
（5）嘉祥元年九月二十二日付太政官符（『類聚三代格』巻四）。
（6）有吉恭子「楽所の成立と展開」（『史窓』二九）六一頁。
（7）右同論文、五七頁。
（8）林屋辰三郎『中世芸能史の研究』二三一頁。
（9）有吉恭子、注（6）前掲論文。永田和也「摂関時代の楽所の職員について」（『史学研究集録』一二）、同「大内楽所と藤原道長の家楽所」（『国史学』一三六）。ほかに、菊池京子「『所』の成立と展開」（『史窓』二六）があり、玉井力「九・十世紀の蔵人所に関する一考察―内廷経済の中枢としての側面を中心に―」（『名古屋大学日本史論集』上巻所収）、中原俊章『中世公家と地下官人』などでも触れられている。なお、拙著『日本古代音楽史論』では、共浦芳信氏の『日本演劇史』、菊池・有吉両氏の論文を見のがし、触れることができなかった。この場をかりてお詫び申し上げたい。
（10）有吉恭子、注（6）前掲論文、六五頁。
（11）永田和也「大内楽所と藤原道長の家楽所」（『国史学』一三六）五九頁。
（12）永田和也「摂関時代の楽所の職員について」（『史学研究集録』一二）。
（13）林屋辰三郎、注（8）前掲書、二四〇頁。

(14) 有吉・永田氏もともに、「近衛の官人」「衛府官人」が中心になったとする。
(15) 石田百合子「藤原孝道略伝」（『国文論集』一五）、同「胡琴教録の舞台と人物」（『国文論集』一六）、岩佐美代子「翻刻頭注『文机談』」（『鶴見大学紀要』二〇～二四）など。また、公家と地下楽家、音楽伝承に関しては、磯水絵氏による「公家と地下楽家における音楽伝承」（岩波講座『日本の音楽・アジアの音楽』第四巻所載）、「師長尾張国被流給事について」（水原一編『延慶本平家物語考証二』所載）など、多くの考察がある。
(16) 『音楽事典』（平凡社、一九五七年）第一二巻、付録所収。後に『日本音楽大事典』（平凡社）に誤記を訂正して再録。
(17) 福島和夫「『楽所補任』とその逸文について」（『雅楽界』五四）。
(18) なお、本書では便宜的に従来通りの『楽所補任』の書名を用いる。
(19) 福島和夫「狛近真の臨終と聖宣」（『古代文化』三四―一一）。
(20) 『音楽大事典』（平凡社）、『日本音楽大事典』（平凡社）など。
(21) 曽我良成「官司請負制下の実務官人と家業の継承」（『古代文化』三七―一二）、同「王朝国家の政治機構」（『古代史研究の最前線』第二巻所載）。
(22) 黒田俊雄「日本中世社会と『芸能』」（注(4)前掲論文参照）二七六頁。
(23) 佐伯有清『古代氏族の系図』二一一頁。

第一章　雅楽寮と楽官・楽人の系譜

第一節　雅楽寮の変遷

『延喜雅楽寮式』には、同寮の供奉すべき儀式として節会・行幸・諸祭・釈奠・仏会・大饗・競馬・相撲・列見・定考があげられている。これらの儀式には変遷がみられるように[1]、その中で奏された音楽についても、九世紀までと十世紀以降とでは変化があったことは有職書の比較によって知ることができる[2]。雅楽寮は次第に衰退していくものと考えられており[3]、同寮がそれぞれの儀式において実質的にどれほど奏楽の主体となっていたのかを検討するのが本節の目的であり、以下ではそれぞれの儀式ごとに、楽具所蔵の問題、所轄舞人・楽人の問題と併わせて考察していくことにする。

元日節会の音楽については、十世紀以降に「立楽」として雅楽寮によって舞楽が奏されていたことが窺われるが[4]、『江家次第』によってみると次のようになる。まず治部省の官人らに率いられた雅楽寮の楽人は長楽門と永安門を通って南庭に入り、双調の調子と参音声としての春庭楽を奏し、庭中の承明門前において舞楽「各二曲」を行い、舞い終えると退音声を奏す中を退出した。ここには「各二曲」とあるが、これは左方・右方それぞれ二曲ということであり、同書にあげられている万歳楽・賀殿（あるいは泔州）は左方唐楽であり、地久・延喜楽は右方高麗楽、同じく引かれている承平五年（九三五）の春庭楽・賀殿は左方、洞（登）天楽・王（皇）仁は右方というように番舞として奏されたものであった。但し、この場合楽人のみならず舞人までも雅楽寮所轄の者であったのかどうかは明記されてはいないが、十分その可能性を含むものであろう。

ところで、『権記』長保五年（一〇〇三）正月一日条には次のようにみえる。

雅楽寮令申云、年来舞装束自蔵人所下給、而焼亡之後不候、今日装束可如何奉仕乎、即借遣円教寺、申無由、依此事及深更、左大臣被奏事由、即被止楽之間、自法興院持来装束、仍更被奏事由被行、

これによれば雅楽寮は年来、舞装束を蔵人所より下されていたが、(5)焼亡によって蔵人所の舞装束が焼失したため舞装束が整わず舞うことができなかった。そこで、円教寺より貸借しようとするが同寺にもなく、結局は法興院より持って来た舞装束を使用したという。また、同書寛弘七年（一〇一〇）正月一日条にも、

外記令申雅楽寮申舞装束不具之由、是年来候蔵人所、而去年冬焼亡、仍所申云々、即内弁退下、仰令借法興院装束、二献之後、御酒勅使源相公、此間舞装束持来、三献奏楽、

とあり、この時も法興院の舞装束を借用しての奏楽であったという。これらにみえる焼亡とは、同三年十一月十八日の内裏焼亡のことであろう。蔵人所では同火災によって舞装束を焼失して以来、長い間補充せずにいたものと察せられる。『延喜雅楽寮式』の楽器装束条に「凡楽器幷装束等物、若有破損、具録申省、省申官」とあるように、本来雅楽寮には楽器と装束とは常備されているはずのものであった。しかし数年来、舞装束は蔵人所にあり、蔵人所より下されていたということは、すでに雅楽寮において舞装束が常備されていなかったことを示すものであり、この点についてはすでに林屋辰三郎氏の指摘するところである。(6)

雅楽寮における舞装束の不備については『小右記』永延二年（九八八）閏五月九日条に、

左右衛門府舞装束各四具、先日依宣旨度雅楽寮、而依本府之申、可令返納之由、仰彼寮属、

とあり、左右衛門府が雅楽寮に貸した舞装束の返納を求めていることから、十世紀後半まで溯ることができるが、おそらくは『日本紀略』康保二年（九六五）七月四日条に「今日子時雅楽寮七間舎一宇失火、楽器皆以焼亡」とあるように、この時の雅楽寮の火災で楽器を焼失するとともに舞装束も失ったものであろう。ここでまた問題になるのは、永延二年では雅楽寮は舞装束の不備を左右衛門府のを借りて補っているのに対し、長保五年、寛弘七年の時には何故に左右衛門府より借りずに法興院より借用したのかということである。その理由は必ずしも明白ではないが、少なくともなんらかの原因で左右衛門府においても舞装束を失っていたのであろう。あるいは、長保元年、同三年と続いた内裏の火災によることも考えられる。(7)

ともかくも、天元三年（九八〇）十一月、同五年十一月、長保元年（九九九）六月、同三年十一月、寛弘二年（一〇〇五）十一月と頻発した内裏火災によって、左右衛門府・蔵人所等に備えられていたところの宮中の舞装束のほとんどが焼失してしまったのであろう。

確かに、十世紀後半には雅楽寮舞装束の不備という状況がみられ、雅楽寮による舞楽奏舞の回数が減少してきているとみることもできるが、内裏の火災など宮中全体において舞装束の不足が続いたのであり、(8)雅楽寮のみのことではなかった。したがって、雅楽寮における舞装束の不備をもってのみ雅楽寮の衰退、舞楽担当能力の低下を考えるべきではなかろう。逆の見方をするならば、十一世紀初頭には依然として雅楽寮によって舞楽が奏されていた可能性を示すものでもある。

しかしこれ以後は、やはり元日節会における雅楽寮による奏楽の機会は確実に減少していったようであり、同節会次第を記載した古記録の中で雅楽寮と明記しているのは管見によると、長元二年（一〇二九）、嘉保二年（一〇九五）、

大治二年（一一二七）等を数えるにすぎない。なかでも『中右記』嘉保二年正月一日条の元日節会に関しては次のようにみえる。

三献楽、先雅楽寮遅参、頻相尋□参入、申云、楽器不候、先々申請□也、而雖尋□更無答御所楽器従去年在堀川院御蔵、数剋被尋求、此間及深更、頭弁密々借□綱朝臣楽器件朝臣宅在□、数剋纔大鼓一面許将参、如形舞春庭楽為参□右□、了罷出音声長慶子、

これによると、雅楽寮は同節会に遅参したが、これは楽器が整わなかったためであり、先々に御所の楽器を申請しても、これに対する返答はなかったという。結局この時には個人の楽器を借り[9]、わずか大鼓一面ばかりで舞ったとある。同記事の割注によれば申請のあった御所の楽器は去年より堀河院御蔵にあったという。堀河天皇の皇居は、践祚した応徳三年（一〇八六）十一月以来、堀河院にあったが、寛治八年（一〇九四）十月二十四日の同院焼亡によって大炊殿に移された。『中右記』同条の火災の記事によれば、大宮東二条南小屋より発した火は、折からの強い西風によって「南殿御殿」などを焼失したが、検非違使などによる消火活動と風がおさまったこともあり、夜には鎮火したという。同条には堀河院に延焼がせまってきた時、鈴印辛櫃・御釼璽筥などとともに管絃具も取り出したとある。この管絃具とは、ふだん清涼殿御調度品として備えられている横笛（竜笛・狛笛）や琵琶などの名器のことと思われる。そうであるならば、堀河院御蔵に収蔵されていた楽器とはどのようなものであったのであろうか。これが嘉保二年の記事にいう「不候」る楽器であったわけである。一般的に横笛・篳篥・笙は個人で所有していたであろうし、携帯が可能な楽器である。このことを考慮するならば、雅楽寮に「不候」る堀河院御蔵収蔵の楽器とは、大鼓・羯鼓・三ノ鼓・鉦鼓のような打物や箏・琵琶のような弾物、ことに舞楽ならば前者の楽器こそがこれにあたるものと考えられる

のである。したがって、雅楽寮が申請した御所の楽器は嘉保元年（寛治八）以来堀河院御蔵にあったが、同年十月二十四日の火災で堀河院が延焼した折に焼失したか、あるいはどこかに運びだされて不明のままになっていたのを尋ね求めさせたのであろう。

雅楽寮において楽器が常備されないような状況が生み出されるのは、既述のように康保二年（九六五）七月の雅楽寮失火による楽器焼失以来のことと察せられ、この後に楽器の補充が行われたとしても、嘉保二年の例から考えるならば、楽器の不備はかなりあったもののようである。これは雅楽寮の衰退を示すものではあるが、嘉保二年の元日節会においても寛弘七年の舞装束の時と同様に楽器を衛府等から借りず、個人の家にあるものを借用しているのであり、この時期においても承暦四年（一〇八〇）二月六日の高陽院、永保二年（一〇八二）七月二十九日の内裏、寛治八年十月二十四日の堀河院がそれぞれ焼亡するというように、たび重なる皇居の焼亡で宮廷の楽器そのものが常備できない状態にあったのではないかと察せられ、寺院や家楽所の装束や楽器に頼らざるを得なかったのではないかと考えられるのである。『台記』仁平二年（一一五二）正月二十六日条には左大臣藤原頼長の正月大饗の記事がみえるが、「乗舟二艘」の割注に鷁首船に載せられた楽器について「須用寮楽器、而失例、或用本所楽器、仍余給之」などとあり、大饗のときの船楽に用いる楽器は雅楽寮のものを使用することを通例とした旨が述べられている。当日には「失例」したため結局、本所すなわち頼長が別当であった蔵人所の楽器を用いて船楽が行われたのである。同記事によって、十二世紀中葉にあっても雅楽寮に楽器が整備されていたことが窺われるのである。はたして十二世紀に入っても、雅楽寮において単独で舞楽を行い得るだけの人員が整っていたか否かは疑問の残るところであるが、少なくともこの事例は依然として同寮が音楽機関としての機能を保っていたことを示すものである。

正月十六日の踏歌節会における雅楽寮の奏楽についてはどうであろうか。同節会の音楽についてもやはり十世紀以降になると、三献後の立楽として定められたようで、『江家次第』には二献・三献後に舞楽が行われたことが窺われる。『小右記』治安三年（一〇二三）正月十六日条によると、同年の踏歌節会では舞人の不足という事態が起こり、雅楽頭藤原為成に過状を進めしむべきことを命じている記事がみられる。この時の舞人の不足は舞人の懈怠によるもので、懈怠の舞人は次節で詳しく検討するように雅楽少允藤原実正、三鼓師多政行であり、他の舞人も含めていずれも雅楽寮所轄の者であったと察せられ、踏歌節会においては少なくとも十一世紀初頭には、雅楽寮単独で舞楽を行い得たものと考えられるのである。

二月に行われた列見については、『西宮記』に三献後「召雅楽」とあり、これの説明によると雅楽寮によって唐楽・高麗楽のいわゆる舞楽が各二曲奏されたことが知られる。『北山抄』や、『江家次第』にも同様に窺うことができる。これらの次第を検討し、その奏楽の様子を考えてみると、『西宮記』には「物声」という言葉がみえるが、これは「参音声」のことであり、雅楽寮官人が楽人を率いてまず門外で参音声を奏し、参入して厨家に着し饌を賜わり、左方・右方の舞楽を各二曲奏した(10)。雨儀では正庁内において行われたという。列見では舞楽として龍（陵）王と納蘇利を奏することが特色であるが、古記録によって列見の詳細な記事を窺い得ないこともあり、ここではこれらの舞楽が十世紀から十二世紀にかけて、一貫して雅楽寮の楽人・舞人のみによってなされたか否かは明白にすることができない。

次に、大饗における雅楽寮の奏楽について検討してみよう。『延喜雅楽寮式』の大饗条によると、宮廷における大饗には中宮・東宮の二宮大饗と大臣大饗とがあり、ともに雅楽寮官人が楽人を率いて供奉した。二宮大饗とは、群臣が後宮（皇后・中宮・皇太后）と東宮に拝賀し、宴を賜る儀式で(11)、『西宮記』や『北山抄』によれば、雅楽寮がこれらの楽舞に関わったかどうか明記されていないが、『江家次第』には、「一献」「二献」「給餛飩」の後の三献のこととして、「雅楽寮進庭中舞各二曲左万歳楽、北庭楽、右地久、延喜楽」とあり、雅楽寮が舞楽を奏したかのような書き振りがみられる。しかし、『御堂関白記』寛弘二年（一〇〇五）正月二日条には次のようにみえる。

参二宮大饗、中宮大饗着、楽間無〔舞カ〕多正方、吉茂、秦清国、身貴子、余并右府・内府・一両上卿有禄物、

これは中宮彰子と東宮居貞親王の大饗であり、舞楽は多吉茂（好用）の子の多正方（政方）と秦身貴（高）の子の秦清国によって舞われた。多好用は『小右記』永観三年（九八五）三月三十日条、長保三年（一〇〇一）十月九日条にはそれぞれ右近将曹、右兵衛尉とあり、多政方は同書寛仁元年（一〇一七）九月二十四日条に右近将曹などとみえ、秦清国については明らかではないが、父の身高については『九暦』天暦七年（九五三）十月二十八日条の殿上菊合に近衛として舞人に名を連ねている。したがって、このとき舞人として勤仕したのは雅楽寮所轄の者ではなく、衛府の官人であった可能性がきわめて高いといわねばならないであろう。

倉林正次氏によると、大臣大饗には大臣に任ぜられた時に催す任大臣大饗と毎年の正月に行う正月大饗とがあり、それぞれ開催される時期や場所が異なり、またその次第については正月大饗には「史生召し」「雅楽参入」や「立作所」を設けるなどのことがあるのに対し、任大臣大饗では行われないという[12]。『西宮記』や『江家次第』には正月大饗について記載されているところであるので、ここでは正月大饗における雅楽寮の奏楽に関して検討していこう。

『西宮記』には「雅楽発音声」とあり、『北山抄』にも「雅楽寮発音声」とあるのみであるが、『江家次第』に三献後、鷹飼が犬飼をともなって庭中に渡り、雉を献じ終わって退出した後のこととして、雅楽頭が楽人を率いて幔門より庭中に入り、立ち整うと一鼓が打たれ、次に左方・右方の舞楽各二曲が舞われるとある。しかし、特に雅楽寮によって舞楽が行われたか否かについては明記されていない。そこでさらに、古記録によってもう少々みていこう。

『中右記』によると、嘉承二年（一一〇七）正月十九日に関白右大臣藤原忠実の関白殿大饗が催され、三献後、鷹

飼・犬飼によって雉が献ぜられることがあり、これに続けて次のようにみえる。

次雅楽寮掉舟参来、吹春庭楽雅楽頭允属舞人八人乗竜頭、楽人等在鷁首、付南橋南中島下従舟、渡橋参上立前庭橋西頭、舞左万歳楽（光末、行高、末定、光時）、賀殿、右地久（忠方、公正、近方、助高）、白浜賀殿之間光景漸暮、已及昏黒、仍挙掌灯尊者座南北各一本（中略）池頭所々篝火、舞了退出長慶子、

これは正月大饗の記事であるが、有職書の次第内容とは少々違いがみられる。楽舞関係のみについて注目すると、『江家次第』においては雅楽頭が楽人らを引率し、幔門より庭中に進み立つとするのに対し、嘉承二年の際には雅楽寮等の奏楽関係者は竜頭・鷁首船に乗って参来し、南橋・南中島にて下船し、橋を渡って前庭に進み舞楽をなしたという。

しかしまた、『殿暦』永久四年（一一一六）正月二十三日条の正月大饗、藤原忠通の内府大饗には次のようにみえる。

雅楽於西中門吹調子、至透廊許発春庭楽、左近将監行高懸壱鼓、出自幔門、於庭中打之、雅楽頭泰長率寮官・楽人・舞人等、入自幔門、庭中尓立双、行高打了入楽人中、次舞、間有立明事左万歳楽、賀殿、右地久、延喜楽各舞人四人、舞了頭泰長以下経本路出自幔門之間賜禄、頭紅衾一帖、六位已上各疋絹、

すなわち、雅楽寮は西中門において調子を吹き、透廊に至って春庭楽を発し、左近将監狛行高が一鼓を懸けて幔門より庭中に入ってこれを打ち、雅楽頭安倍泰長が官人・楽人・舞人らを率いて立双、舞楽を奏したという。この時には竜頭・鷁首船に乗ることなく道行がとり進められたものと察せられ、『江家次第』の次第に近い形で行われている。嘉承二年の藤原忠実の大饗も、永久四年の藤原忠通の大饗もともに東三条第で催されたものであったが、このようにその次第に違いがみられる。考えるに、大臣大饗における本来の次第は、『江家次第』などの有職書や永久四年にみたような形式をもつものであり、船楽を用いる方法は一つの趣向を凝らしたものとして行われたものであろう。この後も『長秋記』天承元年（一一三一）正月十九日条の関白藤原忠通の大饗、『兵範記』仁平二年（一一五二）正月二十

六日条の左府藤原頼長の大饗などの正月大饗にも竜頭・鷁首船が使用されており、父忠実のときの大饗がしばしば先例として採用された。

ところで、大臣大饗において奏された舞楽はいかなる楽人・舞人によるものであったのかというと、先に引用したように嘉承二年のときには左方舞人として光末・行高・末定・光時、右方舞人として忠方・近方・助高・公正の名がみられる。彼らは『楽所補任』天永二年（一一一一）等の条や、狛氏・多氏の系図や古記録などから知られるように、それぞれ狛光末（季）・狛行高・狛末貞（季貞）・狛光時であり、多忠方・多近方、山村助高（資高）等であった(13)。狛光末・多忠方については『中右記』嘉承元年（一一〇六）正月三日条にはそれぞれ左近将監、右近将曹とみえ、他の舞人たちについても『楽所補任』天仁元年(14)（一一〇八）には狛行高は左近将曹、狛末貞・狛光時はともに左近府生、山村助高・多近方はともに右近将曹であったことが知られ、いずれも衛府の官人であったのである。

また、『江家次第』にもみられた「打一鼓」つ役は、『春記』永承三年（一〇四八）正月条の大臣大饗にはすでに左近将監狛光高によってなされており、他の例からみても一鼓は舞人の一者によって打たれたものと察せられる。既出の永久四年の例でも左近衛将監狛行高が一鼓を打っており、雅楽頭に率いられた一行が庭中に立双すると行高は「打了入楽人中」ったという。行高は嘉承二年には左舞を勤めており、『楽所補任』天永三年には左舞一者とみえることから考えると、この時に一鼓を打ちおわり楽人の中に入ったとあるが、これは楽人・舞人の立双する中に加わったという程の意味で、やはりこの折にも左舞を勤めたものと察せられる。

以上のように大饗においては、二宮大饗も大臣大饗の場合もおよそ十一世紀に入った段階では、少なくとも舞人は雅楽寮ではなく衛府の官人であったことは明白である。しかも、『長秋記』によると、天承元年（一一三一）正月十九日に行われた関白藤原忠通の正月大饗に供奉した舞人・楽人の名が掲げられている。ここに彼らを『楽所補任』など

第1表　天承元年正月十九日、関白藤原忠通正月大饗供奉の舞人・楽人

	舞人・楽人名
左方舞人	左近将曹狛光時、同府生大神是行、同狛則助、近衛行末男（狛行末の子季時(1)カ）
右方舞人	大夫右近将監多忠方、右近将監多近方、右近将曹豊原元秋、同府生忠方男（多忠方の子右近府生忠節）
楽　人	笙―雅楽属藤井清方、左近府生豊原時秋 篳篥―右兵衛志大原延国、尾張兼元(2) 横笛―雅楽允大神基政、右衛門府生藤井重貞(定)、左近府生戸部清延 羯鼓―尾張兼則(3) 揩鼓―為清(4) 三鼓―右兵衛府生尾張則元 大鼓―左衛門府生豊原時(節)行 鉦鼓―右兵衛府生佐伯助行

注　(1)『楽所補任』保延元年条に、左近府生として、「同日任　年三十　左舞人　興福寺　行季男」とみえる。
(2)『楽所補任』保延四年条に、左衛門府生としてみえる。
(3)『楽所補任』久安元年条に、左衛門府生としてみえる。
(4)未詳。

によって氏姓・官職等を確認すると第1表のようになる。これらの中で雅楽寮官人は同允大神基政、同属藤井清方のみであり、他はいずれも衛府官人として供奉しているのであり、この頃になると舞人も楽人もその主力は衛府楽人であったことが知られる。したがって、大饗においては、有職書では舞楽は依然として雅楽寮によっているかのように記されていたが、実際にはおよそ十一世紀には舞人が、十二世紀には楽人までもが衛府官人によって勤仕されるようになっていたのであり、これは専業楽家楽人の多くが衛府官人に任ぜられたことによろう。

なお、『小右記』正暦六年（九九五）正月二十八日条に、内大臣藤原伊周の正月大饗において「又雅楽三献之後可発

音声、頗似遅引、如何」と不手際のあったことが示されているが、これはちょうど元日節会において舞装束の整わなかった長保五年（一〇〇三）、寛弘七年（一〇一〇）、あるいは左右衛門府より舞装束を借りたという永延二年（九八八）と同時期であることから、この時も楽器や舞装束に関する不備があったことによる遅引と推察され、やはり一条朝の初期には少なくとも雅楽寮における楽器や舞装束の不備は、様々な儀式の遅引や不手際をまねいたものと考えられるのである。

　さて、雅楽寮ではまた御斎会や東大寺・西大寺・大安寺などの仏会に奉仕した。ここでは御斎会について同様に検討してみよう。『延喜雅楽寮式』[15]仏会条や有職書によると雅楽寮は、御斎会の初日の正月八日と最終日の同月十四日に供奉することが定められていた。『儀式』巻第五「正月八日講最勝王経儀」によると、同寮による「奏楽一曲」の割注に「左唐楽右高麗」とみえること、『西宮記』御斎会の「行幸儀」と「無行幸儀」にはそれぞれ「舞次講説」「楽人着舞如常」などとあることから、九・十世紀における御斎会初日において、左方唐楽・右方高麗楽の舞楽が行われたことは明白である。また、これは『江家次第』によっても確認できる。御斎会の最終日についても、同書によると初日と同様に左右各一曲の舞楽が行われたことが窺われる。

　このように有職書によれば、御斎会にはその初日と最終日に舞楽が奏され、いずれも雅楽寮が主導する形での記載がみられ、また『兵範記』保元三年（一一五八）正月十四日条等においても「雅楽供奉」とあり、雅楽寮が舞楽を供奉したかのように記されている。実際には如何であったのであろうか。『小右記』寛仁三年（一〇一九）正月十四日条には御斎会の最終日について次のようにみえる。

今日摂政仰云、御斉〔斎〕会始日無音楽〔之〕事諸卿云、節会誠雖無音楽、至御斉〔斎〕会為供仏不可被停止歟、今日可有楽之由有被召仰、即令召仰雅楽寮、申云、元日・七日等節会已無音楽、仍物師等罷帰南京了者、（中略）、又被問楽事、中云、今日可有楽ー〔之〕事有被召仰、仍仰雅楽寮、忽申無楽人・舞人、大臣云亦〻可催仰之由、可戒仰也、（中略）、召国儀被問楽事、申云、雅楽頭為成真人参入申云、楽人僅雖参入儛人不候者、大臣被示卿相、彼是云、舞人不候何為者、仍早被催僧侶参入ー〔之〕事、暫ー〔之〕僧等参入、

これによれば、藤原頼通は公卿等の議を受けて御斎会最終日の舞楽を行わせようとしたが、雅楽寮は「無楽人・舞人」きことを申した。そのために、この時には楽人をわずかにそろえただけで舞人を整えることができず、舞楽は行われなかったという。雅楽寮が舞楽を行い得なかったのは、同寮が「元日・七日等節会已無音楽、仍物師等罷帰南京了」と申しひらきしているように、同年には前年十二月の式部卿親王（敦康）の薨去後ということもあって、元日節会や七日節会が停止されたために、雅楽寮の諸師である物師が南京にかえってしまったことがその理由であった。この時、舞人の不足を衛府官人によって補うことも可能であったはずである。しかし、ここで補充しないままに、楽人・舞人を整い得なかったのは、あくまでも雅楽寮によって同行事を行おうとしたからではなかろうか。そのような意味において、雅楽寮は当該時期にあっては、その楽人・舞人の数は舞楽を奏し得る最低のものであったであろうが、単独で舞楽を行うことができる状況にあったものと考えられるのである。しかし、十二世紀に入る頃には『兵範記』の記事にみられたように、雅楽寮が主体となって舞楽を奏していたかは疑問であり、むしろ、雅楽寮官人に率いられた衛府の官人が奏舞・奏楽の主体となっていったことが推察されるのである。

以上のように、ここまでは雅楽寮が供奉した諸節会・列見・大饗・御斎会における音楽について検討してきたが、その結果次のことが知られた。すなわち、大饗においては、二宮大饗の場合も大臣大饗の場合も、およそ十一世紀に入る頃には衛府官人が雅楽寮舞人に代わって同儀式の舞人の地位を占めるようになり、十二世紀には楽人までもそのほとんどが衛府官人であった。しかし、十一世紀には同儀式の奏楽担当の楽人は雅楽寮所轄の楽人であった可能性が

強い。これに対し、節会や御斎会においてはかならずしも同様であったとはいい難く、十一世紀初頭には依然として雅楽寮単独で楽人・舞人をまかない舞楽を奏していたものと推察される。この十一世紀の段階における奏舞においてこのような二つの形がみられることについては、大饗の場合にはその皇家・公家の饗宴という性格の強い儀式であり、饗宴における奏楽ということから出発した衛府の奏楽との整合性の強いものであったがゆえにもっとも早く雅楽寮舞人より衛府舞人への交代がみられたものと推測される。十二世紀にはいずれの儀式の奏楽においても、その楽人・舞人の主力は衛府官人となっていくのであるが、その交代の時期は儀式によって若干のずれがあったものと考えられる。したがって、雅楽寮は少なくとも十一世紀の半ば頃までは、舞楽を行うことのできる最少の人数ではあったであろうが、単独で舞楽をなし得る楽人・舞人を保っていたものと察せられるのであり、十二世紀に入り単独で奏すことができなくなってからも楽器を所蔵していることが窺えるのであり、一応音楽機関としての面目は保たれていたのである。しかし、十二世紀以降の奏楽にあっては、雅楽寮官人による楽人・舞人の引率は形式的に残されたものの、次節においても触れるように楽人・舞人は衛府では近衛府でいうならば将監・将曹・府生クラスの者たちであり、雅楽寮では允・属の者がこれを勤め、同寮の楽師・舞師といういわゆる諸師が掌る例はごくわずかであった。これは令制の雅楽寮の衰退によるものであるが、十世紀までの雅楽寮の楽人の中心は楽師や楽生であり、ことに楽生がその大多数を占めていたのに対し、同時期には衛府官人の中から音楽的に優れた者が現れ、やがて楽家として官人請負体制の中に組み込まれ、総体的に宮廷儀式の音楽に供奉した楽人・舞人の地位も向上していくのであり、これによってまず楽生の楽舞に携わる機会は少なくなっていったであろう。また、諸師については令制では従八位上相当で雅楽寮大属と同位階であり、十世紀まではその音楽的技能の優れているものの中から天皇の音楽の師になる者もあらわれたが、以後にはみられない。鎌倉期成立の『拾芥抄』第四、官位相当部には雅楽諸師は従八位上の官としてはみえず、大初位下相当官には「雅楽長上」がみえる。これが初位相当とされていることからみれば、『延喜式部式』「才伎長上」条に「鉦鼓師准雅楽師、諸師雑色長上幷准少初位官」とあり、令では雅楽諸師は「其位主典以上」に相当することから、また唐楽生・高麗楽生らが「雅楽寮雑色生」と称されていることから、『拾芥抄』にいう大初位下相当官の「雅楽長上」とは楽師の下にいた楽生ということになろう。しかし、十一世紀以降、楽生の存在は知られないのであり、同書の記述は十世紀までの実態に基づいて記されたものであろう。『拾芥抄』官位相当部に雅楽諸師が記されていないということは、雅楽寮における物師の舞人・楽人としての役割の低下が窺われよう。舞人・楽人は宮廷の饗宴での奏楽の機会が多くなるにつれて宮廷に近侍する衛府の方が好都合であったであろうし、また定員の少ない允・属といった雅楽寮官人や同寮諸師よりも左右近衛府・左右衛門府・左右兵衛府といった定員の多い官人への補任が行われるようになったのであり、次第に舞人・楽人は主にこれらに任ぜられた楽家の人々によって占められていくようになるのである。

そこで次節以下では、同寮の官人や、物師と称されるようになる諸師の変遷を具体的に検討していこう。

第二節　雅楽寮官人の変遷とその系譜

およそ九世紀までの雅楽寮官人については、拙著においてすでに整理を試みたところである[16]。その結果、同寮頭は皇親系の氏族によって占められていること、助以下では渡来系の氏族が含まれ下位にいくほどその割合は多くなること、しかしその傾向は八世紀後半までであること、また楽官のなかで実際に音楽にたずさわり、教習も行ったのは助以下の楽官であり、頭のなかでは藤原貞敏が著名な琵琶奏者として知られるくらいであったことなどを明らかにした。

本節では、およそこれ以後の十世紀から十二世紀までに任ぜられた雅楽寮官人について整理し、これらに基づき彼らの音楽的活動状況やその系譜などを検討しよう。

雅楽寮楽官の定員は、令制によれば頭一人、助一人、大允一人、少允一人、大属一人、少属一人であり、「寛平御遺誡」によればさらに権官も認許されていたことについては既述したとおりである。そこでまず、古記録などにより当該期における同寮官人について整理すると第2表のようになる。これによれば、管見では二五名の雅楽頭を確認できるが、これらのなかには源蕃平・藤原是毗・藤原遠理・源信義・源範基・藤原頼方などの管絃等の相承系譜に名を列ねる名人も多く窺うことができる。そこでまず、彼らを中心に雅楽頭に任ぜられた主な者たちの系譜とその活動状況について検討することにしよう。

源蕃平は清和天皇の孫にあたり、『秦箏相承血脈』によると清和天皇から父貞真親王へ、父から蕃平へと箏を相承しており、蕃平の子為堯についても『尊卑分脈』には「箏名師」とあり、『体源抄』十一ノ上「管絃名人等事」(以下「管絃名人等事」とする)にもその名を列ねている。

藤原是毗は善行の子で、箏の名手であった。『秦箏相承血脈』によれば父善行は左大臣源信から相伝を受け、善行は是毗に伝えている。しかし、『尊卑分脈』には善行について「箏従五下任弟子」とあり、源信の子任の弟子であったと伝えている。源任については同書に「箏引」とみえるのみであるが、左大臣源信は『日本三代実録』貞観十年(八六八)閏十二月二十八日条の薨伝に、笛・琴・箏・琵琶の糸竹のいずれにも優れていたとあり永隆楽の作者とされていることなどから、藤原善行は源信から箏の相伝を受け、是毗の箏はその系譜をひくものと考えてよいであろう。是毗の音楽活動としては『西宮記』所引『吏部王記』延長八年(九三〇)十月十一日条に醍醐天皇御陵において「内蔵助義方倭琴、允是毗調箏、楽所預良名調琴」とあり、箏を調べたことが知られるのみである。是毗は藤原南家武智

第2表　雅楽寮官人

職名	人名	初見年月日	典拠	備考
頭	橘伴雄		尊卑分脈	長谷雄の子。九世紀後半の任か
	藤原晨省		尊卑分脈	貞敏の子。『元杲大僧都自伝』『醍醐報恩院血脈』ではともに助とする
	源蕃平	天徳　四	天徳四年内裏歌合	
	藤原是皉	応和　三・二・二八	東宮冠礼部類記	善行の子。『尊卑分脈』『秦筝相承血脈』にもみえる
	守節	天元　五・正・七	小右記	永原氏か
	藤原遠理	長保　元・三・一六	本朝世紀	東三条院行幸。この時「堪楽」者の一人として召される
	源信義	寛弘　四・二・二八	権　記	博雅の子。この時、陪従の一人としてみえる
	清原為成	長和　二・七・一六	小右記	実資家司。雅楽寮別当実資とともに東西二寺の斎会に伎楽を遂行
	成経	永承　元・一二・一八	東宮冠礼部類記	
	成理	康平　五・正・二〇	康平記	
	藤原兼定		尊卑分脈	知定の子
	藤原諸元		尊卑分脈	
	藤原憲仲	承保　四・八以前	尊卑分脈	
	安倍泰長	康和　五・一二・九	殿　暦	ほかに『朝野群載』にもみえる
	藤原親房	承暦　三・七・一一	水左記	『尊卑分脈』にもみえる
	橘元輔	天承　元・正・一九	長秋記	
	豊原重時	久安　元・一〇・一〇	本朝世紀	この時「頓死」とみえる
	安倍泰親	久安　四・四・三	本朝世紀	ほかに『台記』『兵範記』にみえる
	源範基	保元　三・正・三〇	兵範記	ほかに『御遊抄』『和琴血脈』にみえる
	藤原頼方	仁安　二・一二・四	兵範記	内侍所御神楽の二歌を掌る。ほかに『山槐記』『神楽血脈』『尊卑分脈』にみえる
	藤原有頼		尊卑分脈	頼方の子
	賀茂済憲	治承　五・三・二六	吉　記	ほかに『東大寺続要録』『尊卑分脈』にもみえる。『東大寺続要録』文治元・八・二八条、同寺大仏開眼供養会では楽前大夫に勤仕
	安倍泰基		尊卑分脈	泰親の孫

	藤原成基		尊卑分脈	あるいは助か
	藤原師保		尊卑分脈	
助	小子部百雄	延喜二一・一〇・一八	新儀式・西宮記所引醍醐天皇御記	大允より転任。『西宮記』には小子百雄とある。『西宮記』には同二〇年一〇月一八日とあるが、『新儀式』や『日本紀略』同条記事から同二一年一〇月一八日が適当であろう
	源登平	寛弘五・一〇・一七	御堂関白記（裏書）	為親の子。敦成親王御監
	平範重	長和四・正・一二	御堂関白記	ほかに『小右記』にもみえる。同書同五・二・八条には教重とある
	藤原頼文	長和五・一一・二四	御堂関白記	道長の大原野祭奉幣使。ほかに『小右記』『尊卑分脈』にもみえる。但し『尊卑分脈』では同頭とし、頭注に「真光院本藤原氏系図作助」とある
	源経長	寛仁四・一一	公卿補任	同書長久四年条には「従一位源倫子給」とある
	藤原公基	治安二	大間成文抄六	「故中納言公信卿男」とあるが、『尊卑分脈』では公信の孫とみえる。また『大間成文抄』では「治安二年給二合所任」とある。
	兼輔	長久元・六・八	春記	
	藤原輔家		尊卑分脈	
	藤原宗長	治暦四・七・一九	本朝世紀	経国の子
	藤原盛輔	承徳元・一二・一一	中右記	盛実の子
	源家時	康和元・正・二三	本朝世紀	盛長の子。「左兵衛少尉源家時〈蔵人、雅楽助〉」とある
	藤原友兼	康和元・正・二三	本朝世紀	惟実の子。『尊卑分脈』にもみえる
	藤原家綱		尊卑分脈	章経の子
	源能明	長治元・四・二九	朝野群載	
	菅原清能		尊卑分脈	在良の子
	藤原時定	天承元・正・一九	長秋記	藤原知定の子、同頼方の父か。増補史料大成版『長秋記』では「楽頭元輔、助時、定久、成家、属清方、光行」とするが、「楽頭元輔、助時定、久（允カ―筆者注）成家、属清方、光行」とするのが適当であろう
	平忠光		尊卑分脈	
	藤原成佐	天養二・正・二一	台記	行佐の子。「菖蒲丸初習孝経、以蔵人雅楽助成佐、為師」とある
	藤原頼方	久安二・一二・二一	本朝世紀	「元雅楽助陪従」とみえる

源経時	久安四・正・二八	本朝世紀	範基の子。「臨時内給」とある
藤原範貞	久安五・一〇・二三	本朝世紀	
源仲基		尊卑分脈	
藤原国見	仁平元・二・二六	台記	
藤原国盛	仁平二・正・二六	兵範記	国定の子。増補史料大成版『兵範記』には「助藤、国盛、允藤、景兼以下伶人」とするが、「助藤国盛、允藤景兼以下伶人」とするのが適当であろう。『尊卑分脈』にもみえる
平親房	保元元・一二	兵範記	
源基光		尊卑分脈	親賢の子
菅原在清		尊卑分脈	同書には貞衡の子とあり、「実者祖父之子也」とみえる
藤原信賢	仁安四・正・一一	兵範記	権助
佐竹義宗	承安四・三・一四、二九	吉記	昌義の子、新羅三郎義光の曾孫
大江忠房	承安四・一二・一	玉葉	権助。『大間成文抄』八にも「助」「権助」としてみえる
業資	安元二・正・三〇	玉葉	
卜部兼済	治承二・六・二八	山槐記	権助。『吉記』治承四・四・七条には助とみえる
藤原重保	養和元・八・一五	吉記	権助
源仲兼	寿永元・三・一一	吉記	
藤原公邦	元暦元・八・二一	山槐記	『尊卑分脈』にもみえる
平忠頼	文治三・二・七	玉葉	
源季貞		尊卑分脈	
源基兼		尊卑分脈	
允			
藤原朝省	昌泰三	大間成文抄八	大允。「琵琶」とある
笠本江	延喜一〇	魚魯愚抄五	少允
小子部百雄	延喜二一・一〇・一八	新儀式・西宮記所引 醍醐天皇御記	大允。このとき助に転任
船木氏有	右同	醍醐天皇御記	大属より転任。少允。群書類従本『新儀式』には「代有」とみえる
望忠	永祚元・正・一〇	小右記	同書同年二・二六、正暦元・九・五条にもみえる

守正	永祚　元・五・九	小右記	允とある
藤原実正	治安　三・正・二七	小右記	同書同年五・七条には実理とみえる
和邇部用光		古今著聞集など	允とある。ほかに『十訓抄』『今鏡』「篳篥師伝相承」などにみえる
和邇部則光		篳篥師伝相承	
為忠	永承　七・八・七	春　記	
登美久延	承暦　四・一〇・二〇	水左記	登美久延か。属より転任。允とある
安倍時信	延久　四・正・二六	朝野群載	
平奉忠	応徳　元	大間成文抄二	権少允。「前中宮当年御給」とみえる
戸部正近		教訓抄四	允とある。ほかに『戸部氏系図』「師子吹相承」などにみえる
源能明	寛治　六・一二	魚魯愚抄五	異本には助とある
平忠季	永長　元・正・二三	中右記	少允。『魚魯愚抄』一にもみえる
藤原忠季		尊卑分脈	少允。あるいは右記の者と同一人か
藤原直房	康和　四・一一・二三	大間成文抄七	権少允。「行法勝寺御塔事所申」とある
大江行範	保安　二・正・一五	大間成文抄八	少允。あるいは「行則」。「文章生散位」とある
三善広安	保安　三・一二・二三	朝野群載	允とあり、得業生とみえる
大神基政	大治　三	楽所補任	同年、属より転任。允とある。在任期間は長承元年まで
藤原成家	天承　元・正・一九	長秋記	成道の子。允とある。増補史料大成版『長秋記』では「楽頭元輔、助時、定久、成家、属清方、光行」とするが、「楽頭元輔、助時定、久（允カ―筆者注）成家、属清方、光行」とするのが適当であろう。『尊卑分脈』にもみえる
戸部清延	保延　五・一〇・二六	楽所補任	正清の子。允とある。『本朝世紀』「師子吹相承」にもみえる
紀行兼	康治　二・正・六	本朝世紀	允とある
藤原景憲	康治　二・一二・一五	本朝世紀	少允
三善康光	久安　三・正・二八	本朝世紀	「元雅楽允」とある
平景政	久安　六・一二・二二	本朝世紀	少允。「新院当年御給」とある
藤原景兼	仁平　二・正・二六	兵範記	増補史料大成版『兵範記』には「助藤、国盛、允藤、景兼以下伶人」とするが、「助藤国盛、允藤景兼以下伶人」とするのが適当であろう。『台記』同条にもみえる
豊原時秋	仁平　二・正・二九	楽所補任	允とある。増補史料大成版『山槐記』同二三日条にみえる「雅楽允豊原時就」

				も豊原時秋か。『兵範記』にもみえる
	惟宗清宣	保元元以前	大間成文抄六	允。「無品暲子内親王去年給替雅楽允」とある
	平為清	承安 四・ 正・二一	山槐記除目部類	允とあり、臨時内給とみえる
	藤原忠成	承安 四・一二・ 一	玉　葉	
	中原重致	安元 元・一一	大間成文抄八	少允。「平野行啓蔀屋功」とある。『玉葉』同年一二・八条には允とあり、同様の注記がみえる
	源時親	安元 二	大間成文抄十	允
	中原朝臣	治承 元	平安遺文三八一六号	允とある。あるいは中原重致か
	藤原盛保	元暦 元・ 八・二二	山槐記	允とある
属	船木氏有	延喜二一・一〇・一八	新儀式・西宮記所引醍醐天皇御記	大属。このとき少允へ転任。群書類従本『新儀式』には「代有」とみえる
	勝道成	延長 六・ 正	北山抄第三	大　属
	多好貫	長徳 二	大間成文抄八	少属。「高麗舞師」とある。『魚魯愚抄』一、同三年にも同様にみえる。あるいは『多氏系図』にみえる好用（茂）の兄弟好実か
	惟宗正親	長保 四	大間成文抄八	少属。「前東三条院御厨子所預」とある
	子部正近	永承 五	大間成文抄八	大属。「笛師」とある
	玉手	治暦 二	平安遺文一〇〇九号	属とある
	登美久延	承暦 四・一〇・二〇	水左記	登美久延か。属とある。このとき允に転任
	豊原時忠	永長 元・ 正・二三	中右記	権少属。『大間成文抄』七『魚魯愚抄』『楽所補任』にもみえる。『楽所補任』によると属とあり、永久元年まで同職
	紀重任	寛治 元・一二・一三	本朝世紀	少　属
	大神基政	天永 三・ 正	楽所補任	属とあり、大治二年まで同職
	藤井清方	天治 元・ 正	楽所補任	属とあり、保延二年まで同職
	戸部清延	保延 二・ 正	楽所補任	正清の子。属とあり、同四年まで同職、同年允に転任
	狛行光	保延 五・ 正・二四	楽所補任	属とあり、仁平二年まで同職
	戸部清兼	保元 元・一一・二八	楽所補任	正清の子。属とあり、仁安二年まで同職。『大間成文抄』十に「雅楽少属従七

	豊原光元 為清	永暦　元	楽所補任 教訓抄六	位上古部宿禰清兼〔寮奏、剰〕」とみえる 属とあり、嘉応元年まで同職 既出の允平為清か

注　なお、地下楽家の系図や系譜には同寮官人とする注記も多くみえるが、本章注(52)に述べたような理由から、これのみにみえるものについてはとりあげなかった。

麻呂流真作の子三守の系統に属し、同系統からは音楽関係者を輩出している。是吡の父善行の従兄弟にあたる藤原玄上は「比巴上手」であり、十一世紀後半に雅楽頭に任ぜられた藤原憲仲と同親房も三守の子有貞、有方の流れをくむものであり、憲仲の祖父有親は「世号笛太夫」とみえ、有親の兄弟惟親は後述するように楽所楽人を勤め、その子頼文は雅楽助に任ぜられている。これらの中では玄上が従三位、参議になったほかは、いずれも従五位どまりであった(17)。

藤原遠理は藤原冬嗣の子良門孫流の善理の子とみえ(18)、『二中歴』や『体源抄』にはそれぞれ「管絃人」「管絃名人」の一人としてあげられており、同系統には遠理の祖父守正の兄弟雅正の五代後に神楽の夜、陪従として散楽を掌った家綱・行綱兄弟がいる。遠理は永延元年（九八七）三月二十六日、藤原兼家の春日詣試楽において陪従を勤めたのをはじめとして、第3表のような奏楽例が知られる。これによると永延元年から治安元年（一〇二一）までの三十余年間、一条・三条・後一条天皇の三代にわたって奏楽に奉仕しており、主として篳篥を掌った。その参列した行事をみると、様々な機会の御遊に召されていることが注目される。これは第三章の楽所のところでも触れるように、地下の楽所人として篳篥を奏したものであり、地下人ながらこれほど頻繁に御遊に召され重宝されているのは、遠理が管絃の名手であったことと、当該時期においては殿上人で篳篥を好んで教習する者は少なかったことによる。また、石清水臨時祭や藤原兼家・道長など摂関家の春日詣・賀茂詣には陪従として供奉しているが、いずれの場合も主として東遊の篳篥を奏したものであろう。

第3表　藤原遠理の音楽活動

年月日	行事名	官職	典拠	備考
永延元・三・二六	藤原兼家春日詣試楽	左兵衛尉	小右記	陪従とみえる
長保元・三・一六	東三条院行幸御遊	雅楽頭	本朝世紀	楽所者として供奉（『御堂関白記』）
寛弘四・二・二八	藤原道長春日社参詣	大膳大夫	権記	陪従として篳篥を掌る
四・四・二六	内裏密宴御遊		御堂関白記	楽所者として供奉（『御遊抄』中殿御会）
五・四・一八	藤原道長賀茂詣		御堂関白記	陪従とみえる
五・一〇・一六	中宮御所上東門第行幸、敦成、親王となる	大膳大夫	御産部類記	楽所人として供奉
六・三・一六	石清水臨時祭還立儀御遊		権記	陪従（楽所人）として供奉
七・正・一五	敦良五十日儀御遊		紫式部日記・同絵巻	楽所人として供奉（『御堂関白記』『権記』）
長和四・四・七	禎子内親王御著袴御遊	大膳大夫	小右記	
五・三・一二	石清水臨時祭試楽	大膳大夫	小右記	陪従として篳篥を奏す
寛仁元・三・四	藤原頼通任大臣大饗	大膳大夫	御堂関白記	篳篥を奏す。このとき大膳大夫に復すという
治安元・七・二五	藤原公季任太政大臣、頼通任左大臣等大饗	若狭守	小右記	遠理とみえる

遠理が果たして誰から篳篥の手ほどきをうけ、その技能を相承したのかについて明記した史料はない。しかし、『続教訓抄』などに記載する伝承[19]によって、若年の頃からその才能に優れていたことが窺える。すなわち遠理の父が阿波守として任国に下向した時、遠理の吹いた篳篥の平調小調子が優れていたためにその音色は神感にも及び、旱魃の土地に雨を降らせ旱魃を解消したにとどまらず、洪水にまでなってしまったと伝えられている。また、この音楽的才能については、寛仁元年（一〇一七）三月四日藤原頼通の任大臣大饗の伶人として召された遠理について「大膳大夫遠理在召人、篳篥上手也」と記されていることからも知られ、治安元年（一〇二一）七月二十五日の藤原公季・頼通らの任大臣大饗には「若狭守達理〔遠カ〕四位、為上首、惣六人近日或病或服云々、給琵琶・和琴等、横笛・笙・篳篥皆随身耳、発糸竹声」とあるように、このときの伶人の中では首座を占め、指導者的立場にいたことからも窺える。

遠理は長徳四年（九九八）十月、雅楽頭に任ぜられ、同五年二月尾張権介を兼任、[20]そののち大膳大夫、若狭守を歴任した。管見の限りでは、ことに大膳大夫の時期に多くの御遊や臨時祭等に供奉しており、陪従や楽所人として召された音楽活動という面においてはもっとも充実した時期であったろう。しかし、『小右記』万寿二年（一〇二五）二月二十五日条によると、若狭守を交替し出家した時に「入已官物不済公事出家」として公事未済を追及されており、その晩年にあっては音楽を楽しむにはほど遠い心境であったに違いない。

源信義は平安時代の管絃者の中でももっとも著名な音楽家の一人である源博雅の子で、信義自身もまた管絃の名人の一人に数えられている。[21]『神楽篳篥相伝之統』や『琵琶相伝之統』『琵琶血脈』によれば、[22]篳篥と琵琶は父博雅より相伝している。『御堂関白記』寛弘元（一〇〇四）十月十五日条では前日の北野社行幸に陪従として笛を掌ったことが窺われ、父博雅のように信義も篳篥・琵琶・笛と様々な楽器に通じていたことが推察される。『尊卑分脈』に「管絃君」と称されているのもこれを示唆していよう。また、『古今著聞集』巻第六などには、信義が川上での管絃の遊びに吹いた笛の双調の調子があまりにも優れていたので、「双調の君」と称されたと伝えている。[23]しかし、古記録が記載する信義の音楽活動は、ほかに『権記』寛弘四年二月二十八日条、藤原道長の春日社詣に陪従として勤仕したのが知られるのみである。[24]

源信義は醍醐天皇曾孫にあたるが、父博雅はあらためて述べるまでもなく、兄弟信貞・信明・至光についてもいずれも音楽に堪能で、それぞれ「管絃名人」のなかに数えられている。[25]ことに信明は琵琶を善く弾き『琵琶血脈』によると父博雅から伝えられ、源済政の子資通に伝授しており、[26]至光は『藤氏催馬楽師伝相承』[27]によると催馬楽を父博雅より受け藤原頼宗に伝えている。博雅をはじめ信義・信明・至光らはいずれも源氏・藤原氏の楽家の管絃や歌物の相承に重要な位置を占めているのである。

源範基はまさにその源氏の楽家の傍流であり、経相以来陪従を勤めた陪従家ともいうべき家系の一人であった。同家系は音楽に堪能であった宇多天皇皇子敦実親王の子源雅信の流れをひき、雅信の子時中以降、済政・資通・政長・有賢・資賢・時賢と郢曲・和琴等を相承したいわゆる綾小路流へと繋がるものであった。範基の家系は時中の子で済政の弟経相から分かれた傍流で、済政が嫡子として継承し同嫡流はしだいに殿上の楽家としての地位を築いていくのに対し、時中の庶子経相は『和琴血脈』に「陪従先祖也、子孫于今弾之」と注記があるように、和琴などを相承する陪従家として形成されていった。範基はその経相の曾孫邦家の子であり、『尊卑分脈』には範基について「雅楽頭」「陪従」のほかに「和琴笛」の注記がみえ、『和琴血脈』によれば和琴は父邦家から伝授されている。その音楽活動については、『中右記』大治四年（一一二九）十一月二十四日条の御神楽に和琴を掌ったのをはじめ第４表のようにみえる。これらによると範基は大治四年崇徳天皇代より長寛元年（一一六三）二条天皇代までの三十余年間四代の天皇にわたって、宮廷を中心とした音楽活動に携わっている。その担当した音楽は内侍所御神楽や石清水臨時祭にみえるように和琴と歌謡が中心であった。(28) 天承元年（一一三一）正月、久安五年（一一四九）七月、保元二年（一一五七）八月の任大臣等の大饗において地下召人として参列しているが、『本朝世紀』久安五年七月二十八日条に三条高倉亭を右府饗所として行われた藤原実行任右大臣大饗において次のようにみえる。

次敷穏座、諸卿欲移着之間、（中略）、先是、所司敷座於南階西腋、次々《地》下召人清仲、時定、定元、範基、藤頼方、源信綱、着座、次諸大夫持参御遊具、資賢朝臣、実長朝臣参進、候公卿座末、宗輔卿箏、宗能卿拍子、重通卿笙、忠基卿笛、資賢朝臣和琴、篳篥召人藤頼方吹之、琵琶依無弾人、金吾将軍雖被責、実長朝臣申忘却之由不調、堂上階下糸竹合音、

ここにみえる南階西腋に敷かれた座というのは『長秋記』天承元年正月十九日条の大饗に「次敷召人座南階西掖、召人着之」とあることから知られるように、地下召人が着座したものであり、御遊においては堂上の殿上人とともに

階下にて「糸竹合音」したものであった。このように御遊に召された地下召人というのは、藤原遠理のところでも触れ、また楽所のところで後述するように楽所人であった可能性はきわめて高いのであり、源範基もその一人であった。しかも、保元三年（一一五八）三月十日の石清水臨時祭調楽には「陪従上臈範基」とあるように、雅楽頭に任ぜられた時期には陪従としても上席を占めるようになっていた。範基の息子についても範仲・俊基・経時（経仲）が音楽とかかわりをもち、経時は雅楽助となっているが、それぞれについては後述することになる。

第4表　源範基の音楽活動

年月日	行事名	官職	典拠	備考
大治四・一一・二四	御神楽	兵庫助	中右記	賀茂社において行われる。「琴」とあるも和琴であろう
天承元・正・一九	関白藤原忠通大饗御遊		長秋記	召人
久安五・三・二四	石清水臨時祭	散位	本朝世紀	「琴」とあるも和琴であろう
五・七・二八	藤原頼長等任大臣大饗御遊		本朝世紀	地下召人
保元二・八・一九	藤原基実任右大臣大饗御遊	散位	兵範記	召人
三・三・一〇	石清水臨時祭調楽		兵範記	陪従。史料大成版『兵範記』には「次歌遊盛清、和琴維盛、笛頼業、篳篥範基、頼方一二舞」とあるが、「次歌遊、盛清和琴、維盛笛、頼業篳篥、範基頼方一二舞」とするのが妥当であろう。従ってこの時は舞を掌ったものであろう。
三・三・二二	石清水臨時祭	雅楽頭	兵範記	「一歌」を掌る
永暦元・一一・二三	賀茂臨時祭	雅楽頭	山槐記	歌人
元・一二・二七	内侍所御神楽	雅楽頭	山槐記	陪従
応保元・七・八	平野・大原野社行幸舞人定		山槐記	歌人
元・一二・七	内侍所御神楽		山槐記	陪従。和琴を掌る。史料大成版『山槐記』に「笛惟盛、篳篥和琴範基」とあるも、「笛惟盛、篳篥、和琴範基」とするのが妥当であろう。
長寛元・正・二	朝覲行幸御遊	雅楽頭	御遊抄	陪従

第5表　藤原頼方の音楽活動

年月日	行事名	官職	典拠	備考
久安二・一二・二一		元雅楽助	本朝世紀	陪従
三・正・二	朝覲行幸御遊		御遊抄	地下召人。篳篥を奏す
五・三・二四	石清水臨時祭	兵部丞	本朝世紀	篳篥を奏す
五・七・二八	藤原頼長等任大臣大饗御遊		本朝世紀	地下召人。篳篥を奏す
仁平二・正・二六	左大臣頼長大饗御遊		兵範記	地下召人。篳篥を奏す
久寿三・二・一三	石清水八幡行幸調楽始		山槐記	陪従。拍子を掌る
保元二・八・一九	藤原基実任右大臣大饗御遊	散位	兵範記	召人
三・三・一〇	石清水臨時祭調楽		兵範記	陪従。但し、この時には舞を掌った
永暦元・一二・一七	内侍所御神楽	散位	山槐記	陪従
応保元・七・八	平野・大原野社行幸舞人定		山槐記	歌人
長寛元・正・二	朝覲行幸御遊	散位	御遊抄	陪従
仁安二・三・二〇	石清水臨時祭		山槐記	陪従
二・一〇・二五	後白河上皇日吉社御幸	雅楽頭	兵範記	陪従
二・一一・二一	賀茂臨時祭	雅楽頭	兵範記	陪従。頼賢とみえる
二・一二・四	内侍所御神楽	雅楽頭	兵範記	地下召人。二歌を掌る
三・四・三	石清水臨時祭		兵範記	「頼方以下六人召所作者」とある。篳篥を奏したか
三・一二・二	賀茂臨時祭定幷調楽		兵範記	歌人
三・一二・四	内侍所御神楽	雅楽頭	兵範記	地下召人。頼賢とあり
三・一二・一六	賀茂臨時祭	雅楽頭	兵範記	頼賢とあり
四・二・五	皇太后（滋子）平野社行啓定		兵範記	陪従
四・三・二〇	石清水・賀茂社行幸舞人等定		兵範記	歌人
嘉応元・四・二六	石清水八幡社行幸	雅楽頭	兵範記	陪従
元・四・二八	朝覲行幸御遊	雅楽頭	兵範記	地下召人
元・八・二九	賀茂社行幸	雅楽頭	兵範記	陪従
元・一一・二一	御禊	雅楽頭	兵範記	陪従。歌を掌る

治承二・正・四	朝覲行幸	雅楽頭	山槐記	陪従
三・正・六	東宮（言仁）御五十日儀御遊	雅楽頭	山槐記	陪従。但し、所労によって不参

源範基が源氏陪従家であったのに対し、藤原頼方は藤氏陪従家（藤原氏陪従家）というべき系譜の一人であった。同家系は藤原冬嗣七男良門の後胤で、権中納言大宰権帥為輔の子説孝の曾孫知定のとき以来陪従を勤めている。頼方はその知定の孫であり、父時定は雅楽助、伯父兼定、頼方の子有頼も雅楽頭に任ぜられている。また、『尊卑分脈』によると頼方の養子憲頼の母は地下楽家楽人大神基政の娘とされており、さらに頼方の叔父博定の系統からは孝博・孝道という琵琶などを相承した著名な音楽家を輩出した。頼方は久安三年（一一四七）正月二日の朝覲行幸の御遊に地下召人として篳篥を奏したのをはじめ、第5表のような多数の奏楽例がみられる。これらによれば久安三年より治承三年（一一七九）までの三十有余年間、近衛天皇より高倉天皇までの五代にわたって音楽活動に供奉している。担当したのは篳篥や拍子・歌謡で、これらは祖父知定、父時定と相承されたものと察せられるが、篳篥については篳篥相承の系譜では確認できず、いずれの流れをひくものかは未詳である。しかし、石清水臨時祭や御遊に篳篥を奏していることから、管絃や催馬楽、東遊や神楽篳篥までも相伝していたことが窺われる。石清水・賀茂臨時祭、内侍所御神楽等において掌った拍子や歌謡については、『神楽血脈』によると、多近方より相承した太政大臣藤原伊通から相伝したことがみえることから、少なくとも神楽歌は同流のものであったろう。

頼方は兵部丞、散位の時期を経て雅楽頭となるが、同頭としての在任期間は、少なくともその初見である仁安二年（一一六七）から治承三年（一一七九）までの一二年間にわたっており、管見では同頭の在任期間としてはもっとも長いものであった。また、雅楽頭に任ぜられてまもない頃と思われる仁安二年十二月四日の内侍所御神楽において二歌を掌った「雅楽頭頼方」に割注して「前弾正弼師広同依所労俄不参、仍用地下一者也」とあり、本来二歌を担当すべき前弾正弼師広が所労のため不参によって「用地下一者」ということで頼方が二歌を掌ったという。これによって頼方が雅楽頭に任ぜられた頃には地下一者であったことが知られる。これは治承三年正月六日の東宮（言仁）御五十日儀に地下召人の一人散位親資に割注して「第一陪従雅楽頭頼方依所労不参」とあり、所労で不参の頼方について「第一陪従」とあるように、宮廷儀礼の奏楽に供奉した陪従の第一者であった。先の源氏陪従家の源範基についても「陪従上臈」とみられたが、これも同様の意味であり、源氏陪従家と藤原氏陪従家とは陪従を世襲し、貴族の地下の楽家として宮廷儀礼音楽の中心的両翼を担っていたのである。さらに、頼方が地下召人として御遊に召され篳篥を奏しているのは、源範基がそうであったように楽所に祇候した楽所人であったことによるものと考えられる。

その藤原頼方の子有頼と頼方の伯父にあたる兼定については『尊卑分脈』によると雅楽頭としてみえるが、古記録によっては確認できない。藤原有頼の音楽活動は仁安二年（一一六七）三月の石清水臨時祭に陪従として供奉したのをはじめ第6表のような奏楽例が知られる。これによれば、建久五年（一一九四）までの三〇年近くにわたって音楽にかかわっており、石清水・賀茂臨時祭を中心に勤仕した。楽器としては知定以来の篳篥を奏し、ほかに東遊歌・神楽歌などの歌謡を掌ったものと察せられる。ことに仁安二年三月の石清水臨時祭、同三年十二月の賀茂臨時祭調楽、嘉応元年（一一六九）の石清水・賀茂社行幸においては、父頼方とともに主に歌人として供奉している。また、建久五年二月二十七日に開設された後鳥羽朝における楽所に名をつらねており、楽所人として活躍したことは明白である。一方、兼定の奏楽例については第6表の通りであり、これによると御遊の召人として召されており、これは鳥羽・崇徳朝の楽所に祇候していたことによろう。

橘元輔については現存の橘氏系図では確認できないが、後述するほぼ同時期の楽所預橘能元と同系の者と考えてよかろう。元輔の音楽活動は第7表のようになる。これによれば、元輔は康和五年（一一〇三）より天承元年（一一三一）までのおよそ三〇年近くにわたって宮中等の音楽にかかわっており、このあいだ兵部丞・式部丞・雅楽頭を歴任している。奏楽例をみると多くの場合、歌人として召されたようである。古記録には、元輔が奏した楽器について明記した記事は見出せない。しかし、『殿暦』嘉承二年（一一〇七）三月六日条に「余欲弾箏之処、御箏不被張、仍召人

第6表　藤原有頼・兼定の音楽活動

藤原有頼

年月日	行事名	官職	典拠	備考
仁安二・三・二〇	石清水臨時祭		山槐記	陪従
三・一二・二	賀茂臨時祭定幷調楽		兵範記	歌人
嘉応元・三・二〇	石清水・賀茂社行幸舞人等定		兵範記	歌人
元・四・二六	石清水八幡社行幸	散位	兵範記	陪従
治承三・正・六	東宮（言仁）御五十日儀御遊	散位	山槐記	地下召人
四・四・二六	石清水臨時祭		山槐記	所作陪従
四・四・二七	石清水臨時祭使還立		山槐記	陪従
文治六・三・四	石清水臨時祭調楽カ		玉葉	陪従。二歌のことについて陪従範宣と論争する
建久五・二・二七	後鳥羽天皇楽所始		玉葉	陪従

藤原兼定

年月日	行事名	官職	典拠	備考
天永三・三・一八	白河法皇六十御賀後宴御遊		中右記	召人
三・一二・一四	藤原忠実任太政大臣大饗御遊		殿暦・中右記	召人
保安二・二・三〇	石清水臨時祭定		朝野群載	歌人
天治元・六・三	鳥羽上皇皇子（通仁）第五夜御養産御遊		永昌記	召人

第7表　橘元輔の音楽活動

年月日	行事名	官職	典拠	備考
康和五・一一・二八	藤原忠実東三条第神楽後の管絃	兵部丞	殿暦	召人。歌を掌る。基輔とみえる。『中右記』には「御神楽後有御遊」とある
長治二・閏二・一七	藤原忠実の仁王会宿所での今様	兵部丞	殿暦	今様を奏す。基輔とみえる
嘉承二・三・六	鳥羽殿和歌御会管絃	兵部丞	殿暦	召人。『中右記』『古今著聞集』などには御遊とある
天仁元・一一・一八	藤原忠実、清暑堂御神楽習礼	式部丞	殿暦	召人。基輔とある（『中右記』は元輔とあり、陪従とする）。付歌を掌る（『中右記』）
天永三・一二・一四	藤原忠実任太政大臣大饗御遊		殿暦	召人。『中右記』にもみえる
元永二・一二・八	内侍所御神楽		長秋記	地下召人
保安二・二・三〇	石清水臨時祭定		朝野群載	歌人
天治元・六・三	鳥羽上皇皇子（通仁）第五夜御養産御遊		永昌記	召人
大治二・九・一五	鳥羽上皇皇子（雅仁）第五夜御養産御遊		中右記	召人
二・九・一七	鳥羽上皇皇子（雅仁）第七夜御養産御遊		中右記	召人
四・正・二〇	朝覲行幸御遊		中右記	召人
四・一一・二四	斎院御神楽		中右記	地下召人
五・一二・八	内侍所御神楽		中右記	陪従
天承元・正・一九	関白藤原忠通大饗御遊	雅楽頭	長秋記	召人
元・一二・二二	藤原宗忠任内大臣大饗御遊	雅楽頭	中右記	召人

賜御箏候穏座、召兵部丞元輔、於便所令張之」とあり、御遊に忠実が箏を弾こうとしたが弛んだ弦を自ら張ることができず元輔を召して張らせたとあり、熟練した弾奏者は当然、弦を張る技術を有していたであろうから、箏の血脈などにはみえないが、少なくとも箏に通じていたものと察せられる。元輔は数多くの御遊に召人として召されているが、これも鳥羽・崇徳朝における楽所に祗候していたことによるものであろう。

このほか、守節とあるのは『西宮記』巻八、康保三年（九六六）十月七日の臨時楽に唱歌を掌っている左馬允永原守節のことと推察されるが、詳細は不明である。

管見になる二五名の雅楽頭のうち、以上の一〇名ほどが御神楽・朝覲行幸・御産・臨時行幸・任大臣などの宮廷儀式や石清水・賀茂臨時祭などにおいて御遊の地下の召人としてあるいは陪従として供奉し、音楽に堪能な官人たちであった。

しかし、雅楽頭に任ぜられた者の中にはまた安倍泰長・同泰親・同泰基・賀茂済憲といった陰陽家が多くみられる。陰陽家が雅楽頭に任ぜられるようになった要因と捉えられるかどうかは別として、少なくとも陰陽道と音楽とは早くから深いかかわりをもっていたことは事実である。たとえば、陰陽道には反閇という呪術的行為があり、これが呪師猿楽と密接な関係を有していたことはすでに明らかにされているところである(29)。五節舞についても吉野裕子氏によって陰陽道からの解釈がなされているが(30)、雅楽においても本来陰陽道とのかかわりは強く、『教訓抄』巻第八などによると五行を雅楽の五調子や五音に置きかえ、律呂を陰陽とし、調子についても「大内記令明朝臣説云、調子ハ仙人所造也」と説かれている。また、同書には楽器に関しては箏の形状が陰陽で説かれており、同書の巻第二では舞楽においても安摩とともに舞われる二の舞について、「是、地祇土神入酔狂、舞乙姿也。乃謂之陰陽地鎮曲」と説かれ、振鉾もまた本来は厭舞であり、「鎮曲」「陰陽地鎮曲」を意味していた(31)。

陰陽家が雅楽頭に任ぜられた事例は、康和五年（一一〇三）十二月九日に「召雅楽頭泰長、問吉時」とあるのが早いものであり、安倍泰長は同年より永久四年（一一一六）頃まで在任している(32)。泰長は『殿暦』天仁二年（一一〇九）十月二十三日条などによると忌籠所において反閇を行っているが、これは当然陰陽師としての行為であって、泰長が管絃や舞楽に堪能であったとか楽舞を熱心に教習したというような事実は見出せない。古記録によって泰長の活動状況をみても、宮中行事などの日時の卜占や泰山府君祭への奉仕など、陰陽師としての役割が中心で(33)、雅楽頭併任の期間にあっても単に陰陽師と記されている場合がほとんどであり、雅楽頭と記されている数例の場合には天仁二年十月、天永二年（一一一一）二月には反閇をなし、永久元年正月十六日の藤原忠実任太政大臣大饗、同四年正月二十三日の藤原忠通任内府大饗には雅楽寮の官人・楽人・舞人らを式場へ引率しているのが知られるのみである。(34)泰長の子泰親についても『本朝世紀』久安四年（一一四八）四月三日条に雅楽頭として初出以後には官職は同頭とみえるが、実際に行っている仕事はほとんど陰陽師としての卜占が中心であり、楽舞と関係するところでは『兵範記』仁平二年（一一五二）正月二十六日条の藤原頼長任左大臣大饗にやはり雅楽寮の官人らとともに楽人・舞人を引率している。賀茂済憲の場合も文治元年（一一八五）八月二十八日の東大寺大仏開眼供養会では、楽前大夫として楽人らを同様に引率している。(35)このように陰陽家にあっては雅楽頭として任ぜられても音楽との直接的な交わりはほとんどなく、その役割の中心は卜占であり、せいぜい大饗などの儀礼に同寮官人・楽人・舞人を引率することであった。しかし、これは『延喜雅楽寮式』にもみえるように頭としての本来の役割の一つであり、令の規定でも奏楽に直接携わる必要はなく、音楽と深いかかわりを持たない他の就任者とともに当然のことであった。むしろ、これまでみてきたような奏楽に直接携わる者が現れてきたということを新たな事実として受け止めねばならないのである。

ところで、『職原抄』には雅楽頭について「五位諸大夫任之、堪音律者可応其撰歟」とし、『官職秘抄』では「陪従多任之、又諸大夫一道者任之」とあり、『百寮訓要抄』では「諸大夫、医陰両道の輩も是に任ず」として音律に堪える者すなわち陪従や、あるいは「医陰両道」の輩が任ぜられたことを指摘している。この指摘はこれまでの考察を傍証するものであり、ことに『職原抄』に「堪音律者可応其撰歟」と記されているのは、すべての雅楽頭が必ずしも音楽に堪能な者たちばかりではなかったことを示している。なお、第2表では雅楽頭の中に医道を掌る者についてはまったく見出すことはできなかったが、『体源抄』十一には「医陰両道」に関して、医道陰陽道ニモ管絃ハサタスベキ事也。医道作法ハ上師ハ音ヲ聞テ病ヲシル。中師ハ色ヲ見テ病ヲ知ル。下師ハ脈ヲモテ病ヲ知ト云々。此故雅忠ト申シ医師ハ音ヲ知ランガ為ニ琵琶ヲ引トコソ承シ。代々ノ医道ハ皆管絃ヲサタシ侍也。陰陽道ニハ雷公風伯ノマツリニ舞楽アリ。此祭ハ時々ヲコナハルル事也。

などとあり、医薬の家であった丹波氏では雅忠が琵琶を弾き、代々にわたり管絃を沙汰したという。丹波雅忠ならびにその子孫が管絃をよく奏したかどうかは、古記録によって確認できないが、『尊卑分脈』によると十三世紀以降には同家系から雅楽頭として丹波典長・以長・成長・季康らが、同助に丹波康光・重氏らが任ぜられたことが窺われる。

同史料にはまた、陰陽道の雷公祭・風伯祭に舞楽が奏されたことが説かれている。雷公祭における楽舞については、『西宮記』巻七に記載されている延喜十四年（九一四）十月二十三日の同祭試楽によると、雅楽寮の楽人・楽所人による舞楽と童舞であったことが知られ、少なくとも陰陽道関係者が楽舞に携わっていたことはなかったであろう。陰陽道関係者が音楽にかかわっていたことを示す事例は、古記録や楽書にもこれ以上見出すことはできない。ただ、大神基政の『竜鳴抄』には時刻について、管絃者が柱を打ち声を聞くことによって時刻を知ったなどと説いている。これは既述のように、五音や五調子を陰陽五行思想で解することによるものであり、理屈としては医師が音によって病を知りそのために琵琶を弾いたと伝えられているように、陰陽師も時刻を知るために楽器を奏したこともあり得そうである。しかし、病の場合は人間から発せられるさまざまな音があり、それを聴きわける能力は必要であったであろうし、その訓練として音楽は実際に有効であったと察せられるが、時刻については音を出してそれを知るというのは現実的なものとは思われなく、『竜鳴抄』の話は優れた管絃者のとぎすまされた感性について象徴的に述べたものであって、ここにはむしろ楽人の側が音楽を陰陽思想の中で捉えようとする意識が窺われるのである。

ここで雅楽頭に関するこれまでの検討結果について、九世紀までに任用された者と比較しながら整理し、その役割についてさらに考えてみよう。

まず第一にその任用された顔ぶれをみると、九世紀までは個々人の活動状況が未詳であることも考慮せねばならないが、全体的に音楽に堪能であった者は少なく、明らかなところでは藤原貞敏くらいのものであった。また、その任用された氏族では、九世紀までは諸王や真人・朝臣姓など、皇親系が中心ながらも多様な氏族が含まれていた。これに対し十世紀以降になると、その中心は藤原・源氏で、しかもその半数近くは音楽に堪能で召人や陪従として供奉した者であり、なかでも藤原・源氏の陪従家の者が含まれていた。さらに、十二世紀には陰陽家からの任官もみられる。したがって、雅楽頭は十世紀以後官職の世襲化がすすめられる中、十二世紀には陪従家と陰陽家によってほとんど占められているといってよいであろう。

第二に、雅楽頭の職掌に関してみると、令制では文武の雅曲正舞・雑楽の男女楽人音声人の名帳と曲課を試練することを掌るとの規定があり、実質的には音楽や舞人・楽人を統轄する責任者であったものの、音楽の面においては実際には通常の教習は勿論のこと、曲課の試練すなわち課題曲を与えてその成果を試みることについての判定も助以下が行っていたものと推察される。十世紀以降になると音楽に堪能な者が多く任用されたことから、頭による曲課の試練は実質的に可能になったはずであるが、この点における頭の役割には十世紀以前と変化はなかったものと考えられる。というのは、雅楽頭に音楽堪能者が多く任用されたのは十世紀に入り総体的に貴族文化の中に音楽が教養的芸能として定着しつつあったことによるものであり、これは雅楽寮官人のみの傾向ではなかったということである。後述するように、ことに村上朝には音楽に堪能な中級貴族の楽所への祇候が盛んになるのであり、彼らが音楽に関与する官職ということから雅楽寮の官人に任用されるようになるのであって、雅楽頭の職掌における積極的な対応の結果なのではなく、むしろ音楽の教養化の進展によっておもに御遊を目的とした楽所創設の影響と考えることができるのである。同寮頭に任ぜられた者が皆、音楽的才能を有する者ではなく、ことに十二世紀には音楽とのかかわりはあるが明らかに楽舞に自ら直接に携わらなかった陰陽師からも任ぜられているのは、このことを示唆していよう。なお、『延喜雅楽寮式』の楽師条によると楽師・楽生の欠員の補塡には治部省の丞以上が試練することになっているが、これも治部省丞以上の立会いのもとで楽師・楽生補塡の試練が行われ、その結果が太政官に報告され正式に補任されたものであろう。

当該期の儀式における雅楽頭の実質的役割は、『延喜雅楽寮式』にみえるように同寮の責任者として宮中や大寺社における行事に供奉するための楽人・舞人の手配をし、儀式当日には自らが彼らを引率して式場に参入することであった。そこで、具体的に雅楽頭清原為成の場合について『小右記』などによってみてみよう。管見では為成についての音楽関係記事はまったく見出すことはできないのであり、為成が音楽に堪能な官人であったとは考えられない。長和二年（一〇一三）七月十六日、東西両寺の盂蘭盆供の呉楽に懈怠があったのを雅楽寮別当藤原実資が為成に遂行せしめており、また寛仁三年（一〇一九）正月十四日の御斎会結願に公卿等の議によって急遽行われることになった楽舞のための楽人を為成が整えている。さらに、治安三年（一〇二三）正月十六日の踏歌節会に為成自身が所労によって不参の上、舞人が一人不足するという事態が起こり、為成の懈怠によるとして過状を進めさせられている。これは為成が雅楽頭の役割として定められていた仕事を懈怠したためとみなされたのであり、ここからも雅楽頭の役割を窺うことができるのである。

ところで、長和二年七月の東西両寺の呉楽懈怠では、藤原実資が同寮別当としてみられ、長和二年には大納言であったが、このほかに雅楽寮別当に任ぜられた者として、『禁秘抄』上の「殿上人事」によると右大臣藤原師輔の子藤原伊尹が知られる。伊尹は康保四年（九六七）正月に権中納言に任ぜられ、同年十二月には権大納言に転じている。

同書にはまた、「上古織部司、雅楽寮別当、可然侍臣也、或又公卿也」とあり、雅楽寮別当には公卿や然るべき侍臣が補任されたとしてその任用条件を示している。森田悌氏によると諸司や所々別当は公卿や弁官・近衛次将・蔵人といった直接太政官会議を構成する者ないしそれに関連の深い官人が充てられ、これにより太政官が諸司や別所の把握に努めたという(36)。雅楽寮別当の職掌に関して検討すると、長和二年七月の記事でみる限りでは雅楽頭の清原為成が同別当の実資に東西両寺の呉楽懈怠のことを申し述べ、「已臨当日何為」と相談を求めたのに対し、実資は指示を与え、為成に雑布を給与して遂行させたという経過が窺える。また、『西宮記』巻十三、諸宣旨のところに「応和雅楽別当、奉勅試物師大友兼時例」とあり、別当は物師を試みたという。これは令制における「試練曲課」することと察せられるが、令制においては形式的ではあれ頭の職掌とされ、「試練曲課」について『令義解』に「謂、音声曲度、各有大小、課其程限、試其成功也」とあるように曲の規模、難易度によって日程を限って練習させその成果を試みるというもので、その試練の対象とされたのは楽生・歌人・歌女・舞生であったと推測される。これに対し、応和の例においては別当が勅をうけたまわって物師を試練するとされており、違いがみられる。物師とは令制でいう楽師や舞師などの諸師のことであり、当該期の雅楽寮における楽生については明らかではないが、物師が試練されていることから考えるならば、楽生が存在していたとしてもそれは物師の予備軍的なもので、実際の奏楽には加わることはなかったものと察せられる。『延喜雅楽寮式』には楽生の欠員の補塡に関する規定がみられたが、これ以後には次第に補塡されることも少なくなり、後述するようにおもに雅楽允以下の官人・楽師が奏楽の中心となり、またやがて諸師の舞人・楽人としての役割の低下がみられ、諸師である物師が雅楽寮における最下級の楽人としてみなされるようになったものであろう。

以上のように、雅楽頭は呉楽の懈怠に対し別当の指示を仰いだということ、別当が勅をうけたまわって物師を試練しその別当には然るべき侍臣あるいは公卿が任ぜられたということが明らかになったが、これらは雅楽寮が直接太政官の管下となったことを示すものであり、令制諸官司の別当補任に関してはその懈怠を防止するためであったことはすでに指摘されているところである。(37)続いて雅楽助の検討にはいっていこう。

第2表に雅楽助として掲げた中で古記録によって楽舞を掌ったことが確認できるのは、小子部百雄・藤原時定・藤原頼方・源経時などである。そこで雅楽頭の場合と同様に検討しよう。

小子部百雄は延喜二十一年（九二一）十月十八日、宮中での臨時楽に舞を奏したことによって同寮大允より助に転任したものと察せられる。(38)管見では同寮允より助に転任した数少ない例の一つであり、ほかに『政事要略』巻九五などによると、左近衛、唐舞師を経て、元慶六年（八八二）に雅楽少允、寛平年中に同助になったという春海貞吉の例が知られる程度である。小子部宿禰氏は『新撰姓氏録』左京皇別上などによると多朝臣氏と同祖とされ、神八井耳命の後裔とみえる。『教訓抄』巻第九には光仁天皇御宇の雅楽大属として少子継益がみえ、巻第一〇では打物について彼の説がひかれており、延長年間には左近衛将監として小子利実がみえる。(39)百雄との関係は明白ではないが、いずれも同族であったと推測される。しかし、百雄の音楽等の活動状況については未詳である。

藤原頼方は、『本朝世紀』久安二年（一一四六）十二月二十一日条に「元雅楽助陪従」とみえ、そののち兵部丞等を経て雅楽頭となった。頼方の音楽活動については既出の通りであるが、雅楽助の時の奏楽例は知られない。藤原時定はその頼方の父である。時定の音楽活動は第8表のようになる。これによれば時定は天永三年（一一一二）より久安五年（一一四九）までの鳥羽・崇徳・近衛三代およそ四〇年間にわたって召人や陪従として供奉しており、おもに篳篥を掌ったことが窺われる。時定の篳篥は既述のごとく父知定以来同家系に相伝された楽器であったことによるもので、時定は父知定より伝授したものであろう。ことに御遊においては地下召人として召され篳篥を吹いており、やは

第8表　藤原時定の音楽活動

年月日	行事名	官職	典拠	備考
天永三・一二・一四	藤原忠実任太政大臣大饗御遊		殿暦・中右記	召人。篳篥を奏す
元永二・一二・八	内侍所御神楽		長秋記	地下召人。時貞とみえる
保安二・二・三〇	石清水臨時祭定		朝野群載	歌人
四・九・二五	大嘗会調楽		御遊抄	召人。篳篥を掌る
天治元・六・三	鳥羽上皇皇子（通仁）第五夜御養産御遊		永昌記	召人。時貞とみえる
二・正・三	朝覲行幸御遊		御遊抄	召人。篳篥を掌る
大治三・正・二	朝覲行幸御遊		御遊抄	召人。篳篥を掌る
四・一一・二四	斎院御神楽		中右記	地下召人。説定とみえる。篳篥を掌る
五・一二・八	内侍所御神楽		中右記	陪従。時貞とみえる
天承元・正・一九	関白藤原忠通大饗御遊	雅楽助	長秋記	召人
天養元・正・五	朝覲行幸御遊		御遊抄	地下召人。篳篥を掌る
久安五・三・二四	石清水臨時祭	散位	本朝世紀	陪従
五・七・二八	藤原頼長等任大臣大饗御遊		本朝世紀	地下召人

り楽所人として楽所に祗候していたものと考えられる。

源経時は既述した源氏陪従家の雅楽頭源範基の子で、後に経仲と改名している。その音楽活動は第9表のようにみられる。これによればその活動期間は久安五年より治承四年（一一八〇）までの三〇年以上にわたっており、石清水・賀茂臨時祭や内侍所御神楽あるいは御遊などにおいて陪従や召人として供奉している。ことに久安五年の石清水臨時祭、応保元年の平野・大原野社行幸には父範基とともに加わり、仁安二年（一一六七）十二月の内侍所御神楽には、本来和琴を勤めるべき右中将実守が俄かの所労により不参したのに代わって用いられており、この時また藤原氏陪従家の雅楽頭頼方も二歌の担当者の所労不参に代わって勤めているのであり、ここに源氏陪従家を継ぎ、若輩ながら父範基に代わって和琴を奏したことが窺われる。このように楽器は和琴を掌っているが、『体源抄』所収『和琴系図』によれば同陪従家の祖源経相が左大臣源雅信より伝授して以来、経宗、兼俊、邦家、範基と和琴を相承してきているのであり、和琴は同陪従家に伝承された楽器であった。同系図には範基からの伝授者の中には含まれていないものの、経時の和琴も父範基から教えられたものに相違なかろう。

このほかの者については藤原頼文は古記録によってその奏楽活動を窺うことはできないが、後述するように父惟親が一条朝における楽所人であり、伯父の有親は「笛大夫」と称され、従兄弟の子憲仲は陪従を勤めていることから頼文自身についても音楽に堪能であったことが十分に考えられる。だが、その他の者について音楽とのかかわりは未詳である。

第9表　源経時（経仲）の音楽活動

年月日	行事名	官職	典拠	備考
久安五・三・二四	石清水臨時祭	雅楽助	本朝世紀	陪従
応保元・七・八	平野・大原野社行幸舞人定		山槐記	歌人
仁安二・一二・四	内侍所御神楽	散位	兵範記	地下召人。経仲とみえる。和琴を掌る
嘉応元・一一・二一	御禊		兵範記	陪従。経仲とある。和琴を掌る※
元・一二・七	内侍所御神楽		兵範記	地下召人。経仲とある
治承三・正・六	東宮（言仁）御五十日儀御遊	散位	山槐記	地下召人。経仲とある
四・四・二六	石清水臨時祭		山槐記	所作陪従。経時とみえる
四・四・二七	石清水臨時祭使還立		山槐記	陪従。経時とみえる
四・一二・七	賀茂臨時祭		山槐記	陪従。経仲とみえる。本拍子を掌る

注　※について『兵範記』嘉応元年（一一六九）一一月二一日条には、舞人の中に「左近大夫将監経仲」とみえるが、これは『山槐記』治承三年（一一七九）正月五日条にみえる高階経仲であろう。『尊卑分脈』によると高階経仲は泰経の子で石見・播磨等守を歴任し、建保四年（一二一六）三月出家とみえる。

ところで、令制においては雅楽助の職掌やその任用規定については触れておらず、後世の『職原抄』では「六位諸大夫任之」とあり、『百寮訓要抄』にも「地下の六位是に可任」とある。『百寮訓要抄』にはこれに続けて「加様の職は先祖なり来りたるを執する事なれば、あながちに勝劣なし」として、管絃歌舞を世襲する家の中から採用したとされている。藤原頼文・藤原時定・藤原頼方・源経時についてはその事を窺わせる。しかしながら、同記述は雅楽頭についても含んでのことと察せられ、頭についてはすでに指摘したように同族からの任用例は多かったのであるが、助の場合にはこの頭の場合と比べるとその傾向は薄い。したがって、頭の場合その多くは召人や陪従として御遊・臨時祭等に供奉したのに対し、助に任ぜられた者にあってはその事例は少ないといえる。また、九世紀以前に雅楽助に任ぜられた者と比べると、八世紀後半以前にあっては助に渡来系の者が任ぜられていたように教習という役割を有していたが、八世紀後半以降になるとその役割は失われるのであり(40)、ここまで検討した十世紀以降の者たちにおいてもその傾向はかわらなかったとみることができる。藤原時定以下数名の音楽に長じた者が御遊や臨時祭などに召人や陪従として召されたが、これは頭の場合と同様に雅楽助ゆえのことではなく音楽に堪え得る者として召されたものであり、職掌として音楽の教習を担当したものではなかった。雅楽寮において通常実際の教習や儀礼の奏楽にあたったのは、以下に検討していく雅楽允以下の官人・諸師によるものであった。

令制においては、雅楽允の職掌や任用に関する規定はみられない。かつて考察した九世紀以前までの任用者についてみると、その多くは実際に奏楽に携わった者たちであり、なかには和邇部大田麻呂のように楽師から属を経て允にまで昇進した事例もあるが、允以下は一般的に雅楽の教習ということも含め、いわゆる楽人・舞人としての役割が主であった(41)。十世紀以降の場合も第2表によって知られるように、実質上の楽人たちが任用されていた。そこで、次には雅楽允に任ぜられた者たちの系譜とその音楽活動を中心に検討していこう。

小子部百雄については既述の通りである。船木氏有は、『西宮記』巻八にみえる延喜二十一年（九二一）十月十八日の記事によると、放鷹楽を舞い、雅楽大属から同少允に転任したという。(42) 船木氏に関しては、伊勢・越前国に船木直氏がおり、(43)『古事記』神武天皇の段に神八井耳命が伊勢の船木直氏の祖とみえ、多臣・小子部連氏と同系とされている。(44) 氏有と同族と考えられる者に右近衛将曹船木利用、左近衛将曹船木茂真がおり、(45) ことに茂真は天暦七年（九五三）十月二十八日の殿上菊合に渋河鳥を舞っている。(46) 和邇部氏では用光と則光が同寮允であったことが窺われるが、大允か少允かは未詳である。ともに『篳篥師伝相承』にみえるように篳篥吹であり、これによれば用光は石城正枝から相伝され、則光は用光より伝えられた兵庫允和邇部光枝から教えを受けたとされている。なかでも用光は『二中歴』(47) 等によると著名な楽人の一人としてあげられており、その篳篥の卓越した才能については『古今著聞集』巻第十二に、海賊に捕えられた用光が篳篥の臨調子を吹いて海賊を感涙させ、難を逃れたという伝承などによって窺うことができる。この話は『十訓抄』『今鏡』などにもとりあげられ、和邇部用光は平安中期の篳篥の名人として後々まで伝えられ、その才技は、用光との系統関係は明らかではないが少なくとも同族であると思われる和邇部光枝、さらには則光へと伝えられた。八、九世紀においても、和邇部嶋継・同大田麻呂が雅楽允に任ぜられ、ことに大田麻呂は百済笛師・唐横笛師から雅楽少属・大属を経て権大允に転任しており、(48) 用光・則光も彼らの後裔とみることができよう。

登美久延は『水左記』（増補史料大成版）承暦四年（一〇八〇）十月二十日条に長元七年（一〇三四）の春日詣のことに触れた中に「雅楽属□《ママ》美久延転任同寮允」とあり、この時に属より允に転任したという。この登美氏については、『教訓抄』巻第九に鼓生として登美是元がみえ、『楽所補任』には興福寺舞人として数名の登美氏がみえ、いずれも同族であったものと察せられる。

雅楽允に任ぜられた中で、このほかの戸部正近・同清延・大神基政・豊原時秋はいずれもいわゆる地下の楽家楽人であり、地下楽家の豊原・大神・戸部氏については、稿を改めて検討することとしたい。残りの守正・藤原実正・源能明・平忠季・藤原成家・紀行兼・藤原景憲・三善康光・平景政・藤原景兼・平為清・中原朝臣などについては、その音楽活動を明確に窺うことはできない。

しかし、藤原実正については、『小右記』治安三年（一〇二三）正月二十七日条に、

右〔左〕頭中将朝任来仰云、去十六日舞人今一人不足、雅楽頭為成真人申文返給、但寮中□□頭進止、亦分配允実正不参、頭為成・允実正等可令進過状者、

とある。すなわち、実正は十六日に行われた踏歌節会に分配官人として勤仕すべきところを不参したために、同じく不参の雅楽頭清原為成とともに過状を進めるべき旨が述べられている。為成については既述のように雅楽頭として舞人を手配しなかった懈怠に対する過状であったと察せられるが、実正については単に允として楽人・舞人を引率する役を勤めなかったことによる過状であったのであろうか。同書同月十六日条には、踏歌節会について、

立楽、舞人大唐・高麗各三人、未見事也、驚奇之間奏四曲、余下殿召外記師任、令問其由、雅楽寮下部申云、頭為成有所労不参、助・允・属参入、舞人今一人申参入由不参者、

とあり、『小右記』の著者でこの時には雅楽寮別当であったと察せられる藤原実資が唐楽・高麗楽の舞人の不足を外記の師任を通して雅楽寮に問うている。結局これに続けて、

此間左頭中将伝勅命云、舞人三人極不便事也、物師・舞人不見者□〔具カ〕可〔先カ〕□〔申カ〕其由、頭為成尤懈怠也、可無所避、可令進□□〔過状カ〕者、

とあるように、当日のうちに雅楽頭清原為成に対し舞人不足ゆえの過状を進めるべき旨の勅命が下った。また、同条に「召大外記頼隆、仰雅楽頭為成過状事、又加仰可注進不参舞人之由」とあり、大外記の頼隆を召して為成の過状と

ともに不参舞人の注進を命じている。この時の踏歌節会に不足した舞人の数については、同書正月二十七日条に「去十六日舞人今一人不足」とみえ一人のみ足りなかったかのようだが、既出した同月十六日条には「舞人大唐・高麗各三人、未見事也」とあり、同条ではさらに左頭中将の伝える勅命として「舞人三人極不便事也」と同じく記していること、また踏歌節会に行われる舞楽曲は、『江家次第』によると左方が万歳楽・賀殿、右方が地久・延喜楽などで舞人数はいずれも四人であり、この場合も唐楽と高麗楽の舞人数は同数とするのが自然であろうことから、実際に不足していた舞人数は唐楽・高麗楽それぞれ一人ずつの計二人であったものと推察される。それにもかかわらず正月二十七日条に「今一人不足」と記されているのは、まず番舞という形式が暗黙の了解として存在していること、舞楽における三人舞は存在しない上に踏歌節会に行われる舞楽の最少舞人数は四人であり、これに対して舞人一人が不足していたという認識に基づくものであったと思われる。実資自身が舞人の数について「未見事也」と記したのも未だかつて行われたことのない三人舞となることへの強い懸念を示した言葉であったろう。

正月十六日の引用文には雅楽寮の申すところとして雅楽頭為成の不参のことに続けて「助・允・属参入、舞人今一人申参入由不参」とみえる。この時に勤仕した舞人三人とは、この雅楽寮の助・允・属の三人ではなかったか。そして、不参の「今一人」こそ藤原実正ではなかったかと推察されるのである。しかも、いずれも唐楽の舞人であったと考えられる。舞人・楽人を手配する責任者である雅楽頭為成が十六日当日に過状を進めるよう命ぜられていたのに対し、不参の舞人については当日には注進すべきこと、すなわち至急調査して報告するように指示したにとどまり、二十七日にあらためて実正に過状を進めることを命じているのは実正がまさに不参し不足した舞人であったことを示唆していよう。同書同年五月七日条には、

大外記頼隆真人進雅楽頭為成真人中文幷小允〔少〕藤原実理〔正カ〕城外不堪召進由寮官申文・三鼓師多政行過状等、正月十六

日節会儛人四人内今一人闕怠申文・過状等也、

とあり、十六日踏歌節会の舞人不足の問題にかかわってこの時に清原為成、藤原実正のほかに、三鼓師多政行という者が過状を進めている。多政行の名は『多氏系図』などにはみあたらないが、同系図では同世代に多政方がおり、政行が三鼓師とされ楽家多氏の専業とした高麗楽の楽器である三鼓に関わっていたことから、政行は楽家多氏の一族か、もしくは同族であり、[49]踏歌節会において高麗楽の四人目の舞人として供奉すべき者であったのではないかと察せられるのである。同年六月二十三日には雅楽頭清原為成と三鼓師多政行は許されているが、雅楽少允藤原実正については、「分配官人也」として許されていない。実正は雅楽寮からの分配官人の舞人として勤仕すべきにもかかわらず、不参であったために立楽は「未見事」という事態を引き起こすことになり、実正はその張本人としてこの時には免ぜられることがなかったものと考えられるのである。

このほか、平為清は『教訓抄』巻第六、宗明楽のところに「雅楽属為清ト申ケル楽人ノ説云」とある雅楽属為清と同一人物と推察され、音楽に通じていたことはまちがいないであろう。

これら以外の者については音楽との関係は未詳だが、逆にその関係において確実に薄かったと考えられる者もいる。『本朝世紀』久安三年（一一四七）正月二十八日条に「元雅楽允」とみえる三善康光は同日の除目で左大臣の推挙によって権少外記に任ぜられているが、三善氏はいわゆる学問の家系であり、『外記補任』によれば十二世紀には多数補任されていることが窺われる。ところで、『春記』永承三年（一〇四八）三月二十日条には、「督殿後日命云、公基一舞太謬事也、外記之外孫奉仕一舞古今不聞事也」とある。『尊卑分脈』によると公基は藤原保家の子で母は大膳大夫菅野敦頼の娘であり、その敦頼は正暦四年（九九三）に権少外記に補されているのであり、まさにここでは権少外記菅野敦頼の外孫藤原公基が一舞を奉仕したことがきわめて希有なことであったという。このことから察するならば、ましてや外記に任ぜられる家系の者、ここでは権少外記に任ぜられた三善康光が音楽に通じ携わることは少なかったと考えられるであろう。

さて、以上のように雅楽允に任ぜられた者について検討すると、管見による限りでは地下の楽家楽人も含めた音楽の熟達者はその三分の一ほどしかみあたらないが、治安三年（一〇二三）の踏歌節会には雅楽允実正と他の允についても舞を奏したことが察せられるように十一世紀半ば頃までに集中していることが窺われる。しかし、これ以降になると雅楽允二名の定員のうちの一名は楽家楽人が任ぜられたのに対し、他の一名については音楽に疎遠な者が任ぜられたものと推察される。すなわち、『官職秘抄』には雅楽允の任用について大舎人・図書・内蔵寮等とともに言及され「臨時内給、諸院宮給、文章生、同散位、諸道得業生、成功輩等任之」とみえるように、第2表に雅楽允としてあげた中では平奉忠は前中宮（藤原賢子カ）当年御給により補され、三善広安は得業生であるなど、十一世紀後半には三善・惟宗・紀氏といった学問・法律を専業とした家系からの補任がみられるのである。たとえば、『楽所補任』によると戸部清延の雅楽允の在任期間は保延五年（一一三九）より久安三年（一一四七）までであるが、この間の康治二年（一一四三）正月の叙位の儀には紀行兼が雅楽允とみえ、同年十二月の除目には藤原景憲が同允に補されており、久安三年正月以前には三善康光が雅楽允であったことは既述の通りであった。[50]同書によって清延の雅楽允在任期間前後における楽家楽人の允の任官状況についてみると、清延の祖父正近の在任期間は明白ではないが、大神基政は大治三年（一一二八）から長承元年（一一三二）まで、清延の保延五年から久安三年までをはさんで、豊原時秋は仁平二年（一一五二）から保元二年（一一五七）までとなり、基政から清延まで、清延から時秋までそれぞれ七年、五年間という空白の時期もみられるが、少なくとも十二世紀には雅楽允二名のうちの一名は楽家楽人によって占められていたことが窺われるのである。このようにおよそ十一世紀後半を境として雅楽允に音楽とは直接的にかかわりの薄い者たちが任ぜられるようになるのであり、これはやはり同寮における音楽的機能の衰退を意味するものであろう。同寮において楽舞に携わったいわゆる楽人・舞人が属・允を経て助まで昇進した例は管見では既述のように九世紀の春海貞吉と十世紀初めの小子部百雄の二人であるが、いずれも助までであり、頭まで昇進した事例は見出せない。正六位相当の雅楽助と従五位上相当の同頭の間には一線がひかれていた。だが、十一世紀以降になると、雅楽助まで昇進した事例はなく、『楽所補任』をみても知られるように楽人・舞人にとっての最上官は従六位上相当の近衛将監であった。ただし、十二世紀初めに入ると大神基政を初例として何人かの雅楽大夫も誕生している。

雅楽允補任者のすべてが音楽に堪能の者ばかりではなかったのに対し、雅楽属に補された者については『官職秘抄』に「楽人舞人多任之、或本寮申請之、或諸道挙〔学カ〕問者生任之」とみられるように原則として楽人・舞人が任ぜられたのであり、第2表における雅楽属の顔ぶれはそれを示していよう。これらの雅楽属に任ぜられた中で、多好貫については、多氏の系図にはみえないが、好用（茂）の弟に好実がおり『体源抄』十一ノ上では「舞人右」としてあげている多氏舞人の中には好実はなく好貫の名があり、多氏の系図では好実の兄とされている好茂、叔父の公高、従兄弟の武好、甥の政賢（方）の名も同様にみえることから好貫は系図では好実と記されている人物と同一人であることが推察される。もしこれが認められないとしても好貫の雅楽寮少属の初見が長徳二年（九九六）であり[51]、系図によると好用の亡くなったのが長和四年（一〇一五）、好実は寛徳二年（一〇四五）とされており、好貫と好実とは少なくとも同年代であったものと思われる。このほかの大多数の楽人は豊原・大神・戸部・狛・玉手氏といった地下の楽家楽人であったのであり[52]、各楽家、楽人のうち多・狛氏については第四章で検討することにしたい。

ここで、雅楽允・属に任ぜられた楽人・舞人の掌った音楽について簡単にみると、既述のように十世紀の船木氏有は舞を舞ったことは明白であり、小子部百雄と多好貫もその可能性は高いが、十一、十二世紀に補任された地下の楽家楽人の多くの者については舞を専業とする者ではなく、楽器を専業とする楽家楽人が任ぜられたことが窺われる。すなわち、横笛を専業とした大神・戸部氏であり、笙を専業とした豊原氏であり、雅楽属藤井清方も笛や笙を能く奏し、狛行光も第四章で検討するように狛行高の養子で笛の奏者であった。このように雅楽允・属が楽器を専業とするいわゆる楽人によって占められるようになった理由としては、前節でも指摘したように十世紀末から十一世紀初頭にかけての内裏の頻繁な火災によって雅楽寮はしばしば舞装束を常備できない状況があり、雅楽寮そのものの衰退もあって、舞人の座がしだいに衛府官人によって奪われるようになり、実質的には雅楽寮は奏楽のみを担当するようになることが考えられる。そして、この背後には十世紀初頭において従来まで衛府官人の演奏形式として行われてきた左右両部制が初めて制度として舞楽全体に及ぼされ、左舞には狛氏、右舞には多氏が抜擢され、舞は彼らが中心となって掌ることが定められたという事情が存在していた。

いずれにしても、雅楽寮官人のこのような変遷、同寮の衰退は十一世紀初頭の左右両部制の成立を転機に一段と進んだものと考えられる。続いて、十世紀以後に雅楽寮楽師の通称としてみえる物師について、その個々人の出自や音楽活動等を通して検討してみよう。

第三節　雅楽寮物師

「物之師」という一般的呼称の初出は『令集解』儀制令の内外官人条に「物之師并長上之属」とみえるが、楽人としての物師という名称は『西宮記』巻十、弁官事条に、延喜五年（九〇五）のこととして、謀反を企てようとして捕

第10表　雅楽寮物師（諸師）

名前	史料上の名称	年月日	典拠	備考
額田春吉	雅楽物師	延喜五・七・戊午朔	西宮記一〇	
船良実	新羅琴師	延喜二一・一〇・一八	西宮記八所引醍醐天皇御記	
大石富近	高麗篳篥師・唐篳篥師	天慶七	西宮記四所引村上天皇御記康保二・七・二八条	
長尾秋吉	舞師	天暦七・一〇・二八	九条殿記	
大友兼時	物師	応和	西宮記一三	
朱錦連徳常	簫師	応和二・九・八	類聚符宣抄七	従六位下右近衛より転任
船木洪範	簫師・唐舞師	応和二・九・八	類聚符宣抄七	この時簫師より唐舞師に転任
船木望真（直）	舞師		続教訓抄三	
丸部利茂	雅楽笙師	康保二・五・三〇	体源抄所引村上天皇御記	
小治田有秋	雅楽笙師	康保二・五・三〇	体源抄所引村上天皇御記	
少諸田宿禰秋通	兵庫大属	長保三	大間成文抄八	兵庫大属だが「笛師」ともみえるので便宜的に同表におさめた
多政行	三鼓師	治安三・五・七	小右記	
豊原朝臣延時	雅楽物師	承保二	大間成文抄八	「東市令史正六位上」「雅楽物師労」とみえる。なお、『魚魯愚抄』では「豊原近秋」とする
中臣為行	元物師	天永三	楽所補任	右衛門府生為忠の子。興福寺楽人。羯鼓奏者
矢集近成	元物師	永久二	楽所補任	同年、右舞人に任ぜられる
佐伯助安	物師	保安元以前	楽所補任	佐伯助行の父。興福寺楽人か
中臣重末	物師	大治元以前	楽所補任	玉手重貞（玉手吉恒の養子）の実父
三宅宿禰成正（貞）	物師	長承三・八・一	平安遺文二三〇四号	同書に正六位上とみえる。笛吹、後に篳篥吹。後に正光と改名
豊原宿禰光秋	物師	長承三・八・一	平安遺文二三〇四号	同書に正六位上とみえる
六人部友清	物師	久安六以前	楽所補任	六人部国友の父

六人部国友	物師	久安三・三・二八	台記別記	六人部友清の子。同日に揩鼓を掌っている。揩鼓奏者
助遠	物師	久安三・三・二八	台記別記	姓未詳。同日に鉦鼓を掌っている
正次	物師	久安三・三・二八	台記別記	姓未詳。同日に太鼓を掌っている
是節	物師	久安三・三・二八	台記別記	姓未詳。同日に鉦鼓を掌っている

えられた博戯党の中に「雅楽物師額田春吉」とみえる。また、同書巻十三、諸宣旨のところに「雅楽物師以惣省解申官補之」とあり、同書巻十五には「雅楽寮物師事」として「以惣省解文申官下上宣」とありその任用についてみえ、さらに『新儀式』第四「召雅楽寮物師等令奏音楽舞等事」に物師や同寮頭以下の楽官などに対する賜禄について延喜二十一年の例をひいて頭が衾一条、允二人は襖子各一領、属は疋絹、物師は布を賜るとみえる。(53)これらによると物師とは雅楽寮にあって宮中等の奏楽に供奉する下級の楽人であり、山田孝雄氏の指摘のように(54)令制では従八位相当の雅楽諸師のことと考えてさしつかえないであろう。

そこで、十世紀以降、雅楽寮物師と推測される者をあげると第10表のようになる。これらの中の大友兼時は『続本朝往生伝』一条天皇のところに「天下之一物」の一人として記載されており、著名な舞人であった。兼時は応和の頃（九六一～九六四）の物師の時代を経て、『日本紀略』正暦三年（九九二）十月二十六日条にみえる清涼殿で行われた臨時楽には、「舞人左兵衛尉大友兼時還任左衛門尉」とあり、衛府官人として舞を掌っていたことが窺われる。『楽所補任』永久二年（一一一四）に右兵衛府生とみえる矢集近成は「元物師」とあり、この時右舞人に任ぜられたという。物師の中でまず大友兼時と矢集近成をとりあげたのは、他の多くの物師が奏楽者（楽人）であるのに対し、二人は奏舞者（舞人）として現れ、しかもそののち衛府官人に転任している点が注目されるからである。一般的に楽人たる者は、舞を掌る者は楽を知らねばならないし楽を掌るには舞を知らねばならず、また当然打物（鼓類）にも通じていた。

今日でもそうであるように、当該期の楽人・舞人も楽と舞の両方の練習をしていたものと考えられる。この点において大友兼時と矢集近成とは確かに衛府官人としては舞を掌ってはいるが、物師の時には何の師であったかは未詳であり、彼らは物師のとき舞師ではなく楽師であったことも考えられるところである。ことに近成は『楽所補任』永久二年に右兵衛府生として「月日任右舞人、近正弟子也、元物師、年卅四」とあり、ここで明白に「任右舞人」としていることが注目される。これは物師時代には楽器奏者であったのを右兵衛府生として任じた時に右舞人として採用したとも解せられるのである。これに対し大友兼時の場合には元来雅楽寮舞師であった可能性は大きいが、位階において雅楽允相当の左兵衛尉、允以上の左衛門尉と転任したことからみて、舞人としての名声を博したのは衛府官人に転じてからのことであったろう。

また、長尾秋吉についても『九条殿記』天暦七年（九五三）十月二十八日条、殿上菊合に「舞師」とみえる。しかし、「舞師」といっても十一世紀以降になると『小右記』万寿四年（一〇二七）正月二十九日条に「高麗舞師近衛多政資補番長」とあり、『平安遺文』所収長久五年（一〇四四）十一月五日付「山城国石原荘司解」には石原荘司秦兼重について「唐舞師」とみえるように雅楽寮諸師の舞師ではなく衛府官人等の舞師を示すことも多いが、秋吉の場合にはこの殿上菊合に舞った舞人として「奏渋河鳥、舞人左近衛将曹船木茂真・舞師長尾秋吉、次右方奏綾〔切〕、右衛門府生秦良佐・近衛同身高」とあり、衛府官人とは別に「舞師」とされていることからいわゆる雅楽寮の舞師とみなしてよいであろう。なお、長尾氏には『日本三代実録』元慶四年（八八〇）七月二十九日条に散楽に長じた者として右近衛長尾米継がみえる。米継の名は本名とは考えられないが、(55)少なくとも秋吉とは同族であったものと察せられる。

さらに、舞師の船木望真（直）については『続教訓抄』第三冊、和風楽のところに浄蔵が作曲し望真が作舞したと伝えている。浄蔵は『日本紀略』康保元年十一月二十一日癸巳条に卒伝がみられることから、船木望真も十世紀頃の雅楽寮の舞師であったと推察される。同族と考えられる者に雅楽属船木氏有と同寮簫師・舞師の船木洪範がいる。

これらのほかの物師については、船良実は新羅琴、大石富近は篳篥、丸部利茂と小治田有秋は笙を掌り、多政行は三鼓、中臣為行は羯鼓、六人部国友は揩鼓、また助遠・正次・是節についても打物を掌った。丸部利茂の同族には雅楽寮笛師から同寮少属・大属をへて権大允まで昇進した和邇部大田麿や、嘉祥二年（八四九）十一月に雅楽権允であった和邇部嶋継がおり、ほぼ同時代の者に篳篥吹の和邇部用光がいる。小治田有秋は笙の楽家豊原氏の祖といえる存在であった。また、豊原近秋については『豊原氏系図』にみえるが、同系図の近秋は鎌倉時代の者であり、第10表にあげた近秋は『魚魯愚抄』巻第一承保二年（一〇七五）にみえるようにこれとは異なる。未詳だが笙を主たる楽器とした豊原氏の同族で、やはり笙などを掌ったものであろう。豊原光秋は『平安遺文』所収長承三年（一一三四）八月一日付の「楽所上日解」に「正六位上豊原宿禰光秋」とあり、光秋の直前に記されている三宅成正同様に物師であったろう。『楽所補任』保延二年（一一三六）によると光秋は次いで左近衛府生に補され、三宅成貞（正）も右近衛府生に任ぜられている。光秋は笙吹、成正は笛吹であった。

多政行については、既述のように『小右記』治安三年（一〇二三）五月七日条等の記事により三鼓師ながら高麗楽を舞ったことが推測され、衛府出身の楽家多氏の性格や同氏系図などに雅楽寮官人・諸師をほとんど見出せないことから物師であったものと断定はできないが、同系図には政行の名は窺い得ないのであり、傍系であった可能性が強いことから、物師であったことが十分に考えられる。佐伯助安と中臣重末については、いずれも彼ら自身の奏楽例は見出せないが、『長秋記』天承元年（一一三一）正月十九日条によると助安の子助行が関白藤原忠通正月大饗において鉦鼓を掌っており、『楽所補任』大治元年（一一二六）によると重末の子重貞は篳篥吹であることが知られ、同族と考えられる中臣為行が羯鼓奏者であったことなどから、やはり楽器奏者として供奉することが多かったものと察せられる。

以上のように物師の掌った音楽を検討すると、まず十世紀までの物師の中には篳篥師・簫師などとともに長尾秋吉、大友兼時、船木望真のような舞師も存在していた。当該期にあって、大友兼時が物師から雅楽允と同等の左兵衛尉、さらにこれ以上の左衛門尉まで昇進している事実、あるいは康保二年（九六五）五月三十日には村上天皇が雅楽笙師丸部利茂と同小治田有秋を召して笙を吹かせ、(56)有秋は村上天皇の笙の御師と伝えられている事実は、雅楽寮諸師（物師）が十世紀においても依然として同寮における楽舞奏者として中心的な地位を占め、その活躍の場は十分に存在していたことを示している。

しかし、十一世紀以降の物師についてはいずれも楽器奏者であり、三宅成正や豊原光秋のように衛府官人として舞人に転じた者でも物師時代には楽器奏者であって舞師であったことは窺えないのであり、ことに十二世紀に入ると物師は打物奏者によって占められていることが認められるのである。十二世紀にみられる物師に関して『楽所補任』によって簡単にたどってみると、中臣為行は五十八歳にして左衛門府生に任ぜられ、矢集近成は三十四歳の時に右兵衛府生に補されたが、久安六年（一一五〇）に左衛門府生に転じたのに留まり、三宅成正は保延二年（一一三六）右近衛府生に任ぜられ、天養元年（一一四四）に刃傷沙汰に関わって擯出され、久安四年に正光と改名、同府生として復帰し、将曹まで任ぜられた。豊原光秋は保延二年、左近衛府生に補され、六人部国友も久安六年五十二歳で左衛門府生に任ぜられたが、それぞれ府生留まりであった。これらのほかの六人部友清・佐伯助安・中臣重末・助遠・正次・是節については物師留まりであったものと推察される。このように物師はその約半数はその地位に留まったまま昇進することはなく、しかも昇進した中では、将曹となり篳篥三宅氏の祖となった三宅成正（正光）が笛吹、豊原光秋は笙吹であり、矢集近成は舞人となったようにいずれも舞人かあるいは奏楽者の場合は吹物（管楽器）を掌った者たちであり、物師に留まった者のほとんどは打物師であった。

また、既述のように楽人（楽器奏者）として任ぜられた雅楽允・属の多くは豊原・戸部・大神氏といった楽家楽人であり、地下舞人・楽人が補任された官職の中では高位にあたる衛府の将監・将曹も多・狛氏といった舞人の有力家や豊原氏以下の吹物を掌った楽家によって占められたのであり、物師には次第に主として打物を掌る楽人が任ぜられ、十二世紀にはこれが一般的なものとなっていき、地下楽人の中でももっとも下位の楽人として位置付けられるようになっていったと考えられるのである。

『拾芥抄』官位唐名部第三に雅楽寮の四等官を記した後に「舞師」とし諸師を代表した形で記載している。しかし、これまで検討したように、十一世紀には舞人の多くは衛府官人が中心をなすようになり、允以下の雅楽寮楽官が楽人（楽器奏者）によって占められたように物師においても楽人が主体となり、およそ十二世紀には楽人の中でも打物を掌る者が任ぜられるようになっていくのである。さらに、『小右記』寛仁三年（一〇一九）正月十四日条に御斎会結願には物師らが南京に帰ったために雅楽寮によって舞楽を行うことができなかったとあるように、楽人・舞人全般にわたってもそうであったが、物師にも南都楽人が多数任ぜられていたのである。すなわち、当該期には令制の諸師（物師）予備軍であった楽生はすでにほとんど存在していなかったものと推測され、その分、寺社楽人に頼らざるを得ない状況にあったのである。

ところで、『台記』仁平二年（一一五二）正月二十六日条にみえる藤原頼長正月大饗には舞人や楽人とは別に「雑役物師」という存在が知られるが、この時の舞人と楽人は打物奏者も含めてそのほとんどが衛府官人であり、「雑役物師」として「案主出雲依国、官人代清原友光、同播磨友行、同伊賀国清」があげられている。彼らについては未詳だが、同日、寮官・舞人・楽人らが舟を降り反橋を渡って参進するところに割注して「寮官在前、舞人在其後、楽人在其後、物師在其後、（二人転大鼓、二人昇鉦鼓）」とあることから考えると彼ら自身が物師というわけではなく、物師の使用する楽器である打物を運び、あるいは舁ぐ役の者たちであったろう。管見では「雑役物師」に関する他史料は見出せず不明な部分は多いが、この場合は道楽の時の太鼓や鉦鼓を担う役を臨時的に定めたもので、物師が掌る楽器とされつつあった打物を担う雑役ということで「雑役物師」と称されたものと考えられる。ここからも当該期におい て物師が掌る楽器として打物が考えられていたことが窺われるのである。

以上のように十世紀以降の雅楽寮に関して、その宮中儀式への供奉の状況、楽人の推移を通して検討してきたが、これらをまとめると次のようになる。

雅楽寮の活動は、「寛平御遺誡」にみられるように「為取其芸」に権官が許可されていたこと、『延喜雅楽寮式』に依然として同寮楽師・楽生の任用規定が認められ、節会をはじめとする宮中行事、大寺の仏事供養に奉仕していたこと、延喜二十一年（九二一）十月十八日に行われた「雅楽寮人」による奏舞では、衛府官人大石嶺吉が加わってはいるものの主として雅楽寮楽官・楽師によってなされた事実が窺われることなどから、少なくとも醍醐朝までは雅楽寮は令制本来の形で独自に奏舞・奏楽を行い得たものと考えられる。問題となるのは最初の楽所始の記事がみられる村上朝から一条朝の雅楽寮の活動である。当該期には確かに舞装束の不備などが認められるが、これは雅楽寮の音楽機関としての機能の衰退によるばかりではなく、内裏の火災も大きな要因と考えられるところであり、村上朝においても大友兼時・丸部利茂・小治田有秋といった物師などの活動が注目されていることからも、同朝に雅楽寮の活動が急激に衰えたとは考えられない。それを示すものとして、十一世紀に入り大饗においては舞人は衛府官人に頼るところとなったが、節会や御斎会では少なくとも十一世紀半ば近くまでは雅楽寮によって舞楽が行われていたことが指摘できる。しかし、次章で検討するように十世紀末から十一世紀前半にかけて衛府官人による舞楽の奏楽が盛んになり、多氏などによる舞楽の世襲化が進むと、十一世紀前半には多氏が右舞を、狛氏が左舞を専業的に担うようになり、いわゆる左右両部制が行われたものと察せられる。これによって舞楽の主体は雅楽寮から完全に衛府楽人に移ってしまうのであり、同寮では奏楽者（楽人）による供奉・教習が中心となる。これにより雅楽寮の本来の機能はしだいに失われ、舞楽からの後退は一層進み、やがて節会や御斎会においても衛府舞人の占めるところとなり、十二世紀には宮中儀礼等に供奉するほとんどの舞人、そして楽人までもが衛府官人に補任されていた楽人・舞人が奏するようになるのである。楽所に関しては後に検討することになるが、少なくともこれまでの考察の結果からは、楽所の創設よりも左右両部制の成立が雅楽寮の衰退を加速させたと考えられるのである。

続いて次章では、衛府楽人の供奉した儀式と楽舞、ことに春日祭、石清水・賀茂臨時祭等の大社祭における歌舞や舞人・陪従について検討していこう。

注

（1）宮廷行事に関する研究として、山中裕『平安朝の年中行事』、倉林正次『饗宴の研究』、古瀬奈津子「平安時代の『儀式』と天皇」（『歴史学研究』五六〇）、佐々木宗雄「王朝国家期の仏事について」（『古代文化』四五―一二）などがある。

（2）また拙著『日本古代音楽史論』一〇五〜一〇八頁において触れている。

（3）林屋辰三郎『中世芸能史の研究』二三八〜二四〇頁。有吉恭子「楽所の成立と展開」（『史窓』二九）。

（4）拙著『日本古代音楽史論』一〇五頁。

（5）古瀬奈津子氏によると、清涼殿で行われた私的行事は蔵人の主導によるもので、同殿の装束も蔵人が差配したという（「行事蔵人について」『国立歴史民俗博物館報告書』一九）。このことから推定するならば、蔵人所の舞装束というのは、原則として、清涼殿で行われる舞楽のために備えられていたものであったか。

（6）林屋辰三郎、注（3）前掲書、二三九頁。

（7）左右衛門府の庁舎は、ともに左京の大内裏外にあり、左衛門府が鷹司南・近衛北・大宮東・猪熊西、右衛門府が土御門南・近衛北・西洞院東・室町小路西にあったとされる（『京都の歴史』1、三〇一頁。『国史大辞典』平安京の項目の同復元図、四三六頁）。ここに舞装束が置かれていたとするならば、永延二年閏五月より長保五年正月まで衛門府の火災などによって舞装束を紛失する理由は見当らないが、舞装束が内裏の左右衛門陣などに置かれていたとするならば、焼失した可能性が考えられる。すなわち、長保元年六月十四日の内裏火災は、『日本紀略』によれば「件火事出自修理職也」とある。修理職の庁舎はやはり大内裏外の左京大宮東・陽明門大路南、ちょうど左衛門府の南側にあったと思われ（『拾芥抄』『国史大辞典』。なお、『京都の歴史』1では「近衛南・中御門北・西洞院東・室町西の四町を占める広大な地所のなかに設けられた」としている）、『日本紀略』によるならばここが火元とも考えられる。しかし、『本朝世紀』同条には「従修理職内造木屋発火災」とあり、また一条天皇が延焼を避けて、まず職曹司に移り、同所が「火末」という報告をうけて、八省院の大極殿へ行き、ついで太政官に移御した。「火末」がさらに左衛門陣屋付近まで広がった後、にわかに東風が吹いて「火末」を吹き返したという。これらから考えると、「火末」は西風に吹かれて西から東に延びたことが知られるのであり、その火元は内裏外廊の西南隅にあった「修理職内候所」（『拾芥抄』）であったと考えられる。『小右記』長保元年八月十八日条に「左衛門陣焼亡、仍本府新造立三間板屋」とあり、少なくともこの火事で左衛門陣の焼亡が確認できるのであり、舞装束が内裏の他所に置かれていたとしても、内裏の火災によって蔵人所の装束とともに焼失したことであろう。

（8）『台記別記』仁平三年十一月二十六日条によれば、春日詣の舞楽の襲装束は清水寺から借りている。

（9）誰の楽器を借りたか未詳だが、橘以綱か、あるいは同三日条にみえ、承徳二年に参議となった大弁源基綱かのいずれかと思われる。なお、本書における『中右記』の引用等については、大日本古記録所収の既刊分についてはこれにより、他は陽明文庫本（『陽明叢書』所収）と比較しつつ『増補史料大成』所収のものを主として用いた。

（10）『九条年中行事』（師輔）では、「逓献大唐高麗舞各三曲」とあり、計六曲奏したとあるが、管見の限りではいずれも四曲とみえる。

（11）山中裕『平安朝の年中行事』一一五頁。

（12）倉林正次『饗宴の研究（儀礼編）』四四七・四六七頁。

（13）公正については未詳。

（14）行真本など。なお、以下においては基本的には行真本『楽所補任』（上野学園日本音楽資料室所蔵）を使用する。

（15）国史大系本『延喜式』では、同項は釈奠条におさめられているが、次の仏会条とすべきであろう。

（16）『日本古代音楽史論』一二五〜一三三頁。なお、その後見出された雅楽寮官人を追加すると、長屋王邸宅木簡に、少属白鳥史豊麻呂・少允船連豊がみえる。また楽師についても追加すると、平城宮出土木簡に合笙師として山田豊貞（『平城宮木簡』二、二一二頁）、天平宝字五年二月書写の仏説浴像経奥書に合笙師正八位上大石毛人（『寧楽遺文』中、六三一頁）がみえ、『続日本紀』宝亀二年二月丙午条に莫牟師正六位上村上造大宝が外従五位下を授っている。

（17）頼文の官位は未詳だが、『小右記』寛仁二年十月十六日の記事によると従五位下であったか。

（18）『尊卑分脈』に「従四下　若狭守　大膳大夫」とみえる。しかし、遠理の祖父守正の子に連理がおり、同書ではかれについても「従四下若狭守」としている。『小右記』によれば、善理は長徳二年（九九六）五月には右衛門志、寛仁元年（一〇一七）十月には主殿頭としてみえるのに対し、遠理は『本朝世紀』によれば長保元年（九九九）三月にはすでに雅楽頭、寛弘四年（一〇〇七）二月には大膳大夫となっていること、「連」と「遠」とは字体が似ていることから、実は遠理と連理とは同一人物であり、善理と遠理（連理）とはともに守正の実子で兄弟であったのではないか。その後、遠理は兄善理の猶子になったのではなかろうか。

（19）『続教訓抄』第十一冊。『古今著聞集』『体源抄』にもみえる。後者は『続教訓抄』と同内容である。それぞれの成立年代をみると、『古今著聞集』は建長六年（一二五四）、『続教訓抄』は文永七年（一二七〇）頃より元亨二年（一三二二）頃まで書き継がれたとされ、『続教訓抄』が『古今著聞集』によったことが当然想定されるが、『続教訓抄』には「或人語云」とし、内容的にも『古今著聞集』が単に「調子」とするところを「平調ノ小調子」としたり、楽家に伝承されてきた説話によっているとも考えられるので、本書では『続教訓抄』所載のものを引用した。

（20）『魚魯愚抄』七。

（21）『二中歴』第十三「管絃人」、『吉野吉水院楽書』、「管絃名人等事」（『体源抄』十一ノ上所収）など。

（22）『神楽篳篥相伝之統』『琵琶相伝之統』はともに『楽家録』巻之十六所収、『琵琶血脈』は『群書類従』所収。

（23）なお、『尊卑分脈』では、やはり源博雅の子の至光について「双調君」とし、『吉野吉水院楽書』や『体源抄』では「双調公」に「博雅太郎」との注記があり、『懐竹抄』では「双調君信貞」とみえる。このように、博雅の子とされる信貞・信義・至光の三人について、「双調君（公）」とする説がある。

（24）さらに『小右記』永延元年三月二十六日条の摂政兼家春日詣試楽に陪従の一人としてみえるが、同時期にいた藤原信義か源信義か未詳である。『大日本古記録小右記』では「(藤原カ)」とするが、父源博雅の生没年がおよそ九一八(九一九)～九八〇であり(『大日本史料』一―十八)、陪従を勤めていることからみると、源信義の可能性は高いであろう。

(25) 注(21)に同じ。

(26) 信明については、『小右記』長和五年三月十二日条に石清水臨時祭試楽での陪従の一人としてみえる。

(27) 『続群書類従』所収『催馬楽師伝相承』の中に掲載されている。

(28) 『山槐記』(史料大成版)応保元年(一一六一)十二月七日条には内侍所御神楽の陪従の掌った音楽のところに「篳篥和琴範基」とあり、範基が篳篥と和琴を奏したかのような書きぶりであるが、同条にみえる陪従の一人の藤原頼業は保元三年(一一五八)三月十日の石清水臨時祭調楽には篳篥を担当しているのであり、既述のように範基の相承した楽器として伝えられているのは和琴と横笛であり、また源時中以下の同家系の相承した管楽器は横笛と笙であり、いずれも篳篥については窺えないことからも、同書の記事は篳篥の担当者(おそらく藤原頼業)を落して記したものであろう。

(29) 能勢朝次『能楽源流考』、林屋辰三郎『中世芸能史の研究』三四七～三五一頁。なお、林屋氏は三四八～三五〇頁において陰陽師が雅楽頭に任ぜられていることについて説いており、陰陽師と芸能との密接なかかわりがあったことを指摘している。

(30) 吉野裕子『陰陽五行思想からみた日本の祭』一二五～一二七頁。

(31) 筝については『教訓抄』巻第八にみえる。厭舞については拙稿「相撲儀式と楽舞―乱声・厭舞を中心に―」(『古代文化』三一―一二)。なお、本書における『教訓抄』の引用については、日本思想大系『古代中世芸術論』所収のものを用いる。

(32) 『殿暦』康和五年十二月九日、永久四年正月二十三日条。なお、康和五年のときには雅楽頭安倍泰長は、藤原忠実に諸社寺の誦経を行うべき吉時を問われている。同年十一月二十九日には陰陽師安倍泰長が、忠実法成寺参詣の可否を占っている。

(33) 『殿暦』長治元年十月三十日、嘉承二年閏十月六日条など、多くの例がみえる。

(34) 右同書、天仁二年十月二十二日、天永二年二月十一日、永久元年正月十六日、同四年正月二十三日条。

(35) 『東大寺続要録』供養篇。

(36) 森田悌『日本古代官司制度史研究序説』一五三～一五九頁。別当に関しては、ほかに菊池京子「『所』の成立と展開」(『史窓』二六)などがある。

(37) 森田悌、注(36)前掲書、一五九頁。
(38) 『新儀式』第四、『西宮記』巻八では奏舞を行ったとは明記されていないが、『古今著聞集』巻第六「管絃歌舞第七」では、百雄について「舞人」としている。なお、『西宮記』では小子百雄とする。
(39) 『北山抄』巻九裏書所載『続水心抄』など。
(40)(41) 注(4)前掲書二三一頁。
(42) 『新儀式』では「大属代有」とする。
(43) 太田亮『姓氏家系大辞典』。
(44) 『日本古典文学大系古今著聞集』巻第六「管絃歌舞第七」頭注(一九七頁)では船木氏有を、「新羅帰化人の末か」としている。これは『教訓抄』巻第四の同記事引用部分に「新羅琴師船木良実」とあることによるとしているが、『西宮記』では「新羅琴師船良実」とし、『古今著聞集』巻第十の「延長六年閏七月中六条院にて童相撲の事」に「船吉実散楽を供しけり」とみえるように、「船良実」とするのが妥当であろう。船氏ならば百済系渡来人とすべきであろう(注(4)前掲書二四三頁)。
(45) 前者については『小野宮年中行事』二月御読経事、後者は『九条殿記』(『大日本古記録九暦』所載)天暦七年十月二十八日条、『古今著聞集』巻第十九「天暦七年十月殿上残菊合の事」。
(46) 渋河鳥については、『教訓抄』巻第六では管絃曲とされ舞のあったことは伝えておらず、『拾芥抄』や『仁智要録』などでは「無舞」としているが、『九条殿記』や『古今著聞集』に述べているように、舞があったことは間違いないであろう。『続教訓抄』第三冊に「舞アリトイヘドモ近来絶畢」などと伝えているように、平安後期頃には絶えてしまったものと考えられる。舞が絶えた後は、法会の行道や参音声などに楽のみが盛んに奏された。
(47) 『続群書類従』本では「石城正枝」とするが、宮内庁書陵部本では「石城正枝」とする。
(48) 『日本三代実録』貞観七年十月二十六日条。
(49) あるいは同一人物で、『小右記』の著者藤原実資が「政方」を「政行」と誤って記した可能性も考えられる。
(50) それぞれ『本朝世紀』康治二年正月六日、同年十二月十五日、久安三年正月二十八日条。
(51) 『大間成文抄』八。
(52) なお、地下楽家の系図や相承系譜によると、上記以外の者についても雅楽允・属として注記がみえる。しかし、そこに記

注(52)の表　地下楽家系図にみえる雅楽允・属

氏　名	系図（体源抄本）	系図（続群本）	系図（群本）	楽所系図	楽家系図
狛　衆古	允	亮（異本ハ允）		属	
衆行	雅楽師	雅楽狛師		允	
斯高				允	
真高	属	属		属	
真行				属	
則高				允	
行光	属	属		属	
光久	属	属		属	属
有時	属	属			属
有信				属	
光方					允
豊原時忠	属	属	属	属	允
公里				允	允
時秀	雅楽府生（ママ）	雅楽府生（ママ）		允	
光元	属	属（但シ光佐トミエル）		属	
時秋	雅楽大夫	雅楽大夫	雅楽大夫	允	雅楽大夫
利秋	雅楽大夫	雅楽大夫			
戸部春吉	允	允		允	
春近	允	（允―異本）		允	
正近				允	允
清延				允	雅楽大夫
清親				属	
清包（兼）					允（清兼トミエル）
大神是季				允	

基政			允	雅楽大夫
玉手守助			允	
友行			属	
延近			允	
尾張則成				属
兼助				属
和邇部用光				允
則光				允
清原助信				属

された注記はことに楽家成立以前の十世紀までの記載に関しては問題点がある場合が多く、本書においてはこれまで意識的に諸楽家の系図にみえる雅楽允・属史料は対象外としてきた。そこでここではこれまで考察した結果を踏まえて、諸楽家にみえる雅楽允・属と注記された楽人について検討してみよう。まず地下の諸楽家の系図にみえる雅楽允・属の任官者を整理すると次表のようになる。これによると、狛・豊原・戸部・大神・尾張・和邇部等の諸氏の系図においてみえ、多氏にはほとんどみえないことが注目される（既出の属多好貫が好実であるならば唯一の例である）。これらのうちで他の史料によって確認できるのは、既述のように允では和邇部用光・則光、戸部正近・清延、大神基政、豊原時秋であり、属では豊原時忠・光元、大神基政、戸部清延・清兼、狛行光、玉手某となる。同表では豊原時忠については『楽家系図』のみが允で他の系図はいずれも属であるが、『楽所補任』永久五年（一一一七）に「雅楽属時忠二月日卒年六十四」とあることから属とする方が妥当であろう。また、戸部清包（兼）も同書仁安二年（一一六七）には「雅楽属清兼八月廿六日卒」とあることから、『楽家系図』では允としているが属とする方が妥当であろう。これに対し、狛氏では系図にみえる狛光高以前、戸部氏では同じく戸部吉多以前、玉手氏は同じく玉手延近以前の者については未詳な点が多く、同表の中では狛衆古・衆好・斯高・真高・真行、戸部春吉・春近、玉手守助・友行についてはまったく手掛かりはないが、彼らの活動時期はおよそ九〜十一世紀のことであり、既述のように十一世紀以前の雅楽允・属に任ぜられた多くの者が楽人であり、そのうえ当該期において雅楽寮単独による奏

楽も可能であり、允・属の楽人としての機能も強いものであったこと、また狛氏に関しては後述するようにその出自などからみるならば彼らが雅楽允・属であった可能性は十分に考えられよう。このほかの者の中では豊原公里について、『続教訓抄』第十冊に「件時元、両兄ニ勝テ右近将監ニイタレリ、兄二人皆雅楽属ナリ」とあり、系図では時元の兄としては公里・助光・時忠がみえるものの、助光については記載されていない系図もあることからも、ここでいう「兄二人」とは公里と時忠と察せられ、『楽所系図』『楽家系図』では公里についていずれも允としているが属であった可能性が強い。他の者については確認できないが、ここにあげた系図にみられる雅楽允・属に関しては允であったか属であったかという点では確実ではないが、雅楽官人であったことについては十分信頼できるものと考えられるのである。

(53) ほかに、天暦四年の「東大寺封戸荘園幷寺用帳」『平安遺文』二五七号、『大日本古文書』家わけ第十八、東南院文書之二に「物師等中銭三貫文」とあり、『帥記』永保元年六月一日条に「有管絃事博（○轉イ）定物師両三会合、又有歌女一両」などとある。
(54) 山田孝雄『源氏物語の音楽』一四・一五頁。
(55) 笹山晴生「左右近衛府官人・舎人補任表―下級官人・舎人その（一）―」（『東京大学教養学部人文科学科紀要』六一）一一四頁。但し、神宮文庫所蔵旧宮崎文庫本では「米」を「末」に作り、笹山氏は「末継」とする。
(56) 『体源抄』所引『村上天皇御記』康保二年五月二十日条。

第二章　衛府舞人・楽人供奉の宮廷儀式とその変遷

衛府官人と音楽との関係については、林屋辰三郎、有吉恭子氏らによって、おもに楽所創設とのかかわりから検討が試みられている。これらによると近衛府と音楽との結び付きは近衛府のもつ儀仗的・隷従的・競合的性質によること(1)、衛府の奏楽例は九世紀初頭にみえ、同世紀前半には競馬・相撲・朝覲行幸・旬政などの種々の饗宴での私的傾向が強いが、後半には形骸化し、二孟旬・相撲節会・競馬に限られてくること、同世紀にはすでに雅楽寮考人の近衛府官人への道が開かれており、近衛府の奏する音楽にはいわゆる雅楽が含まれていたこと、しかし、近衛府がもっとも深いかかわりをもっていた音楽は東遊であったこと(2)などが明らかにされている。

しかし、九世紀から十世紀にかけては宮廷儀式における式次第の変遷がみられ、衛府の掌った相撲・二孟旬・競馬あるいは大社祭などにおいても形骸化したものとなるのであり、その奏楽も「冷淡」なものであった(3)。このような中にあって滝口相撲・童相撲・殿上賭弓などのような臨時的行事や、石清水・賀茂臨時祭といった臨時祭から出発して恒常的なものとして成立した行事においては、九世紀以前に衛府によって奏されていたものについても十世紀以降になると殿上・地下の侍臣や殿上童等によって奏されるという状況が現われるようにもなる。

そこで本章では、まず衛府による奏楽が主体であった相撲・競馬・二孟旬などの宮中儀式における音楽とその舞人・楽人について検討し、次に衛府の本源的歌舞であったと察せられる東遊が奏された大社祭、ことに石清水・賀茂臨時祭を中心に、その儀式次第における歌舞の位置付けとその東遊に供奉した舞人・陪従等について考察していこう。

第一節　相撲・競馬・賭弓・騎射・旬政

相撲節における楽舞を中心とした儀式次第とその変遷については、かつて検討を試みたが(4)、それによると同儀式の名称は相撲節、相撲節代、相撲召合、相撲御覧などと変遷し、その次第も九世紀半頃を境に同末期から十世紀初期にかけて大きく変化した。また、この中で奏される楽舞についても、相撲取組み前の乱声・厭舞といった呪術性の強いものは十世紀初頭以後には儀式次第の中から取り除かれたり、「厭舞」は「振鉾」と記されるようになり、相撲取組み後の余興として行われた左右の舞楽の前に奏されたり、全体的に娯楽性の強いものへと変化していることを明らかにした。十世紀以後の相撲儀式は一般的には、まず当日の二、三日前に習礼（稽古）が内取として左右方それぞれにおいて行われ、当日には相撲召合が、後日には相撲御覧として抜出と追相撲があった。またほかに、滝口・童相撲等が行われた。童相撲の儀式次第に関しては『新儀式』童相撲事に「前三日、有内取之事、其儀一同召合」とあり、当日についても「亦同召合之日」とあるように、童相撲の内取も当日儀も通常の相撲節における内取や召合と同様であった。滝口相撲についての次第は窺えないが、やはり相撲節の内容にならったものであったろう。これらの相撲儀式の取り行われた場所は、召合や抜出・追相撲は多くの場合紫宸殿南庭であったが、天皇が南殿に出御しない場合や、内取・童相撲あるいは臨時的なものについては仁寿殿東庭、後には清涼殿東庭で催された。相撲儀にはまた楽所が設けられたが、『九条年中行事』相撲節代儀によると「楽人着座」の割注の中に「楽人座在承明門東西廊」とあり、『江家次第』相撲召仰には「長楽門内東掖為左司楽人候所、永安門内西掖為右司楽人候所（並不懸班幔、而鋪座）」とあるように、同儀における楽所とは左右司楽人の「候所」であり、南庭で行われる場合には承明門の東西にある長楽門、永安門に置かれ、仁寿殿東庭で相撲が行われた場合には和徳門内南掖が楽人の候所とされた。そこで続いて、相撲節や臨時的な滝口・童相撲等において楽舞に奉仕した楽人・舞人について検討していこう。

まず相撲節においては、舞人・楽人は左右の相撲司に配されて楽舞を掌った。『儀式』によると、楽舞に加わった者については、

次楽器左右相分次儛人卌人（四列列別十人）次登木人十六人（四列列別四人）次擲倒人四人（左右各二人相分）次散楽人卌人（四列列別十人）。

とみえる。これによれば舞楽と散楽等を奏した人数は合わせて一〇〇名にものぼり、楽人の人数も含めると総勢百数十名という大規模なものであったとされている。『舞楽要録』などによると、相撲取組み後の舞楽曲は多い時には左右それぞれ六曲の舞楽と一曲の散楽の計七曲ずつ舞われており、かりに舞楽一曲を四人舞とした場合には舞楽だけで四八人を必要とするが、舞楽曲の中には一人舞もあり、また一人が複数曲を舞った場合を考えると、『儀式』に記された舞人の四〇人という数は毎回の相撲儀式において固定していたものとはいえない。しかし、一人が二曲を舞った場合を考慮しても少なくとも二四〜四八人の舞人は必要であったろう。散楽はふつう左右各一曲ずつ行われたが、一般的な舞楽とは異なり『江家次第』相撲召仰に「狛犬散更之中」に割注し「有一足高足、輪鼓独楽呪師、侏儒舞等」とあるように散楽の中には種々の雑芸が含まれていたのであり、多数の人数を必要とした。たとえば、『兵範記』保元三年（一一五八）六月二十八日条の相撲抜出御覧には、猿楽が呪師・蟾舞・輪鼓・弄環・高足などの総勢四〇人によって行われている。これら大規模な舞楽や散楽が果たして九世紀初頭からみられたか否かは明白でないが、遅くとも貞観年間以降には行われていたことが十分考えられるところである。したがって、相撲節における舞楽や散楽を奏

するにあたって必要とされる総勢一〇〇名前後の人数は諸衛府だけではまかないきれるものではなかったろう。

また、『北山抄』巻第九、相撲召合に「若有相撲人楽人等可補近衛之者、早旦修奏文奏之」とあり、相撲人や楽人が必要な場合には急遽近衛府官人への補任が行われたようであり、舞人の例では『小右記』長元三年（一〇三〇）十月一日条に「円融院御宇相撲時左官人一人外亦無、仍当日以長尾助行被補左兵衛府生、官人二人儛」とあり、左兵衛府生への補任によって舞人の欠を補塡したとある。ほかにも『西宮記』所引『村上天皇御記』康保二年（九六五）七月二十八日条の相撲召合には右近衛秦清雅を左近衛として舞に供奉させたとあるが、『貞信公記』承平五年（九三五）七月二十八日条の相撲召合に「蔵人・近衛持来左擬近八人奏、楽人也」とあり、翌年の召合にも『九暦』に「右近衛府進擬近十四人令奏、皆楽人也」とあり、擬近衛が楽人としてみえるのが注目される。

そこで次に、十二世紀末までにおいて相撲儀式の楽舞に供奉した舞人・楽人を管見の限り整理すると第11表のようになる。これによれば、舞人としてみえる多くの者は近衛府・兵衛府・衛門府のいわゆる衛府の下級官人であった。また、十一世紀半ば以前の記事は少ないが後述する競馬・旬政・賭弓などの記事と合わせみるならば、十一世紀に入ると地下楽家舞人の供奉が多くなり、同末期から十二世紀にかけてはほぼ彼らの独占するところとなっている。さらに、『延喜雅楽寮式』相撲条によると雅楽寮官人・雑楽人が左右相撲司に分配されることの規定がみえたが、『西宮記』相撲召仰に「治部雅楽々人着座」とあり、また「相撲召仰」の割注に「有楽年雅楽寮分配楽人、送左右」とあるように舞人として勤めたのではなく文字通り楽人として供奉したものと考えられるのであり、これは同表によって確認できる。雅楽寮の活動状況や十世紀にみえた擬近衛が楽人とされたことからみると、少なくとも十一世紀頃までは舞人は主に衛府官人が掌り、楽人も基本的には衛府によってまかなわれ、これに雅楽寮官人・楽人と擬近衛が加わったものであったろう。

第11表　相撲儀式供奉の舞人・楽人

年月日	儀式	舞人(曲名)・楽人(楽器)	典拠	備考
応和二・八・一六	滝口相撲	小舎人興光(抜頭)、忠善(長保楽)、重光(散手)、延光(輪台序)、済時(輪台破)、為光・安親(崑崙八仙)、兼通(胡飲酒)、佐忠(吉簡)等	西宮記四	但し重光・為光・安親は舞わず
康保二・七・二八	相撲召合	左近衛秦清雅	西宮記四所引村上天皇御記	この時右近衛より左近衛に転じ舞を供奉
円融院御宇	相撲	左兵衛府生長尾助行	小右記長元三・一〇・一条所引	この時左官人一人のため急遽左兵衛府生に補され舞う
寛治二・八・七	相撲	狛光秀(季カ)(振鉾・散手)、多祐(資)忠(貴徳)	帥記	
寛治五・七・三〇	相撲御覧	狛光季(振鉾・輪台破・散手)、多資忠(振鉾・貴徳)、狛行高(輪台破)	中右記	
寛治六・七・三〇	相撲御覧	左将監狛光生(末カ)(振鉾・青海波・散手)、多資忠(振鉾・帰徳)、狛行高(青海波)	中右記	
六・八・三	童相撲	左近衛志成兼(抜頭)	中右記	
六・八・五	童相撲	多節方	中右記	
嘉保二・七・三〇	相撲召合	府生狛季貞(抜頭)	中右記	
二・八・一	相撲御覧	将監狛光末(振鉾・青海波)、将監多佐忠(振鉾)、狛行高(青海波)	中右記	
康和二・七・二七	相撲召合	右兵衛志則時	為房卿記	
長治元・七・二九	相撲抜出	左近大夫将監狛光末(振鉾)、右近将曹多忠方(振鉾)	中右記	
保元三・六・二八	相撲御覧	左近大夫将監狛光時(振鉾・蘇合)、兵衛尉狛光近(蘇合・散手・青海波)、左衛門志狛光能(蘇合・青海波)、左近府生狛季時(蘇合・輪台)、左近府生狛行時(蘇合・輪台)、大神是光(還城楽・古鳥蘇)、右近将監	兵範記	同書(史料大成版)には元秋を将監、忠光と近久については「将曹人」とみえるが、『楽所補任』によって改めた。また「兵庫允清兼」は同書によると「雅楽属」とみえる。「雅楽属」が妥当

承安四・七・二八	相撲抜出	多忠時（振鉾・貴徳・古鳥蘇）、将曹豊原元秋（古鳥蘇）、内舎人多忠光（古鳥蘇）、内舎人多近久（古鳥蘇）、府生為末（古鳥蘇）、雅楽大夫允豊原時秋（笙）、兵庫允小部清兼（笛）、某丸（篳篥） 左大夫将監狛光近（振鉾・青海波）、狛則近（青海波）、大神光茂（還城楽）、散位多忠節（振鉾）	玉葉	であろう。さらに「府生為末」は紀為末であるが、同書久安三年条では出家していることが知られるので、その養子の紀為近の誤りか。
四・八・二	相撲御覧	清原助種（笛）、大神宗方（笛） 左近将監狛則近（抜頭）、将監狛光近（賀殿・散手）、右近将監多好方（納蘇利）、将曹多近久（納蘇利）、散位多忠節（胡飲酒・帰徳） 豊原時秋（楽人）	吉記	

次に個々の舞人・楽人についてみると、十世紀では応和二年（九六二）八月の滝口相撲にみえる小舎人興光・忠善・重光・延光・済時・為光・安親・兼通・佐忠、康保二年（九六五）七月の左近衛秦清雅、円融朝の左兵衛府生長尾助行が知られ、十一世紀以降には地下楽家舞人・楽人、中でも狛・多氏が舞人の大部分を占めていた。狛・多氏については第四章で考察するので、ここでは十世紀の秦清雅以下について検討していこう。

秦清雅に関する詳細は不明だが、秦氏については既述の天暦七年（九五三）十月二十八日の殿上菊合に右衛門府生秦良佐、近衛秦身貴（高）の子清国が舞をなし、長久五年（一〇四四）付「山城国石原荘司解」には唐舞師秦兼重がみえ、ことに身高については『続本朝往生伝』に一条朝の優れた舞人の一人として記載されているのは前に触れた通りである。また『体源抄』十ノ上、「人長名人」には十一世紀末以降に神楽人長を勤めた右近将曹秦兼方、右近府生秦兼久、同兼弘、左近府生同兼行らの名が知られる。さらに、『平安遺文』所収寛平八年（八九六）二月二十五日付「山城国山田郷長解」には、保証刀禰の中に鼓吹少令史秦忌寸相棟がみえ、ほかにも九世紀には近衛舎人の中に秦忌寸姓の者が数名おり、十世紀以降には多くの秦氏が近衛将監・将曹・府生・番長・舎人に補任されている(5)。このように秦氏ははやくから近衛府の下級官人として神楽や東遊に供奉し、十世紀に入りその中から舞人として頭角をあらわす者が輩出することになるのであろう。秦清雅、秦良佐、秦身高・清国親子らの関係は未詳だが、同族でしかもごく近い親族関係にあったことが推測され、唐舞師秦兼重、人長名人秦兼方以下の者たちとも同族であった可能性は高い。長尾助行についても未詳だが、元慶四年(八八〇)七月には散楽を善く行うという長尾米継がみえ、『九条殿記』天暦七年(九五三)十月二十八日条の殿上菊合において舞師長尾秋吉が舞人として供奉しており、彼らは同族とみなしてよいであろう。

応和二年八月の滝口相撲での舞人については、故実叢書本『西宮記』巻四に掲載する一本の同じ相撲記事には「殿上人童等奏舞」とあり、殿上人や童であったとしているが、この場合の童とは同書に「小舎人興光」とあるように小舎人(殿上童)であった。それぞれの舞人について検討すると、輪台の序を舞った延光は醍醐天皇皇子代明親王の子源延光でこの時三十五歳、右近権中将兼備中権守であり、同曲の破を舞った済時は左大臣藤原師尹の子でこの時二十一歳、蔵人兼伊予介であった。また、散手を結局舞わなかった重光は延光と同じ代明親王の子で延光の兄にあたりこの時三十九歳、左中将兼播磨守兼左京大夫などを兼任しており(6)、以上の三人はいずれも殿上人であった。為光は藤原師輔の子でこの時二十歳、右少将であり、安親は藤原山蔭の孫、中正の子でこの時四十歳、民部少輔であり、兼通は藤原師輔の子でこの時三十七歳、中宮権大夫兼春宮亮であり(7)、彼らもこの時には昇殿したものと察せられる。小舎人興光は三善興光で『御堂関白記』寛弘六年(一〇〇九)十一月二十日条の賀茂臨時祭試楽に拍子を担当し、『小右記』長和二年(一〇一三)四月二十四日条にみえる前日の藤原道長賀茂社参詣にも陪従を勤めている(8)。忠善、佐忠については未詳である。

ところで、先の『西宮記』所引応和二年（九六二）八月の記事に「次左右奏参入音声、各着座」とあり、これに割注して「左方人候東簀子階以南、右方人候同階北、只左右楽所人、在各方砌下」とみえ、楽所人の存在が知られる。相撲儀における楽所とは既述のように臨時的に設けられた左右楽人の「候所」であったことを考えるならば、楽所人とはその臨時的楽所の楽人と捉えるのが自然であろう。だが、当該期は村上天皇の時代であり、少なくとも天暦二年（九四八）八月以降に常設楽所が置かれていたことは疑う余地のないところである。次章で触れるように楽所には楽所人が祗候していたのであり、常設楽所の楽人と捉えることも可能である。同記事によると左方人が東簀子階以南に、右方人が同階以北に祗候し、左右楽所人はおのおの砌の下にいたという。この左方人右方人とはその冒頭に「侍臣等分左右居南北」とあるように侍臣らであり、楽所人はこれら王卿侍臣らとともに禄を賜っているのである。また、『新儀式』童相撲事では「勝方奏舞」に割注して「各方中少将預仰本府令設楽、亦召用楽所及諸司所々堪絃管者両三人、或舞人用童」とし、音楽について基本的には左右近衛府に設けさせ、これに加えて楽所及び諸司、所々の管絃に堪える者二、三人をそれぞれ召し用いたとある。ここにみられる楽所とは諸司や所々と並列して使用されていることから、いわゆる常設の楽所であったことは明白であり、近衛府の楽人のほかに楽所や諸司等の者が加えられていたのであり、雅楽寮の楽人などもその一員に加えられていたのは既述した通りである。ということは先の応和二年八月にみえる楽所人も常設された楽所に祗候した楽所人であったと考えられるのである。『江家次第』相撲召仰の「相撲召合装束」のところで、長楽門内東掖、永安門内西掖をそれぞれ左右司楽人の「候所」と記した後に「若有召人者、北砌設座」と言葉を加えているのは、まさに近衛府等の楽人のほか常設楽所の楽所人が召し用いられていたことを示唆するものである。

なお、童相撲においては、先に引いた『新儀式』童相撲事の「勝方奏舞」の割注に「或舞人用童」とあり、『貞信公記』延喜十四年（九一四）七月二十八日条に「有童相撲・童舞事」などとあり、[9]童殿上人による舞楽が行われたものと察せられる。

これらの検討の結果、相撲儀式の奏舞・奏楽に関しては次のことが知られた。すなわち通常の相撲節における場合、舞人は一般的には衛府官人が供奉し、ことに十一世紀に入ると徐々に地下楽家多・狛氏舞人が多くなり、同末期以降には彼らのほぼ独占するところとなる。滝口相撲や童相撲においても舞人は九世紀頃までは衛府が中心であったが、おそらくは儀式次第の変遷がみられた十世紀頃からは、しだいに滝口相撲においては殿上人や蔵人所に属した小舎人（殿上童）が、童相撲においては童殿上人が主として勤めるようになっていったものと考えられる。楽人についても、やはり近衛府が楽を設ける中心となったが、雅楽寮から楽人が分配され、あるいは左右擬近衛が補され、あるいは楽所人が召し用いられたように、諸司や所々の「堪絃管」者の中からかなり多数の楽人が配されていたのである。

続いて、競馬における楽舞について検討しよう。競馬は通常、五月五日節に行われ、また臨時に催されることもあった。『内裏式』や『儀式』によれば、五月五日節については五日儀を終えての還宮に雅楽寮の奏楽があるのみで、国史などには同節の行われた同じ年の十月二十一日前後に競馬負方献物として衛府によって「音楽備挙、百戯皆作」されたという。[10]しかし、競馬負方献物事については『政事要略』所引『清涼記』に「廿日競馬負方献物事」とみえるものの、同じく「近代不行此儀」ともあり、『西宮記』等においても窺えないところから、十世紀半頃を境として、競馬負方献物事は行われなくなっていったものと推察される。

『西宮記』によると、五月五日・六日儀の楽舞については、まず五日には車駕還宮の時に雅楽寮による奏楽があり、六日には競馬での勝負の結果によって雅楽寮が舞楽曲の龍王（羅陵王・陵王）か納蘇利を奏し、射芸後の打球の勝負後に打球楽（打毬楽）を奏し、さらに還宮の間に蘇芳菲や駒形（狛龍）等を行ったという。『教訓抄』巻第一には羅陵王について「又競馬ノ相撲之勝負舞時、二者頗ル長ク吹也」とあるように競馬や相撲において行われた龍王や納蘇利は勝負舞として舞われたものであり、単なる楽器による音声のみを奏するものではなかった。打毬楽についても同書巻第三に「被行小五月節会時者、競馬装束ノ舞人四十人立テ、木ノサキカヾマレルヲモチテ、玉ヲ係」とあり、舞楽として行われたものであり、蘇芳菲や狛龍についても同書巻第四・五にそれぞれ「此曲五月節会、舞御輿之御前、是従弘仁初テ競馬ノ行幸奏之」「件舞、五月節ニ輿出入之間、於御前奏之、乗小馬形二人舞之」とあり、これによれば蘇芳菲と狛龍は行幸や還宮の際、御輿の御前で舞われたものであった。しかし、『延喜雅楽寮式』競馬標条に「凡五月五日、省寮率楽人候、又競馬標料戈二竿、立第三的南十丈、六日亦同」とあり、『儀式』巻第八、六日儀では「左右近衛将監各一人率近衛等来当第三的南建標」に割注して「先是雅楽寮率雑色人執標戈二竿候馳道南埒下道」とあるように五月節に供奉した雅楽寮の本来の役割は標戈を立てることであったのであり、同寮による行幸、還宮の際の奏舞とは『延喜雅楽寮式』行幸条に「行幸之所、属已上率雅楽人祗候」とあるように行幸への供奉という役割に基づくものであり、五月節ゆえの奏舞というものではなかった。したがって、九世紀以前における五月節、五月五日・六日儀にあっては衛府による騎射、競馬、種々の馬芸、雅楽寮による還宮時の奏舞はあっても、五月節本来の式次第の中に衛府による奏舞、ましてや雅楽寮による奏舞は含まれていなかったのであり、ただ負態として同年の十月に舞楽・散楽が衛府によって行われたのみであった。しかし、十世紀に入りしだいに十月の競馬負方献物が行われなくなるとともに衛府による負態としての舞楽も奏されなくなり、五月節の次第が改変され、『西宮記』にみえるように六日儀には雅楽寮による舞楽が勝負楽として行われるようになるのであろう。しかし、前章において考察したように雅楽寮による舞楽も十一世紀に入り舞人が、同世紀後半には楽人までもが実質的には衛府に任ぜられた楽家の楽人が中心となっていったが、五月節の場合も同様であったものと察せられるのである。

臨時の競馬は神泉苑・朱雀院・上東門院・賀陽院・鳥羽院等で行われた。神泉苑での競馬次第については『新儀式』によって窺うことができる。これによればこの時の楽舞はまず競馬後の勝方による奏楽があり、次に天皇が御衣をあらためて出御の後に左右近衛、帯刀による騎射が行われ、続いて近衛府によって東遊が奏された。この中の勝方による奏楽、すなわち勝負舞は康保二年（九六五）六月七日弘徽殿で行われた競馬によるとやはり龍王・納蘇利が奏されたのであり、この時の舞人は小童であった。(11) 楽人については同記事にみえる競馬後の打毬に勝方が乱声を奏したとあり、ここに左右楽人とあり、五月節の例からは雅楽寮であったものと察せられるが、必ずしも明白ではない。また、近衛府による東遊は騎射後に行われたものであり、『江家次第』所引延喜十八年（九一八）の神泉苑における競馬に「左勝奏風俗、少将以下八人舞」とあり、朱雀院での競馬にも「左勝左近欲供東遊、而依日暮止云々」とあることについても、一見すると競馬後の勝負舞として風俗や東遊が奏されたように思われるが、これも競馬後の騎射における勝負舞であったろう。このほか同書等によれば臨時競馬の行幸・還宮の際にも雅楽寮によって蘇芳菲・駒形が舞われている。競馬にはこのように騎射もともなって行われた。そこで次に賭射・騎射など射術での楽舞について検討しよう。

賭射は射礼の翌日、正月十八日に衛府官人によって左右に分かれて争われ、終えると勝方による乱声や舞楽が行われた。その舞楽は他の勝負舞と同様に左方が勝てば龍王、右方が勝てば納蘇利が、勝負がつかない場合には両曲が舞われた。(12) しかしながら、『台記別記』康治二年（一一四三）正月十八日条によると堀河朝以後には同天皇が舞楽を好んだため、舞楽は勝負を論ずることなく左右ともに奏されるようになったという。この賭射での舞楽には雅楽寮が関与した記録はみられず、衛府官人によって楽舞が奏されたものと考えられる。

殿上賭射は、殿上侍臣らによって臨時的に行われたもので、侍臣らは前後に分けられて競いあった。『新儀式』などによるとその儀式次第は正月十八日の賭射儀と同様であり、楽舞については射終えての勝方による奏舞、勝負がつかない場合には左右両方の舞楽が行われた。しかし、『西宮記』殿上賭射には「勝方奏舞[13]」に割注し「童代々前後共奏之」とし、『北山抄』殿上賭射事に「勝方奏乱声舞等」に注し「依小員定勝負、或以殿上小舎人為舞人、或又《見イ》勝方○《拝イ》舞後、召負方所儲舞童、令舞之」と記しているように、殿上賭射の場合には当初の頃から勝負の結果にかかわらず童により舞楽が行われていたのである。ここにいう童とは同記事に「以殿上小舎人為舞人」「召負方所儲舞童、令舞之」とあり、『西宮記』にひく延長四年（九二六）三月六日の殿上賭射の奏舞について「了前方奏羅陵王小舎人平忠孝舞之」「後奏納蘇利小舎人源兼光舞之」とあるように、殿上童（小舎人）のことであり、彼らによって他の勝負舞と同様に龍王（陵王）と納蘇利が舞われたのである。

楽人については、『新儀式』殿上侍臣賭射事に「勝方奏舞、若無勝負各共奏之」とあり、これに「各方中少将予仰本府、令設件楽、或以□」と割注し、近衛府によって楽が設けられたことが記されている。しかし、『小右記』永観三年（九八五）正月十日条では弘徽殿での小弓の勝負舞について「楽所幷侍臣等相交」とみえることからも、殿上賭射の場合にも基本的には衛府官人によって奏楽されたものの、時には童相撲の場合のように管絃に堪える諸司官人や楽所人が勤めることもあったであろう。

騎射は四月末の駒牽、五月節の五日・六日の儀、あるいは臨時競馬の時などに行われた。駒牽とは五月節の騎射に必要な馬を親閲し馬寮の官人をして馬を試みさせ、近衛・兵衛府官人をして騎射させるもので、四月二十七・二十八日頃に行われた。駒牽における騎射後の楽舞について『西宮記』には「近衛少将以下、番長以上六人奏東遊先右駿河舞、次左求子、歌人用右、他所臨時各四人、左先奏、右近奏楽納蘇理狛犬」とあり、『北山抄』には「奏納蘇利駒犬等之後、右近又奏東遊」とある。しかし、両記事によるならば東遊の後に納蘇利・狛犬が奏されたのか、納蘇利・狛犬の後に東遊が奏されたのか、また東遊は左右の近衛府官人によるもので納蘇利・狛犬が右近衛府の官人によるものなのか、納蘇利・狛犬が左右近衛によるもので東遊が右近衛府によるものなのか判断しがたい。さらに、『江家次第』臨時競馬事には「四月駒牽時者、右近奏音楽納蘇〔利脱カ〕・狛犬、次東遊、右駿、左求」とあるが、ここでは楽舞が行われる順序においては先の『北山抄』と同説だが、右近衛府が納蘇利・狛犬を左右の近衛府が東遊を奏すという点においては『西宮記』と同説となっている。

これら三史料をさらに検討すると、『西宮記』においては「近衛少将以下、番長以上六人奏東遊」「右近奏楽」の順に記されているものの並列的な捉え方がされているのに対し、『北山抄』においては「騎射畢、奏納蘇利駒犬等之後、右近又奏東遊」としてその次第を明確に示し、『江家次第』においても「右近奏音楽納蘇・狛犬、次東遊」と儀式次第の順序が明記されている。すなわち、駒牽における騎射後の楽舞は、まず納蘇利・狛犬、次に東遊という順に行われたものと推察される。また、これらの曲が右近衛府のみによるものなのか、左右近衛府によるものなのかという点に関しては、納蘇利と狛犬の両曲が右方の舞曲であったことを考えると、同曲は右近衛府の官人によって奏されたものであろう。したがって、『江家次第』に「次東遊、右駿、左求」とあるように東遊は右近衛府によって駿河舞、左近衛府によって求子が行われたと考えることができる。さらに、納蘇利と狛犬というようなともに右方の曲が選ばれた理由については必ずしも明確ではないが、左方ではなく右方の曲が選ばれたことについては、右方の高麗（狛）楽の高麗は駒牽の駒に通ずる言葉であるからであろうし、納蘇利と狛犬であったことについては両曲は競馬・相撲・賭弓などにおいていずれも勝負舞として奏された曲であり[14]、通常は衛府官人によって奏される曲であったからであろう。『北山抄』には「奏納蘇利駒犬等」とあり、必ずしもこれら二曲のみではなかったことを示しており、他の競技などにおいては、勝負舞として用いられたこれら以外の高麗楽の曲も奏されたものであったろう。

騎射は賭弓のように左右あるいは前後に分かれて競いあうわけではなく、この時に奏された楽舞も勝負舞として行われたものではなかった。続いて奏された東遊も衛府とは深いかかわりをもつものであったことは言うまでもない。

　五月節の五日・六日儀における騎射後の奏舞に関しては、『儀式』や『西宮記』には記載がないが、『山槐記』仁安二年（一一六七）五月六日条に「次五人射之、次有片舞」とあり、この片舞とは『続教訓抄』第十一冊に「又求子、駿河舞ヲバ、諸舞トイフ、求子ハカリヲハ片舞トイフ」とあるように東遊の求子のみを舞うことの通称であったこと、『玉葉』治承四年（一一八〇）五月六日条には近衛府官人六人によって求子が舞われたとあること、五日儀についても十三世紀にはいってのものであるが『明月記』嘉禄二年（一二二六）五月五日条に「仍始、事了由申之間、依有見物之志、密行向馬場望見、已射了云々但一人只馳融云々片舞之間也、但再出舞不得心、此舞先々只求子許也、若駿河舞加歟」とあることなどから、十二世紀における五月節五日・六日儀の騎射では東遊が行われていたことは明らかである。既述のように、『江家次第』にみられた臨時競馬後の騎射においても東遊が奏されたこともこのことを示唆していよう。『西宮記』によれば六日儀において騎射の時に奏楽はなく、[15]続いて行われた打毬の後にみられたが、[16]およそ十二世紀には六日儀に打毬を行わないなどの儀式次第の変遷があって、駒牽や臨時競馬での騎射に行われていた東遊を採用したものであろう。

　このように騎射における楽舞は右方のみの納蘇利・狛犬等と東遊であり、しかも勝負舞という形をとらなかった点において、相撲や賭射の場合と異なっている。しかし、既述のように『江家次第』所引延喜十八年（九一八）の臨時競馬にみられた風俗や東遊は競馬後に行われた騎射の時のものであり、ここに「左勝奏風俗」とあり「左勝左近欲供東遊」とあるように、騎射で行われた楽舞も本来は勝負舞として奏されたものであった。

　ここで、同一の儀式において行われることの多かった競馬・賭射・騎射での楽舞を掌った舞人・楽人について整理すると第12表のようになる。競馬では、まず五月節においては十世紀初期までの十月の負方献物があった時期には衛

第12表　競馬・賭射・騎射儀式供奉の舞人・楽人

年月日	儀式	舞人（曲名）・楽人（楽器）	典拠	備考
延長四・三・六	殿上賭射	小舎人平忠孝（羅陵王）、小舎人源兼光（納蘇利）	西宮記一	
康保二・六・七	臨時競馬	小童（陵王）	西宮記三	
三	駒牽	少将一人、将監一人、将曹一人、府生一人、番長二人（いずれも東遊）	小右記長和二・九・一四条所引	
長和二・九・一四	道長第行幸競馬騎射舞人定	少将二人、六位官人四人（いずれも東遊）	小右記	
二・九・一六	道長第行幸競馬騎射	少将藤原兼経（駿河舞）、少将経親（駿河舞）、将監多武吉（駿河舞）、将監狛光高（駿河舞）、将曹・番長二人（駿河舞） 少将藤原実経（求子）、将監高扶宣（求子）、府生佐伯光頼（求子）、府生下毛野公頼（求子）、番長下毛野公時（求子）	小右記	夜に入った為、騎射は停止となり、東遊のみが奏された。但し少将経親は「無少将二人舞例」によって帰入。また、右近の求子を舞った番長について「今一人不見」とあるが、同一七日条に「昨日舞人番長保重・公時、而保重不奉仕」とあることより、今一人の番長が身人部保重であったことが知られる
寛治五・三・二七	競馬	多助忠（納蘇利）	後二条師通記	
永長元・四・二七	前関白師実第競馬騎射	左近府生狛光則（龍王）	中右記	競馬後の奏楽
康和四・正・二七	賭射	狛光則（龍王）、多忠方・近方（納蘇利）	中右記	
長治二・三・四	侍臣賭射	狛光則（龍王）、多忠方・近方（納蘇利）	中右記	
嘉承二・正・二一	賭射	狛光則（龍王）、多忠方・近方（納蘇利）	中右記	
元永元・三・二七	賭射	狛光則（龍王荒序八切破二反）	中右記	
保延三・九・二四	競馬行幸	権少将公通、同為通、将監下毛野厚利、同藤原貞遠、将曹秦公種、府生同兼信（以上駿河舞） 権少将藤原忠兼、権少将源資賢、将監橘盛貞、同景	宇槐雑抄	競馬後の騎射の時に奏された。左近衛府が駿河舞、右近衛府が求子を掌っている

康治二・正・一八	賭射	道、将曹秦兼弘、府生下毛野敦方（以上求子）左府生清原資種（笛）左近府生狛光親（龍王急序破二反）	台記別記	
仁平三・一一・二七	春日社競馬	左近将監狛光時（一鼓・拍子）、童六人（賀殿）、左近将曹狛光親、坂上則正、左近府生大神是光（還城楽）、左近将曹狛則助（龍王）	台記別記	
仁安三・正・一九	賭射	大夫将監狛光親（陵王荒序）、多好方・忠光（納蘇利）刑部友員、伴国延、安部定行、藤井氏安、物部友次、藤井国兼（以上求子）	兵範記	友員は異本では友貞
治承四・五・六	騎射	府生三宅守正（拍子）、府生豊原行元（笙）、府生安部季遠（篳篥）	玉葉	

府官人による楽舞があり、これが廃されると同節では勝負舞としての舞楽が雅楽寮によって行われたが、舞人・楽人の具体的名前については窺うことができない。臨時の競馬においても勝負舞としての舞楽が奏され、その舞人・楽人は康保二年（九六五）六月、仁平三年（一一五三）十一月の競馬にみえるように舞人は小童や衛府官人、楽人は衛府官人であった。

賭射については、正月十八日の賭射では衛府官人によって十一世紀末以前までは勝負舞として、堀河朝以後は勝負の結果にかかわらず舞楽が奏された。その舞人としては狛光則・狛光親（近）・多忠方・同近方・同好方・同忠光といずれも地下の楽家舞人であった。臨時の賭射においても通常の賭射とかわらなかったが、臨時の殿上賭射では十世紀にはすでに勝負の結果にかかわらず勝方負方ともに殿上童による舞楽がなされたのであり、楽人は衛府官人が勤めた。舞人については小舎人平忠孝、同源兼光などがみえる。平忠孝は仁明天皇後裔右中弁従四位上平希世の子で、『尊卑分脈』には大宰少監とみえる。源兼光は光孝天皇孫参議源正明の子で、同書によると春宮少進、大蔵少甫を歴任したという。

騎射については、まず駒牽後の騎射には納蘇利・狛犬等の右方の舞楽と東遊が衛府官人によって行われ、五月節の騎射においても遅くとも十二世紀には同様に東遊が奏された。これらは勝負舞という形をとってはいないが、臨時競馬後の騎射によると十世紀初頭以前には衛府官人によって勝負舞として奏されていたことが窺われる。その舞人として供奉したのは同表に掲載した通りである。これらの限られた史料からではあるが、長和二年（一〇一三）九月の東遊を舞った中に多武吉（好）、狛光高といったいわゆる地下の楽家舞人が含まれているのに対し、保延三年（一一三七）九月・治承四年（一一八〇）五月の騎射においてはまったく見出すことができない。これは、十一世紀半ば以来、多氏は神楽と右方の舞楽を、狛氏は左方の舞楽を専業とするようになっていたのであり、両氏が東遊にかかわることはほとんどなくなっていたためと察せられる。さらに、舞楽を掌った他の楽家についても同様であったものと思われ、東遊は衛府の本源的歌舞として楽家の舞人以外の衛府官人によって奉仕され、楽家舞人の職掌からは分離されていったものと考えられるのである。これに対し、陪従の中でも楽器奏者については、保延三年には清原資（助）種が東遊の笛を担当し、治承四年には三宅守正が拍子、豊原行元が笙、安部（倍）季遠が篳篥を掌っているように、楽家楽人が東遊の伴奏を行うことがあったようである。

以上の馬芸・射芸における楽舞はこのようにそれぞれ微妙に異なっているが、通常の年中行事化した儀式については舞人も楽人も雅楽寮と衛府官人、ことに後者が中心であったのに対し、臨時的に行われたものについては蔵人所に属した殿上童による奏舞もみられるなど、既述した臨時の相撲として行われた滝口相撲や童相撲と共通点が見出されることが注目される。

次に旬政における楽舞について検討していこう。旬政とは天皇が毎月一日・十一日・十六日・二十一日に紫宸殿において政事をみる朝儀で、同時に群臣に宴を賜う旬宴が行われた。同宴における楽舞に関しては『類聚国史』巻七十五所載の二孟ならびに曲宴に窺うことができる。これによると天長五年（八二八）十二月朔日の宴で左右近衛が東国の歌を奏したのを初出として、承和年間（八三四〜八四八）には近衛府による奏楽が多くみられ、ことに二孟旬においては貞観年間（八五九〜八七七）より定式化していったことが知られる。しかし、やがて平安時代中後期には、夏・冬の二孟旬だけに行われるようになる。そこで、以下では二孟旬での楽舞を中心に考察していこう。

『西宮記』などによると、二孟旬の儀式次第は次のようになる。

天皇紫宸殿出御――御鎰奏――大臣奏――御前勧盃儀――三献後、左右乱声――参入乱声後、左右方各数曲舞楽――天皇入御――御遊

また、遷宮後儀の場合を『政事要略』巻二十五、同日旬事にひく応和元年（九六一）十二月の記事などによってみると、天皇出御、御鎰奏、官奏までは常儀と同じであるが、この後大臣が召され御帳東辺に跪き、天皇の「可令奉仕音楽」の勅に称唯、大臣出居を召し「令奉仕音楽与」と命じ、出居称唯し、殿を下りた後、左右近衛府乱声を発し、参入音声後、左右方の舞楽数曲が行われ、罷出音声によって舞人は退出する。次に大臣が再び勅を奉りて出居に伝え、掃部寮が草墪を置いて座を作り、続いて音楽に堪能な公卿を召し、図書寮女官らが和琴・笙・笛等の楽器をとり渡して奏楽となり、この間、献盃儀などが行われた。天皇が出御しない平座の場合には、楽舞は奏されなかったようである。

左右近衛による乱声は、常儀の場合『北山抄』巻第一、同日旬事には「御盃離御手之間、大将目各陣令発之、先発声為勝」とあり、『江家次第』二孟旬儀の幼主時二孟旬の次第に「次三献御盃、離御手之間、左右乱声先以奏為勝」とあり、『小右記』寛弘二年（一〇〇五）十月一日条に「左右乱声右先発声」などとあり、三献の御盃が天皇の御手を離れ

た時、左右方で競って乱声を発するという勝負的な試みでもあった。これらの旬政に奏された舞楽について、『西宮記』等の有職書や『左経記』万寿三年（一〇二六）四月一日条などによると、左方では陵王（龍王）・万歳楽・蘇合（蘇合香）・賀殿、右方では納蘇利・延喜楽・鳥蘇・地久などが行われ、ことに陵王・納蘇利は頻繁に舞われた。

これらの舞楽を掌った舞人・楽人については、『江家次第』の「逓奏音楽舞等畢」に割注した中に「左右近衛乱声、楽人舞人皆近衛官人、不用雅楽」とあるように舞人・楽人はともに近衛官人であり、雅楽寮を用いなかったという。既述のように十一世紀末以降には、舞楽を掌った地下楽家の専業舞人・楽人のほとんどは諸衛府官人に補任され近衛官人のみということはないので、同記事はおよそ十世紀頃のものと察せられ、同記事の前後に『李部王記』や『新儀式』がひかれているのもこれを示唆するものであろう。したがって、旬政における奏舞・奏楽者は基本的には衛府官人によってまかなわれたものであった。

管見によると古記録にみえる旬政の記事は少なく、その舞楽に奉仕した舞人については『小右記』長元三年（一〇三〇）十月一日条に右近衛府生多政資と右兵衛府生公親が知られるだけである。多政資は地下楽家舞人多政方の子で、本来父が奉舞するところであったが、父が丹波より上京の途中で落馬したため父に代わって勤めたものであり、この時右近衛府番長から同府生に補任されてのものであった。右兵衛府生公親については未詳である。少なくとも地下楽家舞人の中には認められない。

さて、以上のように衛府官人が楽舞に供奉してきた儀式について検討してきたが、長元三年十月の二孟旬での舞人に地下楽家以外の者が勤めていた事実は重要なことを示している。すなわち、すでに検討したように相撲節における舞人は十一世紀に入り徐々に地下楽家舞人によって占められるところとなり、同世紀末には独占されるようになること、賭射においても十二世紀における舞人は地下楽家によって占められていること、騎射においては十一世紀初頭には地下楽家舞人で東遊に供奉した例はみられるが、十二世紀にはまったくみられないことなどと併わせて考えるならば、十世紀以後の宮廷における音楽的状況として十世紀には舞楽の舞人には雅楽寮・衛府官人で奏楽・奏舞の能力のある者が定められていたが、十一世紀に入ると次第に衛府官人に補された地下楽家の多・狛氏という特定の家から舞人がだされるようになり、十一世紀末にはほぼ彼らの独占するところとなる。そういう意味では十一世紀前半という時期は、ちょうどその過渡期とみなすことができるのであり、これは雅楽寮所属の舞人がいなくなる時期と一致している。『続教訓抄』には一条朝において左方には狛氏が、右方には多氏があてられ左右方の舞を独占して行うようになったという伝承があるが、一条朝であったかどうかはともかくとして、少なくとも十一世紀半ば前後にはなんらかの画期があったことを示唆するものである。

舞楽の舞人・楽人のこのような変遷に対し、東遊は逆に十一世紀前半を境に地下楽家舞人のかかわらないものとなっていくのであり、いわゆる一般の衛府官人の勤仕すべきものとして、衛府官人の本源的歌舞として残されていったのである。その衛府官人一般が東遊を掌るべき中心的行事であったのは、大社祭ことに賀茂臨時祭・石清水臨時祭などであった。

第二節　東遊と大社祭

東遊は少なくとも九世紀にみえる東舞まで溯ることができ、東舞とは元来東国の風俗歌舞であったという見方が一般的である。その祖型は五、六世紀、大和王権の東国経営とともに東国国造の子弟・釆女・馬・弓などの貢進にともなって宮廷に伝えられたともされるが、[17] 令制においては雅楽寮や大歌所において教習された形跡は認められず、八世紀前半に東国よりあらたに伝えられた可能性も考えられる。ことに平安時代に奏された歌舞は駿河・伊豆国の風俗歌舞で、その淵源はそこに居住した物部系氏族の歌舞にあったものと推察される。[18]

東遊が宮廷歌舞として史料上明確にあらわれるのは九世紀半ば以降のことである。『日本三代実録』貞観三年（八六一）三月十四日条にみえる東大寺無遮大会には近衛「壮歯」者二〇人によって東舞が行われ、『儀式』巻第一によると、二・十一月上申日の春日祭、二月上卯日、十一月子日の大原野祭には近衛によって東舞が供されており、九世紀半ばにはすでに恒例化していた。

その後の有職書においても、『北山抄』には春日祭・大原野祭について、『江家次第』には春日祭・平野祭について、『九条年中行事』には大原野祭について東遊がみえる。平野祭については寛和年中（九八五～九八七）より東遊使が派遣され、社頭において東遊が奏せられたという。ただし、『小野宮年中行事』によれば「以左近衛十人為舞人」「以右府為冬祭舞人陪従」とあり、同祭では春の祭には左近衛府が、冬の祭には右近衛府が舞人・陪従を勤めたという。

このほか四月中に行われた賀茂祭については、『儀式』では楽舞が奏されたことは確認できないものの、『西宮記』には「或召近衛使」に割注し「使居長橋、歌人立東殿砌下給御衣、舞人給布」とあり、『小野宮年中行事』にも「或召近衛府使於御前賜酒肴、兼令奏歌舞給禄、一同春日祭使」とみえる。『西宮記』『小野宮年中行事』によると同祭の儀式次第の常儀は、賀茂祭当日早旦に宣命が内侍によって奏覧されるなどの後、天皇が南殿に御して使等の餝馬を御覧になるというものであり、この儀においては近衛府による奏舞は窺えない。天皇が南殿に出御しないで本殿儀として行われる時には使等が内侍に罷り向かう由を申すなどの後、使等の餝馬は清涼殿東庭に召され、天皇はこれを御覧になり、この後に近衛府の使が御前において歌舞を奏したのである。『儀式』において奏舞が含まれていないのは、同祭儀が南殿において行われたものを常儀としていたことを示すものであるが、『小野宮年中行事』にひく仁和五年（八八九）四月の賀茂祭使の記事には「鴨祭使、左近少将友于参入、便令歌舞云々、然近衛府所歌舞、極以冷淡、仍喚殿上人等更歌舞」とあり、近衛府による歌舞が賀茂社の社頭で奏するようなきわめて儀礼的な冷淡なものであったために、これを御覧になった天皇は殿上人を召して歌舞を行わせたとあるように、本殿儀とされる清涼殿東庭での歌舞は本来、賀茂祭使たちの飾馬や歌舞を天皇が御覧になるという遊技的なものとして行われたものであったろう。しかし、『江家次第』によると、同祭日には天皇が前駈を御覧になると次将（近衛中将・少将）が参入し弓場殿に参り、御前に召されて長橋の妻に居し勧盃がある。舞人は清涼殿東庭において奏舞をなし、続いて飾馬御覧があるなど、以前までの本殿儀が常儀として行われていることが知られる。また、同書にはこれに続けて「賀茂祭使」儀の次第が記されているが、これは賀茂社へ出立するにあたっての出立所での儀式次第と出立前に再び参内してのものと察せられ、その内容は出立所にて公卿・諸大夫・舞人・陪従等着座しての酒肴の饗饌、東遊、飾馬などがあり、続いて次将は歌舞人らを率いて参内し、先のごとく清涼殿東庭中において、東遊、飾馬御覧があった。この出立所の儀は十世紀までの儀式次第を記した『西宮記』『北山抄』からは窺うことはできないが、『小右記』治安三年（一〇二三）四月十六日条に賀茂祭使左少将藤原資房が藤原実資第より出立するにあたり三献があり東遊が供されており、十一世紀初頭にはすでに出立所における奏舞を含んだ儀式[19]があったことが窺われるのである。このほか賀茂祭では、当日に賀茂社での東遊等の儀式があり、翌日の還立儀には参内しての饗饌があり、東遊も奏された。

そこでこれまでみてきた大社祭において供奉した舞人・陪従について古記録によってみると、舞人・陪従とも衛府官人一般が供奉していることが知られるが、これらの中には若干の地下楽家舞人・楽人も含まれている。すなわち、『小右記』治安三年四月十七日条の賀茂祭には左将監狛光高と右将曹多政方の二人が東遊の舞人としてみえ、『台記別記』仁平元年（一一五一）十一月十日条の春日祭の舞人・陪従等を定めた中には、舞人・陪従のほかに「一員」官人として府生狛行時、「陪従」官人として府生清原助種、「散楽」近衛として近衛多治季貞、「加陪従」官人として将監狛光時と府生狛季時、「加副」官人として将曹狛則助・狛光近・将監多近方・将曹豊原元秋・豊原時秋・多忠節・多成方・府生道守重元・惟宗清経がみえる。これらの官人の事例は同月十一日条の割注に「一員官人、陪従官人、散楽近衛、加陪従官人、加副官人、惣謂之加陪従」と説明しているようにいずれも加陪従であった。狛光高・多政方が東遊を舞ったことについては、既述したようにまさにこの十一世紀初期という時期が多・狛氏が舞楽の専業となる過渡期にあたっていたことを示すものであり、この後は既述のように地下楽家舞人による東遊の奏舞は次第に行われなくなっていったものと考えられる。仁平元年の加陪従を勤めた地下楽家の者たちはどうかというと、同書同月十三日条同祭還立において「諸司官人十八人（舞人十二人、陪従六人、）羞肴物、大夫一人（歴蔵人者）勧盃、次陪従発歌笛声、舞人進庭中舞求子」とあるように東遊は舞人一二人・陪従六人によって舞われたものであり、加陪従については『西宮記』巻九、祭使事条に「職掌之外、所随身之官人各一員（五位者、無将監、）陪従官人一人（用府生之中見才者散楽近衛一人）其外或一両之官人有追従者（謂如〔加カ〕陪従也）」とあるように実際に奏楽を掌ったものではなく、随身として追従する官人であったろう。(20) 少なくともここでは、地下楽家の者たちは東遊を奏したものではなかった。

以上のような恒祭に対し、賀茂社において十一月下酉日に行われたのが賀茂臨時祭であり、石清水八幡宮においても三月に石清水臨時祭が行われた。(21) 賀茂臨時祭は寛平元年（八八九）十一月二十一日、宇多天皇が同社に幣帛や走馬を奉り、東舞（東遊）が舞われたのが最初で、これが醍醐朝に継受されて恒例となった。また、石清水臨時祭は天慶五年（九四二）四月二十七日、朱雀天皇が平将門の乱を鎮めようとして石清水八幡宮に報賽し、円融天皇天禄二年（九七一）三月四日に行われて以来恒例となったという。(22)

そこでまず、賀茂臨時祭の儀式次第について『政事要略』所引の「蔵人式」や『清涼記』によってみればおよそ次のようになる。

祭日三〇日前、御前にて使一人・舞人一〇人・陪従一二人等定められる――日次を択し楽所にて歌舞を調習――祭日四日前、左右馬寮を召し一〇列御馬御覧、走馬の点定――三日前、試楽――祭当日早旦、舞人・陪従等、装束を賜り、掃部寮座を設け、内蔵寮御幣を安置――天皇清涼殿に出御――使及び宮主参入着座――舞人・陪従、北廊東戸より参入着座――御禊後、陪従北廊外にて歌笛発す――使・宮主等退出、天皇入御――掃部寮、御座を改め、庭中に所座を設け、内蔵寮酒饌を備える――天皇出御――使、舞人・陪従等を率い北廊戸より参入着座（この間戸外で歌遊あり）――王卿・使・舞人・陪従等勧盃を重ね、終わって饌や座を撤す――使、舞人・陪従を率いて参入、呉竹あたりにて歌舞、退出――賀茂社の社頭へ参進

この後、下賀茂・上賀茂社では祭使に率いられた舞人・陪従による東遊を含んだ儀式が行われ、夜に入ってから帰参した。皇居では天皇が清涼殿に出御し、東庭に座が設けられ酒饌が賜られ、御神楽が舞われた。これを還立の御神楽といった。

さて、これらの儀式次第の中における社頭へ向かう以前のところで御座があらためられ酒饌があり、祭使・舞人・陪従が再び東庭に召されて呉竹あたりにて歌舞が行われたが、『政事要略』所載の天慶三年（九四〇）十一月二十四日の賀茂臨時祭について「即進陪殿上、駿河舞了、右大将起座、賜舞人酒、其間舞者欲奏求子」とあり、同六年十一月二十三日の同祭について「須臾有召陪殿上、及求子舞進」とあるようにこの歌舞とは東遊であった。同書所引の「蔵人式」や『清涼記』によると、同臨時祭の舞人、陪従の人数はそれぞれ一〇、一二人であり、またこれらに割注して「使用四位、舞人用五位帯剣者、若殿上人不足時、選諸司帯剣五位六位堪舞者補之、陪従選殿上幷諸処堪歌者用之」

とあるように、舞人は原則として五位帯剣者であり、その殿上人が不足の時には諸司の五・六位の帯剣者で舞の能力のある者より補し、陪従については殿上人と諸所の歌の能力を有する者から採用された。このような原則に対し、実際に臨時祭の歌舞にたずさわった舞人・陪従についての記述をみるならば、まず舞人に関しては『山槐記』治承四年（一一八〇）十二月七日条の賀茂臨時祭では四位四人、五位四人、六位二人とあり、その他の多くの例からも、四・五・六位の奏舞に堪えうる殿上人・地下人であったことが窺われる。その多くは衛府官人であり、主として近衛府では少将・将監、衛門府では佐・尉、兵衛府では佐・尉であった。しかし、既述の恒祭とは異なり、衛府官人によって独占されるものではなかった。陪従の大部分は歌人を勤めたが、ほかに笛・篳篥・和琴の奏者がいた。陪従の任用例によると陪従は諸司の四・五位の殿上・地下人が中心であり、舞人の場合より更に、衛府官人によって占められる割合は少なくなっているのである。

これらの宮中の儀において東遊を勤めた舞人・陪従は賀茂社でも同様に東遊を奏した。しかし、同社より帰参後、宮中において行われた神宴での御神楽については『中右記』元永元年（一一一八）十一月二十五日条に「男共召右兵衛督、使舞人実衡、重通、頭中将陪従三四人、已及散楽前張了」とあり、『山槐記』治承四年（一一八〇）十二月七日条に「使舞人経家、時実朝臣、陪従両三参入、公卿、別当、平中納言参入、公卿不勧盃、本拍子陪従経仲取之、今度始所取也、末拍子召人右将曹多好方取之」とあるように使舞人・陪従の中の数名と新たに人長・召人が加わり御神楽が行われた。この地下召人には地下楽家楽人も供奉したのである。

以上の賀茂臨時祭での歌舞に関して、既述の恒祭にあたる賀茂祭と比較しつつ整理すると、舞人についてはともに衛府官人が主力であったが、臨時祭では殿上人も含んだ近衛少将・衛門佐・兵衛佐といった上級官人が用いられたのに対して、賀茂祭では将監以下の下級官人が中心であった。陪従に関しては賀茂祭では同祭の舞人同様、衛府の下級官人が供奉したのに対し、臨時祭では殿上人も含んだ諸司の官人であり、とりわけて衛府官人が多いわけではなかった。また、地下の楽家舞人・楽人については賀茂祭では十一世紀初頭の時に東遊の舞人としてみえるが、既述のようにこれ以後彼らによる奏舞の中心は舞楽と神楽になり、東遊からはしだいに離れていったものと推察される。同臨時祭において、彼らが神楽の地下召人として召されているのはこれを示していよう。さらに、賀茂祭においては舞人・陪従となった衛府官人への歌舞の教習については窺えないのに対し、臨時祭においてはおよそ祭当日三〇日前に舞人・陪従が定められた後、楽所における歌舞の調習が開始され、祭日三日前には試楽が行われた。賀茂祭に奉仕する衛府官人の歌舞の教習は同官人の職掌の一つとして不断から実施されていたもので、とりわけて祭のための特別な練習は必要なかったものと察せられるが、臨時祭の舞人・楽人ごとに衛府の上級官人や諸司官人については歌舞の調習を必要としたのであり、これが楽所で行われたという点において注目される。この問題については後述することとして、続いて石清水八幡宮の臨時祭、いわゆる石清水臨時祭における歌舞に関して検討しよう。

同祭が恒例となるのは既述の通り天禄二年（九七一）以降のことであり、その次第は『江家次第』にみられる。同書によって歌舞を中心とした儀式次第を掲げると次のようになる。

祭当日、天皇清涼殿に出御――宮主参入御禊――陪従歌笛を発し、舞人御馬を引き出すなど――天皇入御――御座を改め、所司の座も庭上に分設――天皇再び出御――酒饌あり、天皇入御――饌など撤し、主殿寮庭中掃除――天皇三たび出御――陪従物声を発し、舞人進み出て、駿河舞・求子を舞う――天皇入御――使・舞人・陪従等内裏を退出、便所にて装束を改め社頭へ向かう――同宮宿院に到り酒饌――行事蔵人の催促により捧幣――御馬回しなどの後、舞殿にて東遊、御神楽――使以下宿院に宿す

この翌日、使一行は内裏にもどり、天皇が清涼殿に出御すると前日同様酒饌があり、求子が舞われた。しかし、同

書によれば「還立日出御、東遊事近代不被行」とあり、十二世紀に入る頃には石清水臨時祭における還立の出御、東遊は行われなくなり、代わって弓場殿での使・舞人・陪従等への饗応、賜禄などが行われたようである。

同臨時祭の舞人や陪従についてはやはり同書に「舞人四位四人　五位四人　六位二人　陪従四位四人　五位四人　六位四人」とあり、古記録によってその実数をみても例えば『小右記』長和五年（一〇一六）三月十二日条には、舞人四位四人、五位四人、六位二人の計一〇人、陪従は四位六人、五位五人、他一人の計一二人であり、他の例でもそのほとんどの場合が四・五・六位の官人であった。ことに舞人の場合は衛府や馬寮や兵庫寮の尉（允）以上の官人であり、陪従一二人は歌人・和琴・笛・篳篥からなり、諸司の允（進）以上の官人が主体となっていた。

また、賀茂臨時祭が祭日のおよそ三〇日前に舞人・陪従を定め楽所において調楽が行われたように、石清水臨時祭においてもおよそ三〇日前に舞人・陪従を定め調楽が開始され、二日前には試楽が行われた[23]。『石清水八幡宮縁起[24]』臨時祭事によれば調楽は「隔夜十二度」あり、ほかに御神楽の調楽を三度行ったという。

このように石清水臨時祭と賀茂臨時祭とは、祭日のおよそ三〇日前に舞人・陪従等を定め楽所において調楽を始め、二、三日前に試楽をなし、舞人・陪従はいずれも四・五・六位の官人で舞人は殿上人も含んだ允（進）以上の諸司官人であったのであり、祭日当日の儀式次第においても『雲図抄』裏書に「臨時祭次第」とあるのに割注して「石清水賀茂准之」とみえることなどから、両臨時祭ともおよそ同内容の次第をもっていたことが知られるのである。異なるところとしては、賀茂臨時祭では宮中の儀を終え社頭の儀を行い、その日の夜に帰参し宮中において還立の御神楽がなされたのに対し、石清水臨時祭では宮中の儀を終え社頭へ向い宿院に入り酒饌があり、社頭にて東遊と御神楽が奏され、当夜は一同は宿院に泊まり翌日に帰参した[25]。石清水臨時祭においては一時期には還立の歌舞があったが、既述の『江家次第』の記事や『雲図抄』裏書の先にひいた割注に続けて「但石清水無還立、賀茂還立御神楽」とあるように十二世紀には行われなくなっていたのである。

これらの検討結果の中でもっとも注目されるのは、石清水・賀茂臨時祭の楽所における調楽である。既述のように祭日のおよそ三〇日前より隔夜一二度の調楽があり、これは主として東遊の歌舞の教習にあてられたものと察せられ、御神楽もまた三度の調習が行われた。次章において考察するように、これには常設の楽所が使用されたものと推察される。

東遊の舞を担当したのは四・五・六位の殿上・地下の侍臣で、衛府の上級官人が主体となったが、以下ではまず舞人・陪従を勤めた者についての出自を検討しながら調楽の様子を考えてみよう。寛弘四年（一〇〇七）三月の石清水臨時祭には藤原道長の「子四人」、十一月の賀茂臨時祭には道長の子のうちの頼宗・顕信・教通、同八年三月の石清水臨時祭試楽にも道長の子の能信、長元八年（一〇三五）十一月の賀茂臨時祭には藤原頼通の子の通房、教通の子の信長、仁平元年（一一五一）十一月の賀茂臨時祭には藤原頼長の子の隆長のいわゆる摂関家の公達がそれぞれ舞人を勤めている(26)。この事例が象徴しているように臨時祭の舞人は源・平・高階・藤原といった王卿貴族の子弟によって占められ、管見によれば十一世紀に入ると東遊の舞人一〇人ほどのうちの半数前後を公卿の子弟が占めるようになる。舞人を勤めた者でその後に公卿となった者も約三割弱が認められる。これに対し陪従を勤めた者で公卿となったのは約一割にも満たず、権中納言藤原定頼、参議源経頼、権中納言藤原経家、大納言源経信、右大臣藤原宗忠、権中納言源基綱、中納言藤原経忠(27)、宮内卿源有賢、修理大夫藤原家保、刑部卿藤原重家があげられるのみである。これらのうち藤原定頼・経家親子については、定頼の室で経家の母であったのが源氏陪従家の祖ともいうべき源経相の兄済政の娘であった。また、源経頼はその済政の父である時中の弟扶義の子であり、源経信・基綱親子も源氏陪従家と同系譜の祖である宇多天皇皇子敦実親王の子源重信の孫・曾孫にあたり、ともに『神楽血脈』『琵琶血脈』にみえ音楽を伝承する系譜の一員であった。さらに藤原宗忠は父宗俊、弟宗輔とともに『鳳笙師伝相承』や『秦箏相承血脈』にあげられているように音楽の愛好家で管絃に優れており、源有賢はいうまでもなく郢曲・笛・和琴・箏等を相伝した殿上楽人であった。このように陪従を勤めた後公卿にまでなった者というのは王卿貴族の子弟の中でもことに殿上楽家や源氏陪従家との深いかかわりを持つか、管絃を好みこの道に優れた特殊な場合であったのであり、陪従に供奉した大部分は公卿までの昇進は望めない中級貴族であった。藤原氏についてみるならば陪従を勤めたのは、およそ十世紀以降ではそのほとんどが摂関家以外の傍系出身であったことが知られるのである。

また、舞人となり陪従にも供奉した者として藤原公忠、藤原定頼、源経親、源経定、藤原宗季、平経章、藤原定実、藤原宗忠、源有賢、源家俊がいる。藤原公忠については『本朝世紀』天慶四年（九四一）十一月五日条の石清水八幡宮での歌舞に舞人とみえるのは問題ないが、『御堂関白記』寛弘六年（一〇〇九）十一月二十日条の賀茂臨時祭に和琴を奏している「公忠」は、次章で述べるように公正（きんただ）が正しく別人の可能性が大きい。しかし、他の者に関しては舞人も陪従も勤めたことはほぼ間違いないであろう。すなわち、藤原定頼については寛弘六年十一月の賀茂臨時祭に舞人となり、長和五年（一〇一六）三月の石清水臨時祭に陪従を勤めており、源経親は寛弘八年三月の石清水臨時祭、長和三年十一月の賀茂臨時祭、同五年三月の石清水臨時祭に舞人を勤め、寛徳三年（一〇四六）二月の石清水臨時祭定に陪従としてみえ笛を奏したことが考えられる。源経定は寛仁二年（一〇一八）三月の石清水臨時祭に舞人となり、寛徳三年二月の石清水臨時祭定に歌人としてみえ、藤原宗季は永承二年（一〇四七）十一月、承暦五年（一〇八一）十一月の賀茂臨時祭などに舞人となり、寛治八年（一〇九四）十二月の同祭に陪従としてみえ、平経章も永承二年（一〇四七）十一月の賀茂臨時祭に歌を掌り、同三年三月の石清水臨時祭に父範国とともに舞人を勤めている。藤原定実については承暦五年十一月の賀茂臨時祭に舞人、寛治八年十二月の同祭に陪従となり、藤原宗忠も承暦五年十一月、寛治八年十二月の同祭などに舞人を勤め、同五年三月の石清水臨時祭に実際に源基綱と交替し奏すことはなかったが、歌人に勤仕することになっていた。源有賢は寛治五年三月の石清水臨時祭、同八年十二月の賀茂臨時祭に舞人となり、天仁元年（一一〇八）十二月の賀茂臨時祭に陪従を勤め、源家俊は寛治八年十二月の同祭に舞人、天仁元年十二月、大治二年（一一二七）十一月の同祭などに陪従としてみえる。(28) これらのうちの藤原定頼、藤原宗忠、源有賢についての音楽的かかわりは既述の通りであり、源家俊については『神楽血脈』にその名がみえる。

ここで興味深いのはこれら舞人・陪従をともに勤めた場合には、平経章がほとんど同時期であったのを除いていずれもまず舞人を勤め、後に陪従に勤仕したことが窺われることである。舞人の中では藤原道長の子の頼宗・顕信・教道・能信が舞人となった時の年齢はいずれも十六～十一歳の頃であり、藤原頼長の子の隆長も十四歳未満であった。臨時祭における舞人は四～六位の者が勤仕したが、その歌舞は恒祭とは異なり遊び的要素が強く、王卿貴族の子弟が勤めることが多かったことから考えるならば、若年の子弟が舞人の多くを占めたことは当然の結果であろう。舞人・陪従ともに奉仕した者についてみても、藤原定頼が舞人となったのは十七歳の時で陪従には二十四歳、藤原宗忠は十九歳で舞人を勤め、三十一歳の時に陪従となり、源有賢は二十三歳で舞人、三十八歳にて陪従に勤仕しており、この他の者についても管見の限りでは舞人となってから陪従としてみえるまでには源経親の場合は三五年間、源経定が二一年間、藤原宗季が四九年間、藤原定実が一五年間、源家俊が一二年間が経過している。限られた史料である点を考慮しても、一般的には舞人を勤めた者は陪従よりも若年の者であったことは明らかである。逆の見方をするならば、陪従には音楽によく熟達した者が供奉したということである。したがって、陪従には藤原高定・知定・博定・頼方の藤原家陪従家、源済政・経頼・師良・経親・経信・道（通）時・基綱・俊頼・有賢・時俊・信賢の源家陪従家やその系統の者たちが多くみられるように、十一世紀以降になると徐々に伝統を形成しつつあった陪従家やその周辺の人々が中心になっていくのは至極当然の結果であった。しかも、これら陪従の多くは後述するように楽所に祇候していた楽所人であったことが注目されるのである。

臨時祭の音楽は楽所において調楽が行われたが、この調楽には個々人の練習と合奏という二つの目的が存在したものと考えられる。しかし、個々の練習に関しては『宇槐記抄』仁平元年（一一五一）十一月九日条に「隆長始習舞臨時祭、於東中門廊有此事、師左近将曹兼弘」とあり、摂関家藤原頼長の子隆長が同月二十五日に行われる予定の賀茂臨時祭にむけて初めて舞を習ったという。この時隆長の兄兼長・師長がともに十四歳であることから隆長はそれ以下であったことは明白であり、これが臨時祭のための初めての習舞であったであろう。しかもこの習舞は、師の左近将曹兼弘を父頼長の邸宅に召してのことであったものと察せられる。すなわち、摂関家など王卿貴族の子弟にあっては自邸に舞師を召しての練習が可能であったのであり、楽所を歌舞の練習の場として利用していたのはこれがかなわない舞人、あるいは陪従では子々孫々と相承されていった陪従家以外の陪従を掌る者であったと考えられるのである。

衛府による東遊の奏楽は、以上のほかに天皇・中宮による大社への行幸・行啓、あるいは摂関家による春日・賀茂社詣等にも行われ、ここではこれらについて触れる余裕はないが、その舞人・陪従については臨時祭のものと同様の特色を見出すことができるのである。

そこで次章では、これら多くの陪従や将監以下の下級の衛府官人に補された地下の楽家の舞人・楽人がやがて祇候するようになる楽所とその楽所人について検討していくことにしよう。

注

（1）　林屋辰三郎『中世芸能史の研究』二一五〜二二四頁。

（2）　有吉恭子「楽所の成立と展開」（『史窓』二九）五五〜六二頁。

（3）『小野宮年中行事』所引、仁和五年四月の賀茂祭使の記事。
（4）拙稿「相撲儀式と楽舞―乱声・厭舞を中心に―」（『古代文化』三一―一二）。また、相撲・競馬・賭弓・騎射などについては、国家論との関係で論じた大日方克己『古代国家と年中行事』などがある。
（5）笹山晴生「左右近衛府官人・舎人補任表―下級官人・舎人その(一)―」（『東京大学教養学部人文科学科紀要』六一）、「左右近衛府官人・舎人補任表―下級官人・舎人その(二)―」（『東京大学教養学部人文科学科紀要』六六）。
（6）（7）『公卿補任』等による。
（8）佐忠はあるいは但馬守従五位下藤原連茂の子か。
（9）『扶桑略記』延長六年八月九日条に「東宮童相撲、（中略）、舞人着朝服、伊衡朝臣息男昇殿、今日奏輪台、為童時殿上故矣」とある。
（10）『日本三代実録』貞観六年十月二十一日条。そのほか同書では枚挙にいとまがない。
（11）『西宮記』巻三、裏書。
（12）『江家次第』では「右納蘇利」に割注して「持時右不舞依入深更歟」とある。基本的には「持時」すなわち勝負がつかなかった時には左右方ともに奏されたものであろう。
（13）「奏」は、新訂増補故実叢書本では「奉」とするが改定史籍集覧本により改めた。
（14）『教訓抄』巻第五など。
（15）『宇津保物語』祭の使には五月五日儀がみえ、ここでは騎射の後、舎人によって駒形が舞われている。しかし、駒形は既述のように五月節などの輿出入の際に、雅楽寮によって行われるものであり、この例をもって常儀ととらえることはできないであろう。
（16）競馬において打毬も行われたことは『西宮記』巻三、裏書、所引承和元年五月乙卯、康保二年六月七日条の記事によって窺うことができる。
（17）前川明久「古代の東国と東遊」（『続日本紀研究』七―四）、同「平安時代の東遊について」（『芸能史研究』五）。
（18）拙稿「東遊と駿河・伊豆国」（『静岡県史研究』九）。
（19）出立所における儀式については、『春記』長久元年四月二十五日条、『吉記』治承五年四月十六日条などにみえる。

(20) ほかに楽家楽人が随身として供奉した例は、『兵範記』仁平四年正月三十日条に多成方・狛行時がみられる。
(21) 『大鏡』裏書、『年中行事秘抄』所引『宇多天皇御記』寛平元年十月二十四日条。
(22) 『本朝世紀』天慶五年四月二十七日条、『江家次第』巻第六、石清水臨時祭試楽条。
(23) 『江家次第』巻第六、石清水臨時祭試楽条。
(24) 原史料は未詳。『古事類苑』神祇部三所収。
(25) 『江家次第』巻第六・石清水臨時祭条、巻第一〇・賀茂臨時祭条などによる。
(26) それぞれ『御堂関白記』寛弘四年三月九日・十一月二十二日条、『権記』同八年三月七日条、『栄花物語』巻三十二、『宇槐記抄』仁平元年十一月九日条。また通房については『日本紀略』長元八年十一月二十九日条等にもみえる。
(27) 経忠については、『後二条師通記』寛治五年三月二十三日条によれば、同日の石清水臨時祭には歌人と舞人のいずれにもみえている。同臨時祭の宮廷儀と社頭儀において異なって供奉したとも考えられなくもないが、同一儀式内における舞人と陪従の兼任の他の事例は窺えず、同名別人か誤記であろうか。中納権藤原経忠については舞人を勤めたとすべきであろうか。
(28) 藤原定頼については『御堂関白記』寛弘六年十一月二十二日、『小右記』長和五年三月二・十二日条（史料大成版『左経記』同月二日条には「定軒」とみえる）、源経親は『権記』寛弘八年三月七日、『小右記』長和三年十一月二十七日・同五年三月十二日条、『年中行事秘抄』所載、寛徳三年二月十九日付「定臨時祭使等」、源経定は『左経記』寛仁二年三月十三日条、『年中行事秘抄』所載、寛徳三年二月十九日付「定臨時祭使等」、藤原宗季は『年中行事秘抄』所載、永承二年十一月六日付「定臨時祭使已下」、『水左記』承暦五年十一月二十七日、『中右記』寛治八年十二月六日条、平経章は『年中行事秘抄』所載、永承二年十一月六日付「定臨時祭使已下」、『春記』永承三年三月二十日条、藤原定実は『水左記』承暦五年十一月二十七日、『中右記』寛治八年十二月六日条、藤原宗忠は『水左記』承暦五年十一月二十七日、『中右記』寛治八年十二月六日、『後二条師通記』同五年三月二十三日条、源有賢は『後二条師通記』寛治五年三月二十三日、『中右記』同八年十二月六日・天仁元年十二月十六日条、源家俊は『中右記』寛治八年十二月六日・天仁元年十二月十六日・大治二年十一月二十三日条にみえる。

第三章　楽所の変遷とその活動

『西宮記』巻八、所々事によると楽所について割注した中に「毎月注習物奏聞、或有試」とみえ、楽所では毎月の習物を注して奏聞し、あるいは試みが行われたとある。この「試」については『新儀式』第四「召雅楽寮物師等令奏音楽舞等事」に「又召楽所生等有試其習物、其儀所別当幷侍臣候彼所者遵行其事、（中略）、為楽所人座東上北面、以次試其習物訖賜盃酌召酒殿酒、贄殿肴、調管絃或給禄召内蔵寮絹給之、或不給」(1)とみえる。すなわち、楽所生を試みたことが知られるが、楽所生とは同記事の楽所人と実質的に同じであり、楽所人の予備生というようなものではないであろう。習物を試みる者ということで「生」字を用いたのであり、管絃に堪える侍臣が楽所人として選ばれ、彼らの不断の練習ぶりがこれによって試みられたものであろう。

従来の説では楽所人とは衛府官人が主体であったとするが、古記録によると「楽所人」という言葉は十一世紀半ばを最後に使われなくなり、ことに同世紀末以降には単に「舞人」「楽人」という表現が一般的になる。これに加えるに私見によると衛府に任ぜられた舞人・楽人が楽所に祗候していることが知られるのは十一世紀以降のことであり、これ以後に初めて一般的なこととなっていったと考えることができる。すでにみたように主要な宮中儀礼での舞楽を中心とした音楽の主体は平安中・後期においても、少なくとも形式的には雅楽寮であったが、十一世紀に入ると舞人、楽人の順に、衛府官人に補任された地下楽家の舞人・楽人が実質的に楽舞を掌るようになり、十二世紀の楽所には殿上人や陪従のいわゆる殿上・地下寄人のほかに彼らが楽所に祗候したものであった。

楽所に関する問題点は序章に述べたように、楽所創設の時期、その職員構成、設置された場所、楽所の機能などが考えられるが、本章ではまず楽所始の検討を通して楽所の開設時期、楽所職員などの問題を考え、続いて楽所史料の検討によって楽所の置かれた場所の変遷、実際に楽舞を掌った楽所人とその活動などを通して楽所の実相を考察し、最後にその創設時期についても触れてみたい。

第一節　楽所始と楽所職員

『日本紀略』天暦二年（九四八）八月五日条に「是日、於大内始楽所」とあり、この時村上朝において楽所が始められた。楽所始の記事はこれ以降十二世紀末までに数多くみられるが、まず最初にこれらの楽所始の行われた時期、楽所の置かれた場所、さらにその記事について整理すると第13表のようになる。これによると楽所始には各天皇の代の楽所開きとして行われるものと、同表に※印をつけて示したように臨時的な御賀や御願供養のために行われるものとがあった。前者の楽所始においては、楽所職員が定められ、少なくとも当代において常設されていた楽所であったが、後者の場合には行事の数ヵ月前に楽所始があり、そのための楽所は形式的にはその数ヵ月間開設されていたことになろう。そこで以下では、まず各代の常設的楽所の楽所始、次に臨時的行事の楽所始の順に検討していこう。

第13表　楽所始

年月日	天皇	皇居	楽所の設置場所	典拠及び記事
天暦二・八・五	村上	内裏	内裏桂芳坊	日本紀略同条「是日、於大内始楽所」
永観三・正・二二	花山	内裏	内裏桂芳坊カ	小右記同条「今日始楽所」
長暦四・一〇・二四	後朱雀	二条殿	二条殿	春記同条「彼屋其所楽所也」
嘉保二・二・二七	堀河	大炊殿	左兵衛陣（大炊殿カ）	中右記同条「今日依為吉日初楽所、〈左兵衛陣〉」
※嘉保二・一一・二	堀河	閑院	閑院	中右記同条「北対東妻為関白殿御直廬、西対代西侍廊為大殿御直廬、楽所、御書所、陣腋、弁少納言等座依無便宜不被儲也」
※康和三・一〇・一九	堀河	高陽院	高陽院（賀陽院）馬場殿	中右記目録同条「御賀楽所始」、殿暦同条「午剋許蔵人惟兼持来御賀楽所初日時」、同書同一〇日条裏書「有院□〔御賀楽所始事、以イ〕賀陽院東馬場御所屋為楽所」、中右記同四・二・八条「去年被始楽所〈馬場殿（〇一本作屋）南四間母屋、東西南庇前庭東南引幔、母屋敷座、兼内蔵寮居饗饌〉」
※康和四・四・二七	堀河	高陽院	馬場殿（高陽院カ）	中右記同条「今日内被始新御願供養楽所〈以馬場殿為楽所〉」
※康和五・七・一五	堀河	内裏	左兵衛府或は左近衛府（内裏カ）	中右記目録同条「興福寺供養、楽所始」、殿暦同条「今日山階寺始調楽、行事左権中将俊忠・右少将家定等也、於左兵衛府被始」、本朝世紀同条「是日、於左近衛府、有興福寺供養楽所始事」
※長治元・七・二一	堀河	内裏	内裏カ	中右記同条「今日御八講楽所始」
※長治二・一〇・一九	堀河	内裏	内裏桂芳坊	中右記同条「今日有尊勝寺阿弥陀堂供養、楽所云々、以桂芳坊為楽所」
※天永二・一〇・二五	鳥羽	高陽院	馬場屋（高陽院カ）	中右記同条「又今夕明年院御賀楽所始也、行事宰相中将実隆引殿上人幷楽人着行楽所〈馬場屋也、有饗饌〉」、長秋記同二〇日条「御賀楽所始、依康和一（ママ）年例用馬場殿後」
元永元・一〇・二三	鳥羽	土御門烏丸殿	左兵衛陣（土御門烏丸殿カ）	中右記同条「有楽所始云々、頭中将宗輔、蔵人顕憲被補別当、秉燭之後人々着楽所〈左兵衛陣、諸司居饗〉」
※元永元・一〇・二九	鳥羽	土御門烏丸殿	土御門烏丸殿カ	中右記同条「今日新御願供養楽所始」

長承元・三・二二	崇徳	土御門烏丸殿	土御門烏丸殿カ	中右記同条「今日内楽所始云々、以左兵衛陣為楽所」
※仁平元・一〇・一六	近衛	小六条殿	南六条殿（小六条殿ノコトカ）	山槐記同条「於南六条殿有御賀楽所始事」、本朝世紀同条「明年院御賀楽所始也」
永暦二・四・四	二条	大炊御門高倉殿	東中門外大学侍屋（大炊御門高倉殿カ）	山槐記同条「晩頭参内、今夜可有楽所始之故也、（中略）、経南庭向楽所（東中門外大学侍屋假為此所也）」
長寛二・正・二七	二条	二条東洞院殿	二条東洞院殿カ	雅頼記同条「南殿楽所始」
承安年間	高倉	閑院	閑院カ	玉葉建久五・二・二七条「当今御時始、所被置楽所也、（中略）、其外無所見、永（承カ）安度不進云々」
※安元元・一〇・一六	高倉	内裏カ	内裏カ	玉葉同条「今日、楽所始云々」
建久五・二・二七	後鳥羽	閑院	閑院カ（アルイハ内裏カ）	玉葉同条「当今御時始、所被置楽所也」

注　※は臨時的な御賀や御願供養等のための楽所始を示す。また、〈　〉は原史料では割注を示す。

一　常設的楽所の楽所始

楽所始の中で常設的楽所のものとみなされるのは、管見では村上天皇天暦二年（九四八）八月、花山天皇永観三年（九八五）正月、堀河天皇嘉保二年（一〇九五）二月、鳥羽天皇元永元年（一一一八）十月、崇徳天皇長承元年（一一三二）三月、二条天皇永暦二年（一一六一）四月、同天皇長寛二年（一一六四）正月、高倉天皇承安年間（一一七一〜一一七五）、後鳥羽天皇建久五年（一一九四）二月のものをあげることができる。楽所始とは楽所開きという意味合いが強く、常設的楽所の場合には二条天皇代の例外を除いて各代に一度行われており、当然ここにあげた天皇以外の各代においても行われたことが想定できよう。しかし、次の三つほどの理由から、楽所始は村上天皇以降すべての代に行われたものではなく、数例欠けたものがあったとしてもすでにあげた事例がその主たるものであったと推察することができる。すなわち第一に、永暦二年四月の二条天皇の楽所始、建久五年二月の後鳥羽天皇の楽所始にはそれぞれ先例がひかれており、前者では元永の楽所始における帯剣の有無などの問題について触れ、後者では名簿を進めるべきか否かに関して、

只承暦記、忠節非陪従之寄人、進名簿之由申之由注之、其外無所見、永《承カ》安度不進云々、

とある。後者にみえる「承暦記」の承暦年間とは十一世紀後半に当たるが、同記事の忠節とは多忠節のことで十二世紀の舞人であり、同世紀半ば過ぎの永暦年間には二条天皇の楽所始があったことから「承暦記」は「永暦記」の誤りであると考えられる。また、「永安」についても同年号は存在しないことから「承安」の誤りであることは明らかで、やはりこの時にも楽所始が行われたと考えるのが妥当であろう。第二に、後述するように古記録によって楽所長官の別当、職員の預についてみると、そのほとんどの補任の時期が既出の楽所始の時期と一致していること、第三に、やはり後述するように楽所始を行っている天皇はいずれも音楽を愛好したという共通点をもち、十～十二世紀の天皇の中ではまさに上記の天皇がそれに該当するのである。

このように、楽所始とは各代すべての天皇にわたって行われたものではなかったが、『玉葉』によると、高倉天皇承安三年（一一七三）十月二十六日に「当今御時、未被始楽所」とみえ、後鳥羽天皇建久五年（一一九四）二月二十七日に「此日、当今御時、始所被置楽所也」とあるのは、確かに戦乱等によってしばらくの間楽所は開設されていなかった[3]という事実はあるが、他の天皇の楽所始もそうであるように天皇即位後ただちに楽所始を行ったものではなかったことを示唆している。それでは楽所は楽所始が行わなければ開設していなかったのかというと、そういうことでもなく、たとえば鳥羽朝の楽所始が行われた元永元年（一一一八）十月二十三日のおよそ一ヵ月前、『殿暦』同年九月二十六日条に楽所預橘良基の名がみえ、次節の楽所史料の検討によっても窺えるように、少なくとも嘉保二年（一〇九

五）二月の堀河天皇の楽所始以降にはおおむね楽所が開設されていたとみることができる。

次に楽所職員について検討していこう。常設的楽所始では別当をはじめ楽所職員が補任された。まず、史料的に明らかな嘉保二年二月、堀河天皇の楽所始以降すなわち十一世紀末から十二世紀末までの職員についてみていこう。『玉葉』建久五年二月二十七日条によると楽所は別当二人、預、殿上寄人（召人）、地下寄人、舞人・楽人などより構成されていたことが知られる。二人の別当のうち下級別当は六位別当と称された。上級別当は『中右記』嘉保二年二月二十七日条に「先例多蔵人頭也」とあるように多くの場合には蔵人頭が、下級別当は六位蔵人が任ぜられ、当該期における既出の楽所始ではいずれもこれに該当している。別当の下の楽所預は実質上の奏楽の責任者であり、実際に奏楽にたずさわる者としては、管絃に堪能な殿上人と地下の寄人（召人）、さらに舞人・楽人がいた。このうち地下の寄人の多くは陪従であり、舞人・楽人の中心は衛府の下級官人に任ぜられていた地下の楽家の舞人・楽人であった。このほか『長秋記目録』康和三年（一一〇一）十月十九日条に「多忠方楽所勾当、生中面目事」などとある(4)ように、舞人・楽人の中から臨時的に勾当が任ぜられることもあった。

これらの建久五年二月の楽所始にみえる楽所の構成は『中右記』嘉保二年二月二十七日条にも、

又地下召人（友定博定等也、）等参集、以蔵人頭左中弁師頼朝臣為別当（先例多蔵人頭也）、以蔵人宮内丞宗仲為六位別当、并兵部丞成綱為楽所預、頭弁相引殿上人五六輩、被着楽所（予在其中）、殿上人地下召人饗母屋（絶席）、楽人等西庇下、

とあるように、まったく同様に窺うことができる。また、嘉保二年二月の楽所始の行われた翌年、永長元年（一〇九六）三月一日、鳥羽殿において臨時御会が行われたが、『中右記』にはこの時の御遊について次のようにみえる。

有御遊、中宮大夫（倭琴）、皇太后宮権大夫（拍子）、宗忠并行宗朝臣（笙）、新宰相中将笛、女房於簾中琵琶箏、又候砌下知定、佐忠、時元等、四五人吹笛、

ここには奏楽者として、中宮大夫源師忠（和琴）、皇太后宮権大夫藤原公定（拍子）、新宰相中将藤原宗通（笛）、藤原宗忠（笙）、源行宗（笙）、簾中女房（琵琶・筝）、藤原知定、多佐忠、豊原時元等があげられている。この中の藤原宗忠は前年の楽所始に「頭弁相引殿上人五六輩、被着楽所予在其中」とあるように、殿上の召人の一人としてみえ、多佐忠についても同楽所始の先の記事の後に「左近将監狛光末、右近将監多佐忠、懸一鼓前行」とあり、一鼓を懸けて前行している。すなわち、御遊に加わった者たちはいずれも楽所に祗候した者たちであったと推察され、源師忠・藤原公定・藤原宗通・藤原宗忠・源行宗は殿上の寄人、藤原知定は既述のように藤原陪従家の祖ともいうべき者で、このとき砌の下に祗候しているように地下の寄人であり、多佐忠・豊原時元は専業の地下楽家舞人・楽人であることから知られるように、楽所の舞人・楽人として祗候していたものと考えられる。したがって、建久五年二月の楽所始にみえる楽所の構成は、すでに嘉保二年二月の楽所始において整っていたとみることができるのである。

それでは十一世紀末以前においては如何であろうか。『西宮記』巻八、所々事によると「有別当（五位六位蔵人）預」とあり、五位・六位蔵人の別当と預が置かれていたという。しかしまた、同書には天暦三年（九四九）四月の藤花宴のこととして中納言源高明が楽所別当としてみえ、いわゆる公卿別当の存在も知られる。また、楽所に祗候した者についてみると、嘉保二年以降には殿上・地下の寄人と、ほかに主として衛府官人に任ぜられた専業の楽家舞人・楽人が楽所の舞人・楽人として祗候したが、当該期においては同様の構成であったことを明白に示す史料はない。しかし、天暦の楽所始より十一世紀末頃までに楽所に祗候したと思われる楽所の楽人は「楽所人」「楽所者」と称されたのであり、これは同時期以降でいうところのいわゆる地下の寄人に相当するものと考えられ、一方管見の及ぶ限りにおいては衛府などに任ぜられた楽家の舞人・楽人は当該期の楽所人の中にほとんど見出すことはできない。衛府や雅楽寮の下級官人に任ぜられた楽家舞人・楽人が明らかに楽所に祗候するようになるのは、既出の永長元年（一〇九六）三月の御遊記事などにみられるように、十一世紀末まで待たねばならないと察せられるのである。

以上の楽所職員のうち、寄人や舞人・楽人については次節の楽所の活動のところで検討することとして、ここではまず管見になる別当・預に任ぜられた者について整理すると第14表のようになる。これによって楽所別当の任期についてみると、ことに白河朝以前に任ぜられた上級別当に関しては、史料的制約により同表に示した以外にも存在した可能性が考えられるところであるが、堀河朝嘉保二年（一〇九五）以降においては同表に掲げた源師頼、藤原宗輔、藤原公教、藤原忠親、藤原兼宗がそのほとんどではなかったかと推察される。すなわち、楽所始は既述のように特定の天皇において行われ、その時に別当以下も任ぜられたのであり、当該期における別当については二条天皇長寛二年（一一六四）と高倉天皇承安年間（一一七一〜一一七五）の場合を除いていずれも知られるところである。長寛二年（一一六四）の楽所始においては二条天皇代永暦二年（一一六一）についで二度目のものであり、永暦二年にすでに蔵人頭藤原忠親が任ぜられておりこの時依然として蔵人頭であった。また、承安年間の楽所始での別当については未詳であるが、別当には蔵人頭が任ぜられることが多かったことから考えるならば、承安年間に蔵人頭であった藤原実宗（公通の子）が楽所別当であった可能性が十分に考えられよう。彼らの楽所別当としての在任期間については、手続き上は蔵人所別当と同様に「天皇一代限り」であったが、[5]別当に補任された者が彼らのみであったことが認められるならば、楽所別当の任期は結果的には楽所始に任ぜられてから次の楽所始までの期間までではなかったかと察せられる。すなわち、嘉保二年（一〇九五）二月に補された源師頼は次の楽所始の元永元年（一一一八）十月まで、同月の楽所始に任ぜられた藤原宗輔は長承元年（一一三二）三月まで、同月の楽所始に補された藤原公教は永暦元年（一一六〇）の彼自身の死去まで、[6]同二年四月の楽所始に任ぜられた藤原忠親は、承安年間の楽所始の前まで、同楽所始に補された藤原実宗は建久五年（一一九四）二月までと考えることができるのではなかろうか。

第14表　楽所別当・預補任表

別当	六位別当	預	初出年月日	典拠及び備考
中納言源高明		丹治良名	延長八・一〇・一一	『西宮記』一二所引『李部王記』
			天暦三・四・一二	『西宮記』八
		図書頭源修	未詳	『琵琶血脈』
		宗　光	長保三・一〇・四	『権記』同条
		源頼能	永承元・一一	『体源抄』二ノ上。但し、「永承大嘗会楽所預源頼能作」とみえる
蔵人頭左中弁源師頼	蔵人宮内丞藤原宗仲	兵部丞源成綱	嘉保二・二・二七	『中右記』同条
		藤原博定	未詳	『琵琶血脈』
		栄　職	康和四・三・二四	『中右記』同条。左記の能基、栄基、橘良基と同一人であろう
		能　基	五・五・二一	『殿暦』同条。右記の栄職、左記の栄基、橘良基と同一人であろう
		栄　基	五・一一・二八	『殿暦』同条。右記の栄職、能基、左記の橘良基と同一人であろう
	蔵人大江広房		嘉承元・一二・九	橘以綱の子、大江匡房の養子。『中右記』同条。この時補される
		橘良基	元永元・九・二六	『殿暦』同条。右記の栄職、能基、栄基と同一人であろう
頭中将藤原宗輔	蔵人藤原顕憲		元・一〇・二三	『中右記』同条
		藤原孝博	未詳	『秦箏相承血脈』
頭中将藤原公教			長承元・三・二三	『中右記』同条
蔵人頭藤原忠親	蔵人源通定	式部大夫維成	永暦二・四・三、四	忠親については『山槐記』同三日、通定については同四日条。維成については『玉葉』承安三・一〇・二六条
蔵人頭左近中将藤原兼宗	蔵人右衛門尉橘成広	筑前守中原有安	建久五・二・二七	『玉葉』同条。なお、兼宗は藤原忠親の子

注　なお、林屋辰三郎・植木行宣氏は、『権記』長徳三年一一月二二日条にみえる左近将監藤原泰通、同書同四年一一月一五日条にみえる兵衛佐能通をともに楽所預と考えているが（『中世芸能史の研究』二三七・二三八頁、芸能史研究会編『日本芸能史』1、二六七・二六八頁）、ここでは同説を採らない。

六位別当に関してもその任期は同様であったと推察できるが、堀河天皇代嘉承元年（一一〇六）十二月に大江広房が同別当に補されているのは、先に任ぜられていた藤原宗仲が長治二年（一一〇五）二月八日には「職事行事」として春日祭使となっている[7]のを最後に古記録では窺い得ず、宗仲は天仁三年（一一一〇）に出家し翌年卒去している[8]ことから、嘉承元年には健康上の理由でその役割を果たし得なくなったために新たに大江広房が任ぜられたものと考えることができる。

　これに対し楽所預については、やはり嘉保二年二月の堀河天皇の楽所始から元永元年十月の鳥羽天皇の楽所始までの期間に源成綱、藤原博定、橘良基（栄職・能基・栄基）の三人が知られるように、楽所始に任命された以後にも事情に応じて補されたものであった。預が直接楽所活動の現場には携わらない別当とは異なり、実質的な楽所の責任者であり[9]音楽活動の指導者であったことによろう。ここではまた預橘良基が堀河朝と鳥羽朝にまたがって勤めていることが注目されるのであり、これによっても楽所職員の在任期間は手続き上は一代の天皇ごとにあらためて任ぜられるものであったとしても、原則的には楽所始がその交替の時とされていたことが窺われるであろう。

　これらの楽所職員の音楽との関わりについてみると、まず上級別当の中では源師頼・藤原忠親・藤原兼宗については未詳だが、源高明は『琵琶血脈』、藤原宗輔は『秦箏相承血脈』『神楽血脈』、藤原公教は『神楽血脈』にそれぞれの名が掲載されている。六位別当に任ぜられた藤原宗仲・大江広房・藤原顕憲・源通定・橘成広に関しては管見では源通定が殿上楽家の綾小路家や源家陪従家につながる源時中の流れをくむということが知られるくらいで、それぞれに関しては音楽との結び付きはほとんど見出すことはできない。これに対し、奏楽上の実質的責任者であった楽所預に任ぜられた者の音楽活動は活発であった。源修は『琵琶血脈』にみえ、源頼能は出自未詳だが楽書によると拾翠楽の作曲者とされ、源成綱は堀河朝などで陪従に供奉しており、藤原博定と孝博とは親子で藤原氏陪従家の一員であり、橘良基は堀河朝の御遊に召人として歌などを掌り、中原有安は箏・琵琶の相承血脈にみえ、『玉葉』建久五年二月二十七日条に「有安於管絃道入力習学、当世無比肩之人歟」と記されるほどの当該代随一の音楽家であり、いずれ劣らぬ管絃歌舞の熟達者たちであった。それぞれの音楽活動については次節で詳述する。

ところで、楽所始は一つの儀礼化した式次第によって進められた。それは次のように行われた。まず、別当以下が楽所に参集し着座すると、所衆を瓶子取として別当・陪従らによる三献献盃があり、続いて万歳楽・地久などの舞楽が舞われた。この後、万歳楽が奏される中、一鼓をつけた左右の一者を先頭に別当以下が列なり、殿上、南庭などを経めぐり、再び楽所へと戻ったという。この儀式次第については、嘉保二年（一〇九五）二月の記事をはじめ、元永元年（一一一八）十月、長承元年（一一三二）三月、永暦二年（一一六一）四月、建久五年（一一九四）二月の楽所始の記事からもそれぞれ断片的に窺うことができるのであり、少なくとも嘉保二年の堀河天皇楽所始の段階において整備されていたことが考えられるのである。これ以前の楽所始においては、『小右記』寛和元年（九八五）正月二十二日条に「有音楽・穀倉院饗、糸管人参腋陣辺発糸竹」とあり、内蔵寮穀倉院による饗饌はすでにみられるものの、詳細については明らかではない。いずれにせよ堀河天皇の楽所始では楽所職員、儀式次第の点においてもすでに整備されていたということは、同時期が常設的楽所にとって、一つの画期であったことを示している。

常設的楽所が置かれた場所については第13表の通りであるが、皇居の変遷と密接に関わるものであり、このほかにも各所に置かれたものと思われるので、詳細については次節以下で検討することにして、次に臨時的楽所始の場合についてみていこう。

二　臨時的楽所の楽所始

管見によると、臨時的楽所始は第13表に記載したように御賀と仏事供養についてみられ、その行われた時期も堀河・鳥羽朝に集中している。御賀の楽所始については、康和三年（一一〇一）十月二十五日、天永二年（一一一一）十月二十五日、仁平元年（一一五一）十月十六日、安元元年（一一七五）十月十六日とみられ、それぞれ白河法皇五十御賀、白河太上法皇六十御賀、鳥羽法皇五十御賀、後白河法皇五十御賀のためのものであった。これらの御賀の当日はそれぞれ康和四年（一一〇二）三月十八日、天永三年（一一一二）三月十六日、仁平二年（一一五二）三月七日、安元二年（一一七六）三月四日のことであり、いずれもおよそ五ヵ月前に楽所が開かれている。

ここではまず、これらの御賀に関して、その経過とその行事人とをあわせて整理すると第15表のようになる。これらのうち、安元二年の後白河法皇五十御賀においては、御賀定のおよそ二ヵ月前に御賀行事所始が行われ、約一ヵ月前に御賀舞人・楽人が定められているが、一般的にはまず御賀当日の五ヵ月以上前、楽所始の一〇日以上前に御賀定があり、御賀行事所始や御賀楽所始等の日時が定められ、その構成員が選任されたものと察せられる。続いて御賀定と同日あるいは数日後に御賀行事所始があり、さらに数日後に御賀楽所始が行われた。楽所における楽舞の教習は、管見の限りでは御賀当日のおよそ一ヵ月前から合奏を主体とした調楽がはじめられ、数日前には総練習にあたる試楽が催され、当日の本番をむかえたようである。また、その一、二日後には後宴が行われた。

ところで、御賀には行事所が設けられ、楽所始の数日前に行事所始が行われたが、棚橋光男氏によると行事所とは「毎年正月から十二月まで大小さまざまの年中行事や、また年中行事ではない臨時の国家的行事、すなわち一代一度

第15表　御賀の経過と行事人

康和四年（一一〇二）三月一八日、白河法皇五十御賀
　康和三・一〇・二…御賀定（『殿暦』）
　　行事上卿正二位大納言民部卿俊明・頭弁源重資・五位蔵人藤原為隆・六位蔵人藤原重隆
　同年一〇・八…御賀行事所始（『中右記』目録）
　同年一〇・一九…御賀楽所始（『殿暦』『中右記』目録）
　同四・二・八…楽所において調楽を始める（『中右記』）
　　行事蔵人右衛門尉源惟兼、楽所に着し、見参を進む
　同年三・一…御賀奉幣定（『殿暦』）
　　上卿民部卿源俊明、憚事有るにより、権大納言藤原公実を定む
　同年三・七…これより先、権大納言藤原家忠を御賀上卿となす（『中右記』）
　同年三・九…御賀試楽
　　行事蔵人等、楽屋を飾る。楽行事右大弁藤原宗忠、一鼓童幷楽人・舞人等を引率し、庭中を渡り楽屋に着す
　同年三・一八…御賀当日（『中右記』）
　　勅有り、左大弁源基綱楽行事に加えらる。行事宰相二人（左右大弁）―左大弁源基綱と右大弁藤原宗忠であろう
　同年三・二〇…御賀後宴（『中右記』）
　　楽行事一人（藤原宗忠）
　同年三・二一…御賀楽屋行事蔵人大舎人助藤原永雅、楽器を皆ことごとく院に奉る（『中右記』）
　同年三・二二…御賀行事頭弁重資、蔵人中宮大進藤原為隆、蔵人大学助重隆、御使となり、御賀御調度等を院に奉る（『中右記』）

天永三年（一一一二）三月一六日、白河太上法皇六十御賀
　天永二・一〇・一三…御賀定・行事所始（『殿暦』『中右記』）
　　御賀上卿民部卿源俊明　蔵人方行事（頭弁藤原実行、五位蔵人雅兼、五位蔵人実兼）
　同年一〇・二四…御賀楽所始の沙汰（『殿暦』）
　　楽行事に参議中将藤原実隆・頭中将藤原通季の二人を用いるべき由仰せ了る
　同年一〇・二五…御賀楽所始（『殿暦』『中右記』『長秋記』。但し史料大成版『長秋記』では同二〇日条としてみえる。『殿暦』『中右記』の記事によると二五日が正しい）
　　行事参議実隆・頭中将通季（『殿暦』）

行事宰相中将実隆、殿上人幷楽人を率い楽所に着行す（『中右記』）
楽行事宰相中将実隆・頭中将通季・右中将藤原宗輔・左中将藤原信通（不参）（『長秋記』）
同三・三・一六…御賀当日（『中右記』『殿暦』）
頭弁実行、日時勘文を右大将に下す。楽行事左中将信通・右中将宗輔等前行し、左右舞人・楽人、大鼓の前に列立する（『中右記』）
頭弁実行、公卿を召す（『殿暦』『中右記』）
同三・三・一八…御賀後宴（『殿暦』『中右記』）
頭弁、公卿を召す。楽行事宰相中将実隆、舞童幷楽人・殿上人等を率い南庭を渡り楽屋に向かう（『殿暦』）
頭弁実行、公卿を召す。行事参議左近中将実隆、前行す（『中右記』）
同三・三・一九…藤原忠実、御賀行事所下行事藤原経兼に馬を賜う（『殿暦』）
仁平二年（一一五二）三月七日、鳥羽法皇五十御賀
同元・一〇・一六…楽所始（『山槐記』）
行事左宰相中将藤原経宗　行事蔵人縫殿権助頼業
同二・二・一三…院御所において御賀雑事を定めらる（『本朝世紀』）
同年・二・二五…御賀試楽（『兵範記』）
行事参議経宗、伶人を率い御前を経て着座。行事蔵人泰経　楽器行事蔵人朝雅。蔵人頭右大弁藤原朝隆、童舞有るべきの由を楽屋に宣下す
同年三・七…御賀当日（『兵範記』）
蔵人頭右大弁朝隆、公卿を召す
参議左近中将藤原経宗・藤原師長等を、楽行事となす。楽行事、舞人・楽人を率いて西中門外において参音声を発す
同年三・八…御賀後宴（『兵範記』）
行事蔵人藤原朝雅、中門廊より降り、前庭を渡り楽屋に向かう
安元二年（一一七六）三月四日、後白河法皇五十御賀
同元・八・一六…御賀行事所始（『山槐記』）
同年九・一三…御賀舞人・楽人等を命ず（『山槐記』）
同年一〇・五…御賀定（『玉葉』）
行事上卿藤原隆季　職事（蔵人頭藤原長方、五位蔵人藤原光雅、六位蔵人藤原尹範）
楽所行事左宰相中将藤原実家・頭中将藤原実宗
同年一〇・一六…楽所始（『玉葉』）
行事参議左近中将実家

同二・二・六…御賀舞人・楽人、楽所において調楽（『玉葉』）
同年二・二一…御賀試楽（『玉葉』）
　行事参議左近衛中将実家、舞人・楽人等を率い仙華門代より入る
　古鳥蘇の未だ始まる前、楽行事実家、何例を用ゆるべきかを関白に尋ねる
同年三・三…院別当（或判官代）右衛門権佐光長、御賀奉行たるによりて、昇殿を聴す（『玉葉』）
同年三・四…御賀当日（『玉葉』）
　左右楽行事参議二人（左参議左近中将実家、右参議右近中将藤原実守）
　禄行事右衛門権佐光長、禄辛櫃舁主典庁官等を率い、楽屋辺に候。
同年三・六…御賀後宴（『玉葉』）
　行事実家、一人楽屋に候
同年三・八…御賀行事頭弁長方、蔵人左少弁光雅、右衛門尉藤原能成（六位使）等、御調度目録をあい具し参入

仁王会・大嘗会・伊勢斎王雑事・賀茂斎院雑事など天皇一代に一度行なわれる行事、また二〇年に一度行なわれる伊勢内・外宮の式年遷宮、そして事あるごとに行なわれる公卿勅使の差遣や行幸・御幸、内裏造営など、これらの国家的事業の遂行にあたって「、「太政官内に」「組織された」行政組織であり、一般的に行事上卿、行事弁、行事史より構成されていたという(10)。また、これらの官方行事に対して蔵人方行事がかかわっている儀式もあり、古瀬奈津子氏によって「場」による儀式の分類が試みられている(11)。それによると、「上卿だけで行事されるもの、上卿と行事蔵人によって行事されるもの、行事蔵人だけによって行事されるものに大別できる」という。

これらの法皇の御賀については康和四年三月以下の例によれば、行事所は行事上卿、行事宰相（行事参議）、行事頭弁、行事蔵人等から構成されていたことが知られ、行事上卿には正・権大納言が、行事頭弁には正・権の大・中弁で蔵人頭が、行事蔵人には五位・六位蔵人が定められていたのであり、複数の官方・蔵人方行事によって行われたのである。このほか、楽行事・楽所行事・楽屋行事・楽器行事・禄行事・下行事がみえるが、この中の楽所行事こそがこ

の臨時的楽所においての音楽の責任者であったと考えられる。すなわち、楽所行事は楽行事ともみえ、(12)行事宰相がその役割を担っていたのであり、左右近衛中将や左右大弁等より選任されている。行事宰相は楽行事として、楽所始・試楽・御賀当日には舞人・楽人を率いて行道し楽屋に着し、退出時もまた同様に行うなど、御賀において主要な位置を占める音楽やその舞人・楽人を実質的に指揮する役割を担っていたのであり、音楽に堪能な者が任ぜられた。実際のところ、康和四年の御賀楽行事藤原宗忠・源基綱は同御賀当日の御遊において、それぞれ拍子・琵琶を掌り、彼らの音楽活動については第一章で既述した通り盛んなものがあった。天永三年（一一一二）の御賀楽行事藤原実隆・藤原信通・藤原宗輔のうち、実隆は康和四年の御賀に舞人としてみえ、信通と宗輔は天永三年の御賀後宴においてともに笛を奏し、仁平二年（一一五二）の御賀楽行事藤原師長はいうまでもなく琵琶の名人として著名であり、安元二年（一一七六）の御賀楽行事藤原実宗も師長から琵琶を伝授し、ともに多くの御遊に参加するなど、楽行事を勤めたこれらの者はいずれも管絃歌舞に秀でた才能をもつ者たちであった。これに対し行事上卿は御賀において目立った動きはみられないが、行事頭弁については御賀当日に公卿を召し御賀後には御賀御調度を院に奉るなど、御賀での実質的な指揮者的役割を有していたものと推察され、行事蔵人はその下で楽屋を飾り楽器を整えるなどのことにあたり、楽屋行事・楽器行事とあるのも行事蔵人が勤めたであろうし、他の禄行事・下行事も行事蔵人の下で賜禄やその他に関する雑事に従事したものであろう。

ところで、これらの御賀において楽舞を掌った人々を整理すると第16表のようになる。これによると楽舞を掌ったのは、殿上舞人・楽人、小舎人、地下の召人・楽人であったのであり、その中心は殿上の舞人・楽人、小舎人であったといえよう。これらの顔ぶれをみると、そのほとんどが公卿の子弟であり、『中右記』康和四年（一一〇二）二月八日条に「舞人楽人之殿上人廿余人束帯」とあり「舞人楽人之殿上人等、於楽所始調楽」などとあるように、彼らは御賀

第16表　御賀における舞人・楽人

御賀		舞人・楽人名	出自	備考（曲名・典拠等）
白河法皇五十御賀（康和四・三・一八）	左方舞人	右近中将藤原宗輔	権大納言宗俊の子	万歳楽を舞う。『中右記』『殿暦』康和四・三・九条
		左少将藤原実隆	権大納言公実の子	右同
		左少将源師重	左大臣俊房の子	右同
		左兵衛佐源能明	大納言俊明の子	右同
		左兵衛佐藤原通季	権大納言公実の子	右同
		左兵衛佐藤原宗能	右大臣宗忠の子	右同。『中右記』同月一八日条では左兵衛権佐とする
		左馬頭源師隆	大納言師忠の子	地久を舞う。『殿暦』『中右記』康和四・三・九条。『中右記』同年二・八条によると、同日の調楽始の時には不参
	右方舞人	右少将源師時	左大臣俊房の子	地久を舞う。『殿暦』『中右記』康和四・三・九条。但し『中右記』には師能とみえるが、同条「右方舞人列立」の舞人名や『殿暦』同条より師時とすべきであろう
		右少将源家定	右大臣顕房の子	信雅と改名。地久を舞う。『中右記』『殿暦』康和四・三・九条
		蔵人少将源顕国	権中納言国信の子	地久を舞う。『中右記』『殿暦』康和四・三・九条
	童舞人	源雅定	太政大臣雅実の子	胡飲酒を舞う。この時九歳。『中右記』康和四・三・九条、『古今著聞集』一三
		藤原季輔	権大納言仲実の子	納蘇利を舞う。『中右記』康和四・三・九条
		藤原宗重	右大臣宗忠の子	陵王を舞う。『中右記』康和四・三・九条、『古今著聞集』一三
	殿上楽人	刑部卿源顕仲	右大臣顕房の子	笙を掌る。『中右記』康和四・三・九、一八、二〇条
		備後介源有賢	刑部卿政長の子	右同
		右衛門佐藤原家保	大膳大夫家範の子カ	右同。同二〇日条等より、笙を掌った越前守家保とは別人であろう
		安芸守藤原経忠	修理大夫師信の子（権大納言経輔の孫）	篳篥を掌る。『中右記』康和四・三・九、一八、二〇条
		左京権大夫源俊頼	大納言経信の子	右同。神楽篳篥相伝の系譜にみえる（『楽家録』）
		越後守藤原敦兼	左馬頭敦家の子	右同。父の敦家は「本朝篳篥一芸相伝棟梁」（『尊卑分脈』）とあり、

			敦兼とともに篳篥相承血脈にみえ、敦兼は神楽篳篥相伝の系譜にもみえる
	右中将藤原宗輔	既出	笛を掌る。『中右記』康和四・三・九、二〇条。舞も掌る
	尾張守藤原長実	修理大夫顕季の子	笛を掌る。『中右記』康和四・三・九、一八、二〇条
	越前守藤原家保	修理大夫顕季の子	右同。なお、一八日条には狛笛を吹いていることが知られる
	侍従藤原信通	権大納言宗通の子	右同。一八日条には伊通とみえる
	右馬頭藤原兼実	刑部卿基貞の子（右大臣頼宗の孫）	鞨鼓を掌る。『中右記』康和四・三・九、一八、二〇条。なお二〇日条には三鼓を掌ったことがみえる
	侍従実明	未　詳	揩鼓を掌る。『中右記』康和四・三・九、一八、二〇条。なお、九日には不参。二〇日には舞を掌ったか
	左兵衛佐藤原宗能	既　出	太鼓を掌る。『中右記』康和四・三・九、二〇条。舞も掌る
	少納言藤原実行	権大納言公実の子	鉦鼓を掌る。『中右記』康和四・三・九、一八、二〇条
	兵部大輔源雅兼	右大臣顕房の子	鉦鼓を掌る。『中右記』康和四・三・九、一八、二〇条。但し、右方の鉦鼓
	右近少将源師時	既　出	太鼓を掌る。『中右記』康和四・三・二〇条
	少納言藤原実明	権中納言季仲の子	三鼓を掌る。『中右記』康和四・三・一八、二〇条
召人	民部大輔藤原博定	知定の子	召人。右太鼓を掌る。『中右記』康和四・三・九、一八条。但し、一八日には不参
	橘栄職	忠元の子	召人。左太鼓を掌る。『中右記』康和四・三・九、一八条
地下楽人	左近将監狛光末（季）	則高の子	左大拍子を掌る。『中右記』康和四・三・九、一八条
	左近府生狛行高	高季の子	鞨鼓を掌る。『中右記』康和四・三・九、一八条
	左近府生狛光則	光季（末）の子	左鉦鼓を掌る。『中右記』康和四・三・九、一八条
	左近府生狛末定（季貞）	高季の子	揩鼓を掌る。『中右記』康和四・三・九、一八条
	右近府生多忠方	資忠の子	右大拍子を掌る。『中右記』康和四・三・九、一八条
	右近衛多近方	資忠の子	右鉦鼓を掌る。『中右記』康和四・三・九、一八条
	右近府生公正	未　詳	『中右記』康和四・三・一八条
	左近将曹戸部正清	正近の子	横笛・狛笛を掌る。『中右記』康和四・三・九、一八条

		左近府生豊原公里	時光の子	笙を掌る。『中右記』康和四・三・九、一八条
		雅楽属豊原時忠	時光の子	右　同
		左近府生豊原時元	時光の子	笙・右三鼓を掌る。『中右記』康和四・三・九、一八条
		左近府生大神元正（基政）	惟季の子	横笛・狛笛を掌る。『中右記』康和四・三・九、一八条。同御賀では他に御遊での奏楽者がみえるが、これについては次節にまとめる
白河太上法皇六十御賀（天永三・三・一六…後宴での童舞）	童舞人	大納言源雅俊の子	同　上	万歳楽・陵王を舞う。『中右記』天永三・三・一八条
		右中弁藤原為隆の子	同　上	万歳楽を舞う。『中右記』同条
		左兵衛督源能俊の子	同　上	延喜楽を舞う。『中右記』同条
		左宰相中将藤原家政の子	同　上	右　同
		但馬守藤原家保の子	同　上	五常楽を舞う。『中右記』同条
		越後守藤原敦兼の子	同　上	右　同
		播磨守藤原長実の子	同　上	地久を舞う。『中右記』同条
		右中将源師時の子	同　上	地久・納蘇利を舞う。『中右記』同条。史料大成版同書同条に「右中将師時子童取蘇利右出舞」とあるが、ここの「取蘇利」とは納蘇利のことであろう
	殿上楽人	右中将源師時	既　出	鞨鼓を掌る。『中右記』同条
		左中将源師重	既　出	揩鼓を掌る。『中右記』同条
		大宮亮藤原実明	既　出（季仲の子）	三鼓を掌る。『中右記』同条
		右少将源雅定	既　出	笙を掌る。『中右記』同条
		藤原宗能	既　出	笙を掌る。『中右記』同条
		藤原伊通	権大納言宗通の子	笙を掌る。『中右記』同条
		右馬頭藤原経忠	既　出	篳篥を掌る。『中右記』同条
		越後守藤原敦兼	既　出	篳篥を掌る。『中右記』同条
		右中将藤原宗輔	既　出	笛を掌る。『中右記』同条
		左中将藤原信通	既　出	笛を掌る。『中右記』同条

		蔵人侍従藤原成通	権大納言宗通の子	笛を掌る。『中右記』同条
		播磨守藤原長実	既　出	太鼓を掌る。『中右記』同条
		侍従藤原実能	大納言公実の子	鉦鼓を掌る。『中右記』同条。なお他に、御遊に勤仕した者の名がみえるが、これについては次節であつかう
鳥羽法皇五十御賀（仁平二・三・七）	左舞人	左近少将藤原家明	中納言家成の子	万歳楽・太平楽を舞う。『兵範記』仁平二・三・七条等
		左近少将藤原実長	既　出	右同
		右少将源定房	右大臣雅定の子	右同
		左少将藤原隆長	右京大夫長輔の子	本名季長。右同
		左少将藤原実定	中納言公能の子	右同
		蔵人左衛門佐藤原忠親	権中納言忠宗の子	右同
	右舞人	右近少将藤原公親	左大臣実能の子	地久・古鳥蘇を舞う。『兵範記』同条
		右近少将藤原俊通	太政大臣宗輔の子	右同
		左少将藤原公保	左大臣実能の子	右同
		左少将藤原公光	権大納言季成の子	右同
	童舞人	小舎人藤原隆成	中納言家成の子	八歳。陵王を舞う。『兵範記』同条
		小舎人源雅仲	中納言師仲の子	一〇歳。胡飲酒を舞う。『兵範記』同条。『古今著聞集』一三
	殿上楽人	皇后宮亮師国	権中納言源師俊の子カ	鞨鼓を掌る。『兵範記』同条。『古今著聞集』一三
		少納言成隆	少納言藤原家隆の子	三鼓を掌る。右同
		治部大輔雅頼	中納言源雅兼の子	揩鼓を掌る。右同
		左馬頭隆季	中納言藤原家成の子	笙を掌る。右同
		中務大輔季家	刑部卿藤原敦兼の子	『兵範記』同条では笙、『古今著聞集』では笛を掌ったとあるが、同家系が篳篥を相承する系譜であり、季家についても篳篥の相承血脈にみえることから、あるいは篳篥を奏した可能性が考えられる
		摂津守重家	左京大夫藤原顕輔の子	笙を掌る。『兵範記』同条、『古今著聞集』同
		侍従信能	内大臣藤原宗能の子	後に宗家に改名。笙を掌る。『兵範記』同条、『古今著聞集』同。但し、後者では笛を奏すとし、また日本古典文学大系同書頭注で

				は信能について、世系等未審としながらも「北家道隆公流、侍従長門守信家男か」としているが、『公卿補任』永暦元年条、『尊卑分脈』から宗能の子信能で宗能・信能（宗家）はともに笙の相承血脈にみえることから、この時も笙を掌ったものであろう
		中宮亮季兼	刑部卿藤原敦兼の子	篳篥を掌る。『兵範記』同条、『古今著聞集』同。但し後者では備後守とみえる
		土佐守季行	刑部卿藤原敦兼の子	篳篥を掌る。『兵範記』同年二・二五、三・七条、『古今著聞集』同
		蔵人頭右中将伊実	太政大臣藤原伊通の子	笛を掌る。『兵範記』同条、『古今著聞集』同
		上総守資賢	宮内卿源有賢の子	笛を掌る。『兵範記』同条、『古今著聞集』同。但し後者では上総介とある。『公卿補任』も同様。上総介が妥当か
		侍従成親	中納言藤原家成の子	笛を掌る。『兵範記』同条、『古今著聞集』同
		右兵衛佐実国	内大臣藤原公教の子	笛を掌る。『兵範記』同条、『古今著聞集』同
		右中将師仲	権中納言源師時の子	太鼓を打つ。『兵範記』同条、『古今著聞集』同
		右少将行通	参議藤原信通の子	太鼓を打つ。『兵範記』同条、『古今著聞集』同
		少納言実経	内大臣藤原公教の子	後に実綱に改名。鉦鼓を打つ。『兵範記』同条、『古今著聞集』同
		少納言教宗	権中納言藤原忠基の子	鉦鼓を打つ。『兵範記』同条、『古今著聞集』同。但し後者では大納言とあるが、少納言の誤り。母は宮内卿源有賢の娘
	地下楽人	左近大夫将監狛光時	光貞の子	左大拍子を掌る。『兵範記』同条
		右近大夫将監多近方	資忠の子	右大拍子を掌る。『兵範記』同条
後白河法皇五十御賀（安元二・三・四）	左舞人	右近中将藤原頼実	左大臣経宗の子	万歳楽・太平楽を舞う。『玉葉』同条
		右近少将平維盛	内大臣重盛の子	右　同
		右近少将藤原成経	権大納言成親の子	右同。但し、御賀当日は不参
		左近少将平清経	内大臣重盛の子	万歳楽・太平楽を舞う。『玉葉』同条
		右近少将藤原公時	権大納言実国の子	『玉葉』同条。万歳楽を舞う。太平楽は「未習舞」により舞わず
		左近少将藤原成宗	権大納言成親の子カ	本名親家。師長の養子となる。万歳楽・太平楽を舞う
	右舞人	右近少将藤原隆房	権大納言隆季の子	地久・新鳥蘇を舞う。『玉葉』同条
		左近少将源雅賢	権大納言資賢	地久・新鳥蘇を舞う。『玉葉』同条

童舞人	右近少将平時家	権大納言時忠の子	地久・新鳥蘇を舞う。『玉葉』同条
	左近少将藤原公守	左大臣実定の子	地久・新鳥蘇を舞う。『玉葉』同条
	小舎人源雅行	大納言定房の子	九歳。納蘇利を舞うか。『玉葉』同条
	小舎人藤原宗国	権大納言宗家の子	十一歳。陵王を舞う。『玉葉』同条
殿上楽人	治部卿源顕信	越後守信時の子	鞨鼓を掌る。『玉葉』同条
	侍従源兼忠	権中納言雅頼の子	揩鼓を掌る。『玉葉』同条。但し「不取撥」とある
	少納言源師家	弾正大弼師教の子カ	三鼓を掌る。『玉葉』同条
	中務権大輔藤原経家	大宰大弐重家の子	笙を掌る。『玉葉』同条。笙の相承血脈にみえる
	左近少将源有房	神祇伯顕仲の子	右　同
	刑部少輔藤原隆雅	大納言隆季の子	笙を掌る。『玉葉』同条
	丹後守平師盛	内大臣重盛の子	笙を掌る。『玉葉』同条
	左近中将藤原定能	中宮亮季行の子	篳篥を掌る。『玉葉』同条。篳篥の相承血脈にみえる
	中務権少輔藤原季信	備後守季兼の子	右　同
	右兵衛権佐藤原盛定	中務権大甫季家の子	篳篥を掌る。『玉葉』同条。後に盛能に改名
	左近中将藤原泰通	大納言成通の養子（参議為通の実子）	笛を掌る。『玉葉』同条
	右兵衛佐藤原基範	権中納言成範の子	笛を掌る。『玉葉』同条
	左兵衛佐源資時	権大納言資賢の子	笛を掌る。『玉葉』同条。神楽の相承血脈等にみえる
	侍従藤原隆保	権大納言隆季の子	笛を掌る。『玉葉』同条
	右近少将藤原公時	既　出	笛も掌る。『玉葉』同条。同条に「今笛四人、猶被入公時、仍笛五人始例也」とみえる
	遠江守藤原季能	太皇太后宮権大夫俊盛の子	太鼓を掌る。『玉葉』同条
	侍従源家俊	近江介俊光の子	鉦鼓を掌る。『玉葉』同条
	少納言平信季	兵部卿信範の子	右同。『尊卑分脈』には信範の子の中にみえないが、藤原頼宗公孫少納言能忠の女子の詞書に「兵部卿平信範卿室内蔵頭信基信広信季等母」とみえる。これらの他、御遊での奏楽者がいるが、次節で扱う。

注　但し、楽所始の行われた院政期の御賀に限る。

のために開かれた楽所において、およそ一ヵ月前から調楽を開始したのであるが、ここでの調楽はいわゆる拍子合が主体であり、彼ら個人についてはすでに調楽開始以前に個々の邸宅等において練習が始められていたものと察せられるのである。したがって、御賀のための楽所というのは殿上舞人・楽人個々人の音楽修得の場というよりも、その調楽の場として開かれたものであった。およそ一ヵ月前に楽所が開設されると、同書十二日条に「如此習礼毎日之事也」とあるように(13)個人の邸宅での拍子合も含め毎日のように行われたのであり、総練習の試楽の日を経て当日をむかえたのである。

また、常設楽所においては、その楽所始の当日に一つの儀礼化した式次第がとり進められたが、御賀楽所始においても次のようにみられる。すなわち、楽所に座が設けられ、行事宰相を先頭に殿上人の舞人・楽人が楽所に進み着座すると饗饌があり、続いて彼らによって万歳楽・地久が舞われ、終わって地下の楽家舞人・楽人が縁座などに参じ奏楽等をなしたという。(14)これは常設の楽所始の場合と酷似してはいるが、よくみると舞楽が殿上人の舞人・楽人によって行われ、(15)一鼓を懸けた者を先頭に殿上から南庭を経めぐった巡行がみられないなどの点において常設楽所の場合と異なっていることが知られる。

それでは十一世紀末以前の御賀に関しては如何であろうか。当該期の御賀については、まず十世紀には延喜六年（九〇六）十月二十三日の宇多法皇四十御賀、同十六年三月七日の同法皇五十御賀、延長二年（九二四）十二月二十一日の醍醐天皇四十御賀、承平四年（九三四）三月二十六日の皇太后宮藤原穏子五十御賀などが認められる。『新儀式』にはまさにこれらの「奉賀天皇御筭事」「天皇奉賀上皇御筭事」「天皇賀太后御筭事」の儀式次第がみられ、天皇の御賀については中宮あるいは太上天皇が奉賀をなし、他は天皇が奉賀をなすという形をとった。天皇御賀については、あらかじめその日を定めるとまず諸寺における諷誦、京中における賑給が行われ、当日をむかえるが、同書に「当日、所司設御座幷公卿座於南殿、如節会」とあるように節会に準ずるものであった。楽舞を中心としたおよその次第をみると、天皇出御し親王以下侍従以上、庭中に参入し献物を終えると饗饌があり、三献後、大臣奏請によって雅楽寮が召され、雅楽寮は日月華両門より庭中に参入、奏楽し終わって退出した。この後、関係者に禄が賜られ、天皇が大殿に還御すると、絃管の奏楽に堪えうる殿上公卿ならびに侍臣を御前に召して酒膳を給い、歌管が奏された。ここでは楽舞も節会に準じて雅楽寮によって行われたのである。これに対し、上皇と太后の御賀の場合には行事人が定められ楽所が設けられた。まず上皇御賀についてみると御賀の一、二年前に行事人が定められ、二ヵ月前には楽所行事人や舞童が決められ、五、六日前には諷誦ならびに賑給があり、二、三日前に試楽が行われ当日をむかえた。当日は準備が整えられると上皇が御座に至り、続いて天皇出御し、親王以下の献物があり、この間上皇に御膳が供され、饗饌三献後、楽所が西門内において三度の乱声と参音声を発すと行事大夫二人に率いられた舞童・上下楽人が参入着座し、上皇・天皇も新たに設けられた御座に着御して順次舞楽が行われ、舞終わると罷出音声で舞童・楽人らは退出した。この後、御馬御覧、絃歌の事、賜禄などの儀があった。太后御賀の次第については省略するが、上皇御賀と同様に行事人・楽所行事人等が定められ童舞が行われた。同書の上皇御賀（上皇御算）によると、行事人は納言以上の殿上公卿一人と蔵人頭・五位蔵人・六位蔵人がそれぞれ一人ずつからなり、楽所行事人については参議一人と絃管歌舞の才能を有する殿上侍臣二三人によって供奉された。それぞれの役割をみても行事所行事人は「勤行装束事」したり「令奏楽」めたりしたのに対し、楽所行事人は舞童・楽人を率いるなど、先にみた十二世紀の行事所と楽所との行事人とほとんどかわるところはない。すなわち十二世紀の御賀行事はこれらに基づいて行われていたものであり、すでに十世紀前半の段階においてこのような儀式次第が成立していたのである。したがって、十二世紀の御賀のための楽所もこの時の楽所に基づくものであったということができる。すなわち、同楽所は御賀の楽舞習練のために臨時的に開かれたものであり、参議一人と管絃歌舞の才能を有する殿上侍臣二三人からなる楽行事の指導のもと、王卿貴族の子弟を主体にした舞人・楽人のための調楽が行われたものと考えられるが、さらに具体的な例によってみていこう。

『兵範記』仁平二年（一一五二）三月七日条によると、同日に行われた鳥羽法皇五十御賀に参議左近中将藤原経宗・同師長等を楽行事となしたことに割注して「延喜参議保忠卿、隆清卿」とみえ、延喜の御賀の例として参議藤原保忠と隆清の名があげられている。また、『玉葉』安元二年（一一七六）三月四日条によると延喜十六年（九一六）の御賀の楽行事として左近少将藤原忠房がみえる。隆清については未詳であるが、藤原保忠は『河海抄』所引『醍醐天皇御記』延喜十六年三月五日条に「楽行事参議保忠朝臣」ともみえ、藤原忠房は『尊卑分脈』にも「延喜十六法皇御賀之時楽行事」とあり、いずれも同御賀において楽行事であったことは間違いないであろう。保忠は笙や箏の相承血脈にその名がみえ、「本朝鳳笙元始也」とされるほか、延長四年（九二六）二月の桜花宴の御遊に琵琶を弾き、延喜二十一年十月十八日の舞御覧では勅を受けて奏舞するなど、管絃歌舞に長じていた。忠房も『尊卑分脈』には「楽道長作胡蝶楽仁也」とあり、『二中歴』などには「管絃人」の一人としてみえるなど、やはり当代の勝れた管絃者の一人であった。[16]

十一世紀に入ると、長保三年（一〇〇一）十月九日に行われた東三条院藤原詮子の四十歳の御賀が知られる。同御賀は、前年の十一月二十五日に御賀定があり、本来同三年三月十日に催される予定であったが、「而近日天下不静、病死之輩遍満京中、只偏可令修攘灾事給之比也」という状況のために十月まで延期となったものである。十月四、五日には拍子合があり、七日に試楽があり、九日に土御門第において御賀が行われた。同御賀の行事所は『権記』同月三日条には「御賀所」ともみえるが、同二年十二月九日条に御賀所料として二〇〇石を加進する旨がみられることから、行事所（御賀所）は同年十一月二十五日の御賀定からまもない頃に始められたものであろう。また行事人として[17]

窺うことができるのは、『権記』同三年正月二十六日条にみえる御賀所行事蔵人橘則隆と則隆叙爵によりこれに代わった蔵人源兼宣、同年十月七日条御賀試楽にみえる権左中弁源道方・蔵人散位源済政である。(18) この中の源道方と源済政についてはその試楽において参音声とともに舞人・楽人を率いて参入していることや、『続本朝往生伝』一条天皇条にはともに管絃に勝れている者の中にみえ、多くの御遊に参じ、ことに済政は『二中歴』等に「管絃人」の一人に数えられ、殿上楽家源家の一員として和琴・郢曲等を相承していることからも、楽所行事であったと察せられる。

　当該期においても、御賀当日までには幾度かの拍子合が行われた。同様に東三条院詮子四十御賀の例でみると、『権記』長保三年（一〇〇一）十月四日条によると、この時は藤原行成邸において従兄弟にあたる右中将藤原成房のための拍子合が行われた。同七日条によるとその試楽において成房は、左近中将藤原頼親・左近少将藤原経通・右少将源雅通とともに蘇合香を舞っていることから、拍子合も蘇合香担当の舞人が行成邸に来会し練習したものであろう。四日の拍子合にはほかに小師兼吉・楽人・楽所預宗光が集合したが、小師とはここでは舞師のことと思われ、舞の指導をしたのであろうし、楽人はその伴奏を奏するものとして招かれたものであろう。この時楽所預宗光が来会したということは、常設楽所が開設されていることを示しており、さらに御賀との関わりが考えられるところである。皇太后御賀の楽人については、『日本三代実録』元慶六年（八八二）三月二十七日己巳条の皇太后高子四十御賀に「雅楽寮陳鼓鐘」とあるように雅楽寮楽人が主体であったと思われるが、『新儀式』にみえる太后の御賀では、臨時的に設けられた楽所によって奏楽された。『小右記』長保三年十月七日条にみえる東三条院詮子の御賀においては、召人も臨時的に設けられた御賀のための楽所楽人の中に加えられていたのであり、その召人については、『権記』同条に「散位景斉朝臣以下召人、楽人等、入自仙華門」とあるように、散位藤原景斉らであった。御賀の主要な儀式が終わると『小右記』に「慹召殿上人、楽所両三人令奏管絃」とあるように管絃が行われたが、景斉らは殿上人とともに奏楽を行った常設楽所の楽所人であったと察せられるのである。したがって、楽所預宗光が行成邸での拍子合に来会したというのも、この時伴奏を勤めた中に楽所人もいたことによるのであろうし、また試楽を含めた調習には常設楽所を利用したものであろうから、楽所そのものに関連する用事において、はやくから同御賀の日程に関しても深く関わっていた行成との打合せなどのために来会したことも考えられよう。

ところで、この東三条院藤原詮子の御賀での舞人は石清水・賀茂臨時祭での東遊同様、いずれも王卿貴族の子弟であった。このとき藤原道長の子頼通が十歳で、頼宗が九歳で舞い、十二世紀の他の御賀の例からも知られるように、およそ十歳以前には舞を習ったであろうし、このとき頼宗の舞師多吉茂が賞されているように、やはり個人の邸宅に舞師を招いて練習が行われたことであろう。また、四日の拍子合に供奉した舞師と思われる小師兼吉については未詳だが、第一章で触れた唐舞師秦兼重、人長秦兼方等衛府官人に任ぜられた秦氏であった可能性が強く、舞師として王卿貴族邸に出入りし教習したのは、この他では多・狛氏といった衛府下級官人に補された地下楽家の舞人であったものと推察される。

元慶六年（八八二）三月二十七日に清涼殿で行われた皇太后藤原高子の四十御賀において、清和天皇皇子貞数親王を含む童一八人による舞楽があったが、ここに舞人について「童子十八人逓出舞殿前、先宴廿許日、択取五位以上有容白者、於左兵衛府習舞也」とみえる。これによると、五位以上の容貌美しい童の舞人たちは、二〇日前より兵衛府において習舞したとある。十世紀に入り楽所が設けられるようになると、衛府での習舞は個人の邸宅にその衛府の舞師を呼び、あるいは常設楽所を利用しての調楽へと変化していったのであろう。しかし、十二世紀に入り御賀の儀式そのものが肥大化し、奏される曲数も増え、これに関わる王卿貴族の子弟の数も増大すると、御賀のための楽所が数ヵ月前から設けられ、摂関家等による私邸での舞の教習とともに楽所での調習も行われるようになり、ことに各曲の舞人・楽人がそろって合せるという拍子合などのために頻繁に利用されたものと考えられるのである。

続いて、御願供養などの仏事供養のために設けられた楽所について検討していこう。その楽所始としては第13表に示したように、康和四年（一一〇二）四月二十七日の新御願尊勝寺供養楽所始、同五年七月十五日の興福寺供養楽所始、長治元年（一一〇四）七月二十一日の御八講楽所始、同二年十月十九日の尊勝寺阿弥陀堂供養楽所始、元永元年（一一一八）十月二十九日の新御願最勝寺供養楽所始の五例が知られる。

康和四年四月二十七日に始められた楽所は、同年七月二十一日の堀河天皇新御願寺である尊勝寺供養のためのもので、約三ヵ月前に楽所始が行われたことになる。楽所始から仏事供養会までの期間は御賀の場合のようにおよそ一定ではなく、同五年七月十五日の興福寺供養楽所始に対し当日は同月二十五日であり、長治元年七月二十一日の御八講楽所始に対し当日は八月一日であり、同二年十月十九日の尊勝寺阿弥陀堂供養楽所始に対し当日は十二月十九日であり、元永元年十月二十九日の最勝寺供養楽所始に対し当日は十二月十七日であり[19]、楽所始から当日まではそれぞれおよそ一〇日、一ヵ月半、二ヵ月、三ヵ月と異なっていた。もっとも興福寺供養の日時が定められたのは六月十九日、御八講の同定めは七月十五日のことであり[20]、この時から供養当日までを数えると前者では一ヵ月余、後者は半月ほどの期間となる。新たに造営された新御願供養の場合には楽所始から当日までは約三ヵ月でもっとも長くとられていた。

そこで、尊勝寺の新御願供養の場合を一例としてとりあげ、楽所始から供養会当日までの経過を『中右記』によって簡単にたどってみよう。康和四年四月二十七日、楽所は馬場殿に置かれ、楽行事が定められると、楽所始の儀が行われた。六月十日、十六日には白河法皇、新御願寺（尊勝寺）への御幸があり、造作の様子などを御覧になり、同月十八日には供養の日時が七月二十一日と定められている。六月二十九日にはまた法皇の御幸があり、同寺の御仏が諸堂に安置され、尊勝寺と定められた。七月十五日に御願供養の習礼が行われ十六日にも小習礼があり、二十一日の当日をむかえている。この間、楽所での調楽記事はみあたらないが、習礼、小習礼の日には奏楽をともなうものであった。しかし、習礼は尊勝寺において行われたこともあってか、「舞人不足、仍不及舞、只楽許也」という状態であり、翌日になって「昨日依日〔暮カ〕参不尽之故也」として内々に行われた小習礼において蝶・鳥・菩薩が舞台で舞われ、供養会の前々日の十九日に中殿（清涼殿）南庭において童舞（蝶・鳥）と万歳楽・秦王楽などの舞御覧という形で行われた。他の例においても楽所での調楽は窺えず、習礼についても元永元年（一一一八）十二月の最勝寺供養においては、前々日の十二月十五日に行われているが、『殿暦』によるとこれとても「但不具事等極多、楽〔人脱カ〕布衣立加極見苦、又不儲楽器」というものであり、楽舞の準備についても御賀の場合とは異なり極めて杜撰であった。このように調楽が頻繁に行われなかったり、習礼における楽舞の不備が起こったのは、一つには御賀の場合とは異なり、楽舞は蝶・鳥のわずかな童舞を除いて、舞人も楽人もいわゆる楽家の舞人・楽人によって奏されたことがあったと考えられる。すなわち、当該期の楽家舞人・楽人は父祖代々楽舞を相承していたのであり、ことさら楽所等での練習の必要はなかったのであり、調楽にしても殿上人の子弟の童舞は各私邸に舞人・楽人を召して行われたであろうから、多くの回数を重ねる必要はなかったであろう。御賀に比べて楽所開設の期間が短い理由の一つはこのところにも求められる。

　これらの仏事供養においては、御賀の場合のように行事所始が行われたかどうかは明白ではない。しかし、行事官として行事上卿・行事弁・行事史・楽行事（楽所行事）・行事蔵人等がみえる。また、康和五年（一一〇三）の興福寺供養では、これらのほかに家行事家司・行事職事などがみえるが、彼らは同供養当日の四日前の七月二十一日に同供養装束始にあたって興福寺に遣わされており、[21] いずれも摂関家の家司・職事であったと察せられ、当日には講堂荘厳行事・南大門行事などを勤めた。[22] ここでそれぞれの行事官に任ぜられた者を整理すると第17表のようになる。これらの楽行事に任ぜられた者の中で音楽に精通していた者をあげると、先の第16表で知られるように源雅定は九歳の時に胡飲酒を舞い管絃に勝れていた大臣の一人としてみえ、笙・羯鼓等を掌っており、源師時・同師重・藤原宗輔は御賀の舞人・楽人として勤仕していることが知られる。藤原宗輔については、元永元年の楽所始に楽所別当となり、橘広房も嘉承元年（一一〇六）には楽所の六位別当に任ぜられているのは前節でみた通りである。

ところで、これらの供養会における楽所始の儀は左右楽行事等が楽所に着し、万歳楽・地久が舞われ、次に万歳楽が奏される中、楽家の上臈舞人が先行して殿上などを巡って楽所に戻った(23)。先の御賀楽所の儀においては常設楽所始の儀との違いを指摘したが、供養会の場合には楽家舞人による奏舞の点、殿上を巡った点などにおいて常設楽所始の場合と極めて近い形で行われている。

第17表　仏事供養の行事人

康和四年七月二一日、新御願寺尊勝寺供養会（『中右記』同年四・二七、六・一六、一八、二九、七・二一条）
行事上卿…民部卿源俊明　行事弁…権左中弁平時範　行事史…中原信俊　楽行事…左少将藤原実隆・右中将藤原顕実・右少将源師時
同五年七月一五日、興福寺供養（『殿暦』同年七・一五、二二条、『本朝世紀』同年七・一九、二五条）
行事上卿…権大納言藤原家忠カ　行事弁…右大弁藤原宗忠・右中弁藤原長忠　楽行事…左権中将藤原俊忠・右少将源家定等カ　行事家司…高階能遠・藤原盛実（講堂行事）　行事職事…高階仲兼（講堂荘厳行事）・源盛家・藤原宗仲（南大門行事）　山階寺講堂下行事…有定
南大門下行事…史大夫源清実
長治元年八月一日、御八講（『中右記』同条）
楽行事…右少将源師時・左少将源師重・蔵人橘広房＊（楽所行事）　行事蔵人…木工頭藤原為隆
同二年一二月一九日、尊勝寺阿弥陀堂供養（『中右記』同年一〇・一九、一二・一九条）
行事上卿…民部卿源俊明　行事弁…権左中弁平時範　行事史…広信　楽行事…左少将源師重・右少将藤原宗輔・蔵人橘広房（楽所行事）
元永元年一二月一七日、新御願寺最勝寺供養（『中右記』同年一〇・二一、一二九条、『殿暦』同年一二・一五条）
行事上卿…権大納言藤原仲実　楽行事…左少将実能・右少将藤原成通・四位少将藤原忠宗・右中将源雅定（或は忠宗・雅定は実能・成通に代わったか）

注　＊は橘以綱の子。大江匡房の養子となるも、天永二年に本姓に還る。

それでは、十一世紀末以前の仏事供養においては如何であろうか。管見では楽所始の行われた事例は知られないが、楽所のみられる例としては、治安二年（一〇二二）七月十四日の法成寺金堂・五大堂新仏開眼供養、永承五年（一〇五〇）三月十五日の同寺新堂供養、承暦元年（一〇七七）十二月十八日の法勝寺供養がある。しかし、治安二年の法成寺金堂・五大堂新仏開眼供養については「中洲東西立七丈幄二宇為左右楽所、池四辺立竜頭懸糸幡」とあるように[24]、この場合の楽所とは楽屋のことであった。また、永承五年の法成寺新堂供養については、その試楽に関して『春記』同年三月六日条に「今日於高陽院、可有御堂供養試楽由之、関白殿下渡給云々、（中略）、中門南掖為楽所」とあるが、新堂供養が延期になったためにこの日は試楽が行われず、十二日に延引され、そこにも「以西中門為楽所」とあり、いずれも高陽院中門あたりを楽所となした。だが、この場合も調楽を行ってきたいわゆる楽所であったのではなく、同院庭中で行われた試楽の舞人・楽人の控えるための楽屋のことであったものと察せられる。これに対し、承暦元年の法勝寺供養については『承暦元年法勝寺供養記』十二月四日条に「於楽所被試御願供養日音楽等事、兼又件日蝶鳥等舞童各八人被試妙舞、自今以後迄十八日毎日於楽所可調舞楽由被仰下了」とあり、同五日条に「皇后宮権大夫経信卿、依仰注献可載式音楽等、於楽所為被調習了故也、件人可作式之由先日被仰下了」とあり、供養会当日十八日までの毎日、楽所において舞楽が調習されたとみえ、調習の対象となったのはやはり蝶・鳥の童舞であったことを考えると、これはいわゆる楽所であったことは明白である。しかし、これが同供養会のために設けられた楽所であったのか、あるいは常設楽所を利用したものであったのかは不明であるが、前述のように御賀や仏事供養の楽所始とも堀河・鳥羽朝に集中しこれ以降にみえることから後者の可能性が大きいものであろう。

行事官については、治安二年の法成寺金堂供養では行事弁藤原章信、永承五年の同寺新堂供養では「左右楽頭行事」として左馬頭源経信・右中将源隆俊・紀伊前守定家・右馬助経行、承暦元年の法勝寺供養では行事上卿権中納言藤原実季・行事弁藤原通俊・行事史清原延光などがみえる。ここにみえる楽頭行事とは、その源経信が琵琶を相承し、源隆俊は宮中での管絃の興に篳篥を吹いていることが知られるようにいわゆる楽行事のことと考えられる(25)。このように十一世紀末以前の仏事供養においては楽所始はみえず、このための楽所が特に開かれることはなく、童舞などの調習においては常設楽所が利用されたものであろう。

以上のように当該期には臨時的行事のための楽所始が行われることはなく、衛府や個人の邸宅での教習、あるいは常設楽所を利用しての調楽が行われたが、院政期に入ると特に御賀においては儀式次第の肥大化が進み、多数の殿上人によって楽舞が行われることになったために数ヵ月前から準備が進められ、楽舞の調習も一ヵ月まえには拍子合すなわち奏楽を伴った舞楽の練習が始められたのである。したがって、先には常設楽所の機能の一つに臨時祭のための調楽があるとしたが、このような臨時的に行われる御賀や仏事供養における殿上の舞楽・楽人のための調楽の場でもあったのであろう。また、これらの考察を通して常設楽所の職員、その機能の一部が明らかになったが、常設されていた楽所の主たる機能は依然として不明である。そこで更に、個々の楽所史料の検討によってこれを明らかにしなければならない。

第二節　楽所ならびに楽所人の変遷とその機能

本節では、これまでの考察結果や常設楽所の楽所始・楽所記事のばらつきを基準に、まず嘉保二年（一〇九五）二月の楽所始をもって、これ以前と以後に分け、同以前についてはさらに村上朝より花山朝まで、一条朝より後朱雀朝まで、後冷泉朝より白河朝までとし、同以後については堀河朝、鳥羽朝、そして崇徳朝より後白河朝まで、二条朝より後鳥羽朝までに分けて、順に検討していくことにしよう。

一　村上朝より白河朝までの楽所と楽所人の変遷

1　村上・冷泉・円融・花山朝における楽所と楽所人

管見によれば、当該期における楽所史料として二十余の事例が知られる。(26) これらの記事のうちの大部分は村上天皇代においてのものであり、ほかに円融天皇代、花山天皇代のものが数例ある。これらの楽所奏楽の行われた行事をあげると、もっとも多いのが臨時の宴遊である。なかでも花宴が多く、ほかに歌合・扇合・曲水宴がみえ、宴遊以外では賀算・賀茂臨時祭関係・親王元服・新嘗会・小弓・上皇による音楽御覧などがあった。また、奏楽された場所も上皇音楽御覧の事例は西院（淳和院カ）であったほかは、内裏の飛香舎・清涼殿・弘徽殿等であり、その当代における楽所史料のほとんどが臨時の宴遊であったことからも、私的な奏楽が多かったことが窺われる。

これらの楽所は、いずれも天暦二年（九四八）八月五日、内裏桂芳坊に始められた大内楽所であったと考えられる。すなわち、賀茂臨時祭に関する楽所はすでに触れているように常設楽所が利用されたものと思われるが、『春記』長暦三年（一〇三九）十一月三日条所引『村上天皇御記』康保元年（九六四）十月二十五日条にみえる楽所での賀茂臨時祭歌舞の調楽の記事の後に、「案此御記、似有故歟、何況今月御心喪内也、調楽参入之間、唱歌是臨時興事也」として御心喪のもとにおける「調楽初」の例として引いていることや、『小右記』万寿四年（一〇二七）十一月二十一日条所引故殿御記天暦七年十一月十九日条において同祭試楽は中宮御悩のため楽所にて行われたと記されていること、既述のように臨時的楽所は御賀や御願供養といった臨時的行事の場合でもその次第内容が肥大化した十二世紀に入ってからみられること、ましてや同祭は臨時祭として出発したもののすでに恒例化していること、後述するように同祭の陪従と楽所人とが重なる場合が多いこと、『政事要略』所引『清涼記』には賀茂臨時祭の調楽が楽所にて行われたとみえるが、その『清涼記』はまさに村上天皇の撰とされ、同朝の儀式次第を反映したものであったことなどからも、当該期の同祭の調楽については天暦二年八月に設けられた楽所において行われたものと察せられる。『西宮記』巻十二裏書所収天徳元年（九五七）四月二十二日に飛香舎で行われた右大臣藤原師輔の五十の算賀においても、既述の御賀の例から考えて同楽所が利用されたものであったろう。

同楽所が置かれた場所については、同書巻七所引『村上天皇御記』天徳四年七月五日条の記事に「桂芳坊楽所」とあり、村上天皇の皇居も同年九月二十三日に焼亡するまでは内裏にあったことから、天暦二年八月に楽所が内裏桂芳坊に置かれて以来、少なくとも天徳四年九月まではかわることはなかったであろう。すなわち同月の内裏焼亡の時、村上天皇は職曹司に遷御し、十一月四日には冷泉院に移り、翌応和元年（九六一）十一月、内裏が新造落成するに及んで内裏に遷御したのである。[27]この内裏炎上の際、桂芳坊までも焼失したか否かは明白でないが、村上天皇が冷泉院を皇居にしていた天徳四年十一月から応和元年十一月までの間、楽所関連記事はみえず、楽所記事はいずれも内裏を皇居としていた時期のものであることから、桂芳坊も延焼した可能性は残されよう。だが、いずれにしても村上朝においては、楽所は内裏桂芳坊に置かれていたものと察せられる。源高明撰になる『西宮記』によって十世紀の朝儀等を窺うことができるが、その巻八、所々事には楽所に関して「在桂芳坊」と明記されているのも変遷のなかったことを示すものとみることができよう。

ところで、天徳四年三月三十日に内裏で行われた歌合では楽所召人の座が設けられ、「楽所人々」が砌下に召され

第18表　天徳四年三月三十日内裏歌合奏楽者（日本古典全集『新訂歌合集』による）

左	左大臣藤原実頼…箏の琴　図書頭源修…琵琶　伊予掾もりとき（あるいは重信）…和琴　大膳進なかき…琴　勘解由長官藤原朝成…笙 左衛門志大石富門（あるいは蔵人重輔）…笛　修理大夫源重信・右京大夫橘実利・主殿頭時経・橘世忠…歌
右	雅楽頭源蕃平…箏の琴　大納言源高明…琵琶　右近中将源博雅（あるいは源雅信）…和琴　権左中弁藤原頼忠…笙　きむゆき…笛 源博雅…大篳篥　治部卿源雅信・大蔵卿盛明・右近少将藤原清遠・高光・備前掾公正…歌

奏楽したという。そこで、これによって村上朝における楽所人についてみてみよう。同記事は『西宮記』巻八、臨時宴遊、『天徳四年内裏歌合』などによって知られるが、『西宮記』での「楽所人」の割注にみえる人名は、『天徳四年内裏歌合』所収の『殿上日記』では「楽所召人」として「実利朝臣・随〔修カ〕・大石富門」とあり、同書所収の『仮名日記』からも彼らは右京大夫橘実利・図書頭源修・左衛門志大石富門である事が窺われ、『西宮記』の「侍臣召人等」の割注には「蕃平、清適、公方、方生」の名がみえるが、『殿上日記』では「侍臣幷召人」として「蕃平・藤原清適・同公方・占部方生」とあり、『仮名日記』からも彼らは雅楽頭源蕃平・右近少将藤原清遠・備前掾藤原公正などであったことが知られる。そこで、これらの記事に記された奏楽者とその掌った音楽を整理すると第18表のようになる。これらの奏楽者の中の藤原実頼・藤原朝成・源重信・源高明・藤原頼忠・源雅信等は殿上人として堂上で奏したものと思われ、他の「楽所人」「楽所召人」としてみえる橘実利・源修・大石富門、また「侍臣召人」としてみえる源蕃平・藤原清遠・藤原公正等についてはそれぞれ「陪砌下」「右ノ庭ニ侍フ」などとあるように地下の楽所人であり、砌下において奏楽を掌ったものであった。

　これらの地下の楽所人に関して、その出自や音楽活動について検討してみよう。図書頭源修は仁明天皇の孫にあたり、『琵琶血脈』によれば貞保親王より伝授し、源博雅や源高明に相伝しており、楽所預であったともみえる。しかし、天徳四年（九六〇）の歌合の時に楽所預であったか否かは未詳である。左衛門志大石富門は、『楽家録』巻之十六所収「神楽篳篥相伝之統」によると大石峯良の子とみえ、峯良について「村上天皇御笛之師」ともみえるが、『体源抄』十一ノ上「楽人等」では富門について「村上御師左衛門尉」とみえる。同書「舞人楽人根源」には「篳篥大石富門氏篳篥笛」とあり、『教訓抄』巻第五、退宿徳に「左衛門権少尉大石富門之説」とある。また天慶年間（九三八～九四七）正月十四日の男踏歌には近衛として踏歌を勤めている。[28] 大石富門は父より笛・篳篥を相承し、衛門府志、少尉、近衛府官人などもっぱら衛府の官人として活躍したものであろう。『体源抄』には、その弟の富真も藤原朝成の笛の師として「楽人等」の中にあげられている。右大夫橘実利は春行の子と察せられるが、その活動については未詳である。源蕃平については、第一章において既述した。右近少将藤原清遠は冬嗣の子長良の後裔惟岳の二男で、清遠の子実正は永延元年（九八七）三月二十六日、藤原兼家春日詣試楽に陪従の一人としてみえ、甥の長能は寛弘年間（一〇〇四～一〇一二）の御遊や内裏密宴などにも陪従を勤め、『二中歴』や『体源抄』には管絃に長じた者の一人としてあげられており、清遠自身の音楽活動は明らかではないが、やはり管絃歌舞に勝れた楽所人であったと察せられる。備前掾藤原公正については、『尊卑分脈』によるとほぼ同時代と思われる人物として兼輔の子と国幹の子がいるが、永延元年三月二十六日の藤原兼家春日詣試楽の陪従を勤めた中にみえる国幹の子の公正であったろう。その音楽活動については後述する。

さて、康保四年（九六七）五月に村上天皇が崩御すると、その子憲平親王が十八歳で践祚、即位するが（冷泉天皇）、在位わずか二年で同母弟の守平親王（円融天皇）に譲位する。管見によると、この冷泉朝には楽所関係記事はみられない。

円融天皇は安和二年（九六九）九月、十一歳で即位する。同代には四例の楽所記事が窺える。『円融院扇合』天禄四年（九七三）七月七日のものは、同年五月二十一日に行われた円融天皇と資子内親王の乱碁歌合における、資子内親王による負態の時のもので、その御遊には「下のかたにめしうと、楽所の人さぶらひて、いとおもしろし」とあるように地下の楽所人が祇候している。(29)『天延二年記』天延二年（九七四）十一月十一日条には先帝女十宮の着裳の時に内裏の河竹の艮角に楽所人が召され、絃歌数曲が奏されたとあり、『小右記』天元五年（九八二）二月十三日条には清涼殿西方で行われた御遊がみえ、雲上人は南渡殿に、楽所人は南壺に祇候した。御遊等において円融天皇が自ら楽器をとったことを示す記事はみえないが、天皇が出御しての管絃記事についてはこのほかにも、『日本紀略』天禄二年（九七一）八月二十七日、貞元元年（九七六）三月二十八日、天元元年八月十六日条などにみえ、『禁秘抄』「諸芸能事」に延喜・天暦以後およそ管絃が天皇によって学ばれることになったとして、「円融一条吉例ニテ笛代々御能也」と記していることから、円融天皇は笛を奏したものと推察される。いずれにしても、『西宮記』皇太子元服に「可給屯食諸司所々」としてあげられた中に楽所があり、天元五年二月十九日の日付であることから、円融天皇代において楽所が置かれていたことは確実であろう。

ところで、円融天皇在位の間、内裏は貞元元年五月、天元三年十一月、同五年十一月と三度にわたって焼亡し、この間、堀河院、四条院に皇居が移されている。貞元元年五月十一日の内裏焼亡の様は、『日本紀略』に次のようにみえる。

子剋、内裏有火、火出自仁寿殿西面、但中重外舎屋不焼、天皇出自玄輝門、御桂芳坊、依火気熾、天皇遷御職曹司、

これによれば、仁寿殿西面より出火すると、天皇はこれを避けて玄輝門より出ていったんは桂芳坊に御したが、火

勢盛んなため職曹司に遷御したとある。しかし、この時には「中重外舎屋不焼」とあるように、中重すなわち承明門・玄輝門より外側にあった桂芳坊は焼失しなかったのである。また、天元三年十一月二十二日の火事の際にも同書に「諸殿舎皆悉焼亡、所残釆女町、御書所、桂芳坊等也」とあるように、桂芳坊は焼失せずにすんだのである。この時の内裏炎上によって円融天皇はやはり職曹司、さらに太政官庁に遷御し、同四年七月に四条院へ移った。また、同年十月二十七日には新造落成した内裏に遷御している。

　これらのことから、円融天皇代においても楽所は桂芳坊に置かれていたものと考えられるのであり、同代に楽所始が確認できないことが即楽所始が行われなかったことを意味するものではないが、本章の冒頭で推測したように、円融朝においては父村上天皇が天暦二年（九四八）に開設したものが、基本的には冷泉朝・円融朝と継受されてきたものとみてよいのではなかろうか。

　天元五年十一月十七日、円融天皇代において、三たび内裏は炎上した。『日本紀略』では次のように記している。

　内裏焼亡、火起於宣耀殿北廂、天皇先出御中院、次御八省院小安殿、中宮御職曹司、東宮御縫殿寮、次御内教坊、一品内親王同御之、前斎院尊子内親王出御本家、此間、天皇遷御職曹司、

これによれば、宣耀殿北廂より出火すると天皇はまず八省院小安殿に難を避け、さらに職曹司に遷御したとある。この時に桂芳坊が焼失したか否かは明記されていないが、出火場所は内裏の中でももっとも桂芳坊に近い宣耀殿北廂であったこと、出火後、天皇はまず内裏外南の八省院小安殿に御したこと、東宮はまず桂芳坊北にある縫殿寮へ、さらにその北東方向にある内教坊へ御したことから、出火後、火の勢いはいったんは北へも延びたことが推測され、これによって中重北にある桂芳坊も焼失したことが十分に考えられる。このおよそ二年後の永観二年（九八四）八月、円融天皇が退位すると、花山天皇は堀河院において受禅し、即日、新造落成した内裏に遷御する。そして、翌三年正

月十日、『小右記』によると弘徽殿において小弓があり、楽所人と侍臣とによって勝負楽が奏されたという。殿上における童相撲や賭弓において楽所人による奏楽があったことは前章でみた通りであり、この記事は花山朝における大内楽所の存在を示すものであろう。しかし、同日より十二日後の正月二十二日には、楽所始があらためて行われているのである。これは花山朝における楽所始であったが、既述のように楽所始はすべての天皇において行われたものではなく、ことに音楽を愛好した天皇にみられるものであると推測した。その点、花山天皇が特に音楽を好んだ事実は窺い得ない。これはどのように考えたらよいのであろうか。そこで少々、花山朝における音楽状況について検討してみよう。

花山天皇は安和元年（九六八）の誕生で、永観二年十月に即位した時には十七歳であり、楽所始がみられるのはその翌年のことになる。同天皇については寝殿の屋根に自ら工夫を加えたり、和歌に巧みであったり、風流を解する天皇として伝えられているもの[30]の、音楽に関しての記事はまったく窺い知ることができないのであり、何らかの楽器を習ったとしても積極的にこれにとりくんだか否かも明らかではない。その在位期間は短く、寛和二年（九八六）六月までの二年弱であったが、この間の御遊をあげると、永観二年十一月五日、寛和元年正月三日、同月九日、同年二月二十一日、同月二十四日にみえ、また「管絃興」としては永観二年十二月二十二日に「公卿於侍所有盃酒事、此間出御之、聊有筍〔竹肉〕之興」とあり、寛和元年正月二日に「有絃管事」とあり、同十日にも小弓の後、後涼殿において侍臣に詩を作らせた時に「糸竹合音間、奏朗詠」とあり、同十四日にも盃酒の次に「有管絃、地下伶人両三交候」とみえる。だが、これらの御遊や管絃の中で、永観二年十二月の管絃については堀河院において行われた円融上皇による御仏名後のものであり、また寛和元年正月二日の管絃、同十四日の管絃、同年二月二十一日の御遊においても同上皇によるものであり、内裏において行われたものとしては、永観二年十一月の御遊、寛和元年正月三日の花山天皇女御藤原忯子の弘徽殿における御遊、同九日の侍所における御遊、同十日の後涼殿における管絃、二月二十四日の御射の際の御遊がみえる。これらのいずれの記事も音楽について詳細に触れていないこともあり、花山天皇・円融上皇がどれほど積極的に音楽に関わったかは明白でない。だが、二人を比べた場合、花山天皇は風流を好み和歌に巧みであった点より、音楽の遊びを特に嫌ったとは思われないことが推察できる程度であるのに対し、円融上皇は既出のように『禁秘抄』に「円融一条吉例ニテ今笛代々御能也」とあり、さらに、同書御侍読事に「管絃一条院十一歳、円融院被伝申」として、円融上皇はその子一条天皇に管絃を伝えたとされていること、円融天皇在位期間においては既述のように管絃記事はみられたが、上皇としても永観三年（九八五）正月十四日の時には「召公卿於御前、盃酒之次有管絃」とあり、同年二月二十一日には「召絃管者於地下、有御遊」とあるように上皇の意志で管絃者を召すなど、極めて積極的に音楽に関わっている。また、円融上皇は同年三月童舞を御覧になるべく、同月二日に命じていたようで、十五日に予定されていたが、石清水臨時祭が延びたために十一日には「祭日以前如然事不穏事也」として童舞御覧も延期され、二十六日に臨時祭を終え、三十日にようやく行われた。[31] しかも、前日の二十九日に急遽決められたもので、『小右記』の作者藤原実資もこれを批評して「事甚奇怪、御乳母加賀死去之後、其程非幾、臨時宴楽、人可為難」と記しているように、同月に死去した円融上皇の乳母加賀の死後いくほども経ていないということで非難する声もあったようだが、童舞御覧は御読経結願の後に実施されたのである。同上皇はこのほかにも、寛和元年二月十三日には子日の宴を催し「奏糸竹、献和歌」とあり、三月四日にも和歌の宴を開くなど、[32] 頻繁に宴遊を行っている。

また、円融上皇の御遊に参列した殿上人を確認すると、寛和元年正月二日の管絃には左大臣源雅信、大納言藤原為光、権大納言藤原朝光、同藤原済時、雅信の子源時中など、二月二十一日の御遊には右大臣藤原兼家、藤原朝光、中納言源重光、権中納言源保光、右中将藤原義懐、参議藤原佐理、右中将藤原道隆など多くの公卿が加わり、三月三十日の童舞御覧にいたっては源雅信、藤原為光、大納言源重信、藤原朝光、藤原済時、中納言藤原文範、権中納言藤原顕光、源重光、源保光、参議源忠清、同大江斉光、同源伊陟などほとんどの公卿が参列していた(33)。

このように、花山朝においても円融上皇による管絃を伴った宴遊等における動きは活発であり、音楽を愛好した上皇であったことから、寛和元年正月二十二日の楽所始は円融上皇の意向がその背後にあったことも可能性として考えられるところである。しかし、花山・一条朝での円融上皇の政治的関与は院に関係する限定されたものであり、朝廷に対してさしたる弾圧を加えるには至っていない(34)ということを考えるならば、その可能性は少ないであろう。かように推察できるならば、寛和元年正月二十二日の楽所始は、村上天皇以来内裏桂芳坊に置かれてきた楽所が何度かの内裏火災にも焼失をまぬがれてきたものの、天元五年（九八二）十一月の火災で焼失あるいはその一部を延焼したために、永観二年（九八四）八月に内裏が新造落成したのを受けて内裏内に新たに楽所を設けたことによるものと考えることができるのではなかろうか。

それでは、新造内裏完成後、寛和元年正月二十二日の楽所始には楽所はどこに置かれたのであろうか。この時の楽所始の記事は「有音楽・穀倉院饗、糸管人参腋陣辺発糸竹」とある。「腋陣」については、『北山抄』巻第九、陣中事に「和徳門幷掖陣内、近衛府、殿上人外惣不入也」とあり、『江家次第』巻第二、卯杖事に「大進着腋陣付蔵人進之、蔵人昇之、経神仙無名明義仙華等門、自長橋上進之南廊小板敷」とある。『大内裏図考証』第十一之中や『江家次第秘抄』巻第二などによると、「腋陣」とは「殿上口」とみえ、また『日本紀略』天徳四年（九六〇）九月二十三日庚申条には「今夜亥三剋、内裏焼亡、火自宣陽門内方北掖陣、不出中隔外」とあり、『大内裏図考証』第九にもみられるように左右兵衛陣も「腋陣」と称したことが知られる。したがって、「腋陣」を後者の兵衛陣、ことに左兵衛陣とするならば、後の堀河天皇嘉保二年（一〇九五）二月二十七日、鳥羽天皇元永元年（一一一八）十月二十三日の楽所始における楽所がいずれも左兵衛陣であったことから、(35) 寛和元年（九八五）の場合も腋陣（左兵衛陣）を楽所にしたと考えることもできよう。その点、「殿上口」を楽所とするには無理があり、腋陣＝殿上口説を採用する場合ではこの腋陣を楽所と考えるのではなく、楽所での饗饌、奏楽の後に「殿上口」あたりで糸竹を奏したと解するのが妥当ではなかろうか。すなわち、寛和元年正月の記事では「腋陣辺」で糸竹を発したとし「辺」としていること、またなによりも元永元年十月の楽所始では左兵衛陣におかれた楽所に殿上人・寄人・楽人が着し、饗饌・舞楽が行われた後「殿上口吹万歳楽」とあり、嘉保二年二月の楽所始の時も楽所での饗饌・奏楽の後「殿上人、次地下召人、楽人等、進殿上、有召従西中門進出南庭」とあるように殿上あたりに召されていることから、寛和元年正月の「参腋陣辺発糸竹」の「腋陣」とは楽所そのものを指すのではなく「殿上口」を示すものであり、楽所での饗饌、奏楽後の「殿上口」辺りでの管絃であったと考えられるのである。したがって、寛和元年正月の楽所始における楽所はこれら殿上口、兵衛陣以外に置かれていたものであり、その場所についてはことに触れられていないことからも、楽所は従来通り、新造落成した内裏桂芳坊に置かれたものと推察されるのである。

2　一条・三条・後一条・後朱雀朝における楽所と楽所人

まず、当該期における楽所史料としては三十数例知られる。これらの中の半数までは一条朝によって占められており、そのほか後一条天皇代に一〇例近くあり、続いて後朱雀天皇代、三条天皇代のものがそれぞれ数例、一例ずつみられる。

一条朝の楽所史料の中でもっとも多いのが御遊に関するものであり、ほかに石清水・賀茂臨時祭、御賀等である。賀茂臨時祭に関する記事では、『権記』長徳三年（九九七）十一月二十二日条に同祭舞人に予定されていた左近少将藤原相経が母の病のために交替を申し出、左兵衛佐能通に改められたが、この旨が楽所にいた行事蔵人左近将監藤原泰通に伝えられたとみえる。また同書同四年十一月三十日条によると、賀茂臨時祭において藤原宣孝と藤原経通が駿河舞を舞ったが後者について「経通兵衛佐」とみえ、この時経通は昇殿を許され、十二月二日には藤原行成が経通の父藤原懐平のもとに立ち寄って経通昇殿の慶を伝えている。同年十一月十五日、楽所に初めて参じた「兵衛佐」について『大日本史料』第二編の三、ならびに史料纂集本『権記』ではいずれも「藤原公信」としている。『公卿補任』長和二年（一〇一三）によると、藤原公信について「同四（長徳四、筆者注）十廿三右兵衛佐」とあり、同書寛仁三年（一〇一九）には藤原経通について「同四十廿三右兵衛権佐、長保三正廿四従五上（佐労）」とあり、また『権記』長保三年（一〇〇一）二月三日条に「右兵衛佐経通」とあることから判断するならば、長徳四年（九九八）十一月十五日条にみえる「兵衛佐」は藤原公信とするのが自然な見方であろうが、『権記』の著者である行成自身の同月三十日、十二月二日条の記事で経通を「兵衛佐」とし、賀茂臨時祭において舞を掌っていることなどから、行成は本来「兵衛権佐」とあるべきところを単に「兵衛佐」と記したとも考えられるのである。この推察が正しいならば、長徳四年十一月十五日に初めて楽所に参じた「兵衛佐」とは藤原経通であり、楽所において同祭で舞う駿河舞などの練習のために参じたものであり、これ以後も試楽の行われた十一月二十九日までの数日間、楽所に通ったものと考えることができよう。常設楽所において賀茂臨時祭の調楽が行われたことは先に何度か触れたところであるが、当該期においても同様におよそ一ヵ月前より常設楽所で調習が始められていたのであり、一条天皇が寛和二年（九八六）六月二十三日、内裏において践祚して以来皇居は内裏にあったことから、同楽所は花山天皇寛和元年に内裏桂芳坊に設けられていたものであったと察せられるのである。

『御堂関白記』長保元年（九九九）三月十六日条によると、一条天皇は母である東三条院詮子の御所一条院に行幸し御遊が行われた。この時楽所者二、三名が祇候したとあるが、「於御前有御遊」ともみえ、同天皇自身も奏楽したことが考えられる。一条天皇は円融上皇皇子として誕生し、寛和二年六月、花山天皇の出家によってわずか七歳で即位する。一条天皇は既述のように父円融上皇より管絃を習ったと伝えられているが、『小右記』永祚元年（九八九）十月十日条には「有御遊、主上令吹御笛、上下拭涙、是可謂天之奉授、御笛師内蔵頭高遠、摂政以下侍臣以上給禄有差」とあり、同天皇は内蔵頭藤原高遠を笛の師とし、その音楽的才能は並々ならぬものがあったことが窺われる。しかも、この時にはまだ元服前の十歳であった。また、正暦元年（九九〇）正月五日の元服儀について行われた、七日の南殿での後宴においても天皇自ら奏楽し、同月十一日の円融寺への朝覲行幸の御遊にも円融上皇の前で笛を吹いたが、その音色がひじょうに勝れていたために上皇は感服し、笛の師の右兵衛督藤原高遠を召し、従三位に叙したという。(36)

ここで、当代において行われた御遊あるいは管絃の興について検討すると、一条天皇が即位してから永祚元年十月に天皇が初めて公的な場で笛を吹くまでの三年間については、御遊や管絃の興の行われた回数も少なく、しかも寛和二年十月の船上管絃(37)は円融法皇によって催されたものであり、天皇御前においてなされた御遊も見当らない。これに対し、これ以降のものについては『権記』長徳四年（九九八）十二月二日条の東宮による糸竹の興等を除くと、ほとんどの御遊に出御している。天皇自ら笛を吹いた例はほかに『小右記』正暦四年正月三日条の御遊においてみられ、『御堂関白記』寛弘四年（一〇〇七）四月二十五日条の内裏密宴での御遊においても『体源抄』によると同天皇が奏していることが知られ、(38)他の管絃においてもその可能性は残されよう。

以上の御遊や管絃の興に祇候した楽所人として明確に窺われるのは、『本朝世紀』長保元年三月十六日条の東三条院行幸や『権記』寛弘六年三月十六日条の御遊にみえる平安義・藤原惟親・藤原遠理・藤原保命・藤原則友・平行義・藤原公正・藤原知光・三善興光であり、彼らについてはすでに永田和也氏によって指摘されているが、(39)このほかにも『御堂関白記』寛弘四年四月二十六日条、同書同七年正月十五日条の記事から藤原惟風・平孝義・藤原長能・藤原公忠・三国致貴・三善孝行・伴惟信・藤原景斉、さらに『小右記』同五年十月十六日条や『御産部類記』の記事から紀忠通・源信明・三善興元（興光カ）・藤原雅信をあげることができる。そこで次に極めて煩瑣ではあるが、彼らの系譜・官職・音楽活動などについて検討しよう。

藤原遠理については第一章で触れた通りだが、一条朝の楽所者（人）を勤めた時には雅楽頭や大膳大夫であった。藤原惟親は武智麻呂後裔三守の系譜をひく元尹の子で、楽所者としてみえる長保元年（九九九）三月には下総守であったが、その他の音楽活動については未詳である。惟親の子頼文、兄有親の孫憲仲はともに雅楽頭に任ぜられ、憲仲は陪従としてもみえる。兄有親は「世号笛大夫」とあり、同系譜については第一章においても触れたところである。藤原保命については、『尊卑分脈』によると藤原冬嗣一男長良の孫としてみえる。しかし、その父国経は延喜八年（九〇八）八十一歳で薨じたとあり、保命は寛弘六年（一〇〇九）に御遊に召されていることから考えると年齢的に無理があり、いずれの系譜かは未詳である。だが、その音楽活動は第19表のようになり、左兵衛尉・主水正の時に楽所人や陪従として勤仕するなど活発な動きが窺われる。藤原惟風は長良の後裔文信の子で、右衛門権少尉・検非違使・武蔵守・備前守・中宮亮を歴任し、(40)その音楽活動は永延元年（九八七）三月の兼家春日詣には右衛門権少尉として陪(41)従を勤めているのをはじめ同表のように知られる。楽所者として祗候した時には散位であったことが窺われる。

藤原則友と藤原知光はともに房前五男魚名の後裔為昭の子で兄弟であったが、知光は藤原長良後裔文範の養子となった。二人の音楽活動は第20表のようにみられる。これによれば、則友が楽所人として祗候した時にはいずれも散位であったものと推察される。一方、知光は永祚元年（九八九）正月に蔵人に補せられ、(42)その後春宮大進・駿河守・右衛門佐・尾張守・備中守等を歴任し、(43)内裏密宴や御遊に楽所人として祗候した時の官職は春宮大進等であった。藤原

第19表　藤原保命・同惟風の音楽活動

藤原保命

年月日	行事名	官職	典拠	備考
永延元・三・二六	藤原兼家春日詣試楽	左兵衛尉	小右記	陪従とみえる
長保元・三・一六	東三条院行幸御遊	主水正	本朝世紀・御堂関白記	
寛弘五・四・一八	藤原道長賀茂詣		御堂関白記・権記	陪従とみえる。『御堂関白記』は保名とする
五・一〇・一六	中宮御所上東門第行幸御遊	主水正	御産部類記	
六・三・一六	石清水臨時祭還立儀饗宴		権記	
長和三・一一・二七	賀茂臨時祭		御堂関白記	一歌を掌る
五・三・二二	石清水臨時祭試楽	主水正	小右記	陪従とみえる
寛仁二・三・一三	石清水臨時祭		左経記	陪従とみえる

藤原惟風

年月日	行事名	官職	典拠	備考
永延元・三・二六	藤原兼家春日詣試楽	右衛門尉	小右記	陪従とみえる。右衛門権少尉か
寛弘四・二・二八	藤原道長春日社参詣	散位	権記	歌人とみえる
四・四・二六	内裏密宴	前武蔵守	御堂関白記・体源抄十一ノ上	『御堂関白記』では雅風としている。『体源抄』(『日本古典全集』)では「寛和四年四月二五日」とする
五・一〇・一六	中宮御所上東門第行幸御遊	前武蔵守・散位	御産部類記	
七・正・一五	敦良親王五十日儀		紫式部日記	

第20表　藤原則友・同知光の音楽活動

藤原則友

年月日	行事名	官職	典拠	備考
寛弘四・二・二八	藤原道長春日社参詣	散位	権記	陪従とみえる
四・四・二六	内裏密宴	前能登守	御堂関白記・体源抄十一ノ上	『体源抄』(『日本古典全集』)では「寛和四年四月二五日」とする
五・一〇・一六	中宮御所上東門第行幸御遊	散位	御産部類記	
六・三・一六	石清水臨時祭還立儀饗宴		権記	陪従とみえる

藤原知光

年月日	行事名	官職	典拠	備考
寛弘四・四・二六	内裏密宴		御堂関白記	
五・一〇・一六	中宮御所上東門第行幸御遊	春宮大進	御産部類記	
六・三・一六	石清水臨時祭還立儀饗宴		権記	陪従とみえる
長和元・一一・二四	御遊		小右記・御堂関白記・御遊抄	和琴を掌る
五・三・一二	石清水臨時祭試楽	備中守	小右記	陪従とみえる
寛仁二・一〇・二二	上東門第行幸御遊	備中守	小右記	楽所行事人

長能は長良の子高経の曾孫にあたり、倫寧の子で、長能の子実正は第一章で触れた雅楽少允実正であろう[44]。長能は永観二年(九八四)八月に六位蔵人に補された後[45]、近衛将監・上総介等を歴任した。その音楽活動は第21表のようになり、楽所人として祇候した寛弘四年(一〇〇七)四月には春宮少進、同五年十月には散位であったものと察せられる。古記録では同表以外に顕著な音楽活動は窺い得ないが、『二中歴』や『吉野吉水院楽書』等には、管絃の名人の一人

第21表　藤原長能・同公正（忠）・同景斉の音楽活動

藤原長能

年月日	行事名	官職	典拠	備考
寛弘四・二・二八	藤原道長春日社参詣	散位	権記	陪従とみえる
四・四・二六	内裏密宴	春宮少進	御堂関白記・体源抄十一ノ上	『体源抄』（『日本古典全集』）では「寛和四年四月二五日」とする
五・四・一八	藤原道長賀茂参詣		御堂関白記・権記	陪従とみえる
五・一〇・一六	中宮御所上東門院第行幸御遊	散位	御産部類記	

藤原公正（忠）

年月日	行事名	官職	典拠	備考
天徳四	内裏歌合	備前掾	天徳四年内裏歌合	歌を掌る
永延元・三・二六	藤原兼家春日詣試楽	左衛門佐	小右記	陪従とみえる
寛弘四・二・二八	藤原道長春日社参詣	散位	権記	陪従とみえる
四・四・二六	内裏密宴	前上総介	御堂関白記・体源抄十一ノ上	『御堂関白記』では公忠と記す。『体源抄』（『日本古典全集』）では「寛和四年四月二五日」とする
五・四・一八	藤原道長賀茂参詣		御堂関白記・権記	『御堂関白記』では公忠と記す。陪従とみえる
六・三・一六	石清水臨時祭還立儀饗宴		権記	陪従とみえる
六・一一・二〇	賀茂臨時祭試楽		御堂関白記	公忠とあり。琴を掌る

藤原景斉

年月日	行事名	官職	典拠	備考
長保三・一〇・七	東三条院四十御賀	散位	小右記・権記	召人とみえる
寛弘五・一〇・一六	中宮御所上東門院第行幸御遊	前大和守	御産部類記	
七・正・一五	敦良親王五十日儀		紫式部日記	

に数えられている。

藤原公忠については、寛弘四年四月の内裏密宴等の管絃に祗候したが、『体源抄』十一ノ上では公忠ではなく公正とされている。『小右記』によると当該期には確かに藤原公忠と同公正の存在が認められるが、同書永延元年三月二十六日の藤原兼家春日詣試楽の陪従となっているのは公正の方であり、この時の陪従の他の人々は藤原惟風・同遠理など内裏密宴の者と共通している者も多く、また『権記』同六年三月十六日条の石清水臨時祭還立儀後の御遊に祗候したのも公正であり、その他の人々はやはり藤原知光・同則友・同遠理と内裏密宴での者と共通していることが知られる。このように『御堂関白記』では、寛弘四年の密宴に祗候し、同五年四月の道長賀茂詣、同六年十一月の賀茂臨時祭に陪従した者について公忠としているものの、同四年の密宴について『体源抄』では公正とし、『小右記』永延元年三月、『権記』寛弘六年三月の音楽記事でもいずれも公正とされ、他の構成員も『御堂関白記』同四年の密宴記事などと共通すること、また同記事では惟風を惟雅とし、さらに重複した人名がまぎれこむなどの錯簡がみられることから、『御堂関白記』寛弘年間の音楽記事にみられる公忠は正しくは「公正」と記すべきところを「公忠」と記した道長の誤記とみなすことができるのではなかろうか。その公正は式部丞・蔵人・右衛門佐等を歴任し(46)、音楽活動については同表のように知られるが、楽所人を勤めたと察せられる寛弘四年四月の内裏密宴の時には散位であったと推察される。藤原景斉は長良の後裔で藤原知光が養子となった文範の弟国章の子であり、蔵人・越前守・河内守・太皇太后宮権亮・大和守・備前守等を歴任している(47)。その音楽活動は同表の通りであり、これによればいずれも散位の時に楽所人として祗候した可能性は強い(48)。

平行義は桓武平氏親信の子で、蔵人・兵庫助・武蔵守等を歴任した(49)。その音楽活動は第22表のようになる。これによると笛に長じていたことが知られ、御遊等において楽所人として幾度も祗候し、寛弘五年十月の時には散位とみえ

第22表　平行義・同孝義・三善興光・同孝行の音楽活動

平行義

年月日	行事名	官職	典拠	備考
正暦五・一二カ	御遊		枕草子	笛を掌る
寛弘五・四・一八	藤原道長賀茂参詣		御堂関白記・権記	陪従とみえる
五・一〇・一六	中宮御所上東門第行幸御遊	散位	御産部類記	
六・三・一六	石清水臨時祭還立儀饗宴		権記	
七・正・一五	敦良親王五十日儀		紫式部日記	陪従とみえる
長和四・四・七	禎子内親王御著袴御遊		小右記	笛を掌る
五・三・一二	石清水臨時祭試楽		小右記	陪従とみえる。『御堂関白記』同月二日条によれば笛を掌る

平孝義

年月日	行事名	官職	典拠	備考
長保元・三・一六	東三条院行幸	右馬助	本朝世紀・御堂関白記・御遊抄	『本朝世紀』には安義とあり。右馬権助か
二・三・二九	石清水臨時祭	右馬助	権記	右馬権助か
寛弘四・二・二八	藤原道長春日社参詣	右馬権助	権記	陪従とみえる
四・四・二六	内裏密宴	右馬助	御堂関白記・体源抄十一ノ上	『体源抄』(「日本古典全集」)では「寛和四年四月二五日」とする
長和五・三・一二	石清水臨時祭試楽		小右記	陪従とみえる

三善興光

年月日	行事名	官職	典拠	備考
寛弘五・四・一八	藤原道長賀茂参詣		御堂関白記・権記	陪従とみえる
五・一〇・一六	中宮御所上東門第行幸御遊	散位	御産部類記	『御産部類記』には興元とあり

六・三・一六	石清水臨時祭還立儀饗宴	散位	権記	
六・一一・二〇	賀茂臨時祭試楽		御堂関白記	拍を掌る

三善孝行

年月日	行事名	官職	典拠	備考
寛弘四・四・二六	内裏密宴	左衛門少尉	御堂関白記・体源抄十一ノ上	『体源抄』（『日本古典全集』）では「寛和四年四月二五日」とする
五・一〇・一六	中宮御所上東門第行幸御遊	大学権少允	御産部類記	

る。[50]一方、平孝義については右馬権助・相摸守・陸奥守を歴任していることが知られるが、[51]その系譜は未詳である。[52]『本朝世紀』長保元年（九九九）三月十六日条、東三条院行幸において楽所人として祗候した中に右馬助平安義の名があるが、同書同年五月九日の駒牽には右馬助平孝義とみえ、『御堂関白記』長保元年六月九日条に「馬助孝義」とあり、他の古記録に平安義の名は見出されず、寛弘四年四月・長和五年三月の陪従は安義の名がみえる長保元年三月の陪従と重なっている者が多いことから、『本朝世紀』同年三月にみえる平安義とは平孝義の誤りであると推察される。その音楽活動は同表のようにみえ、楽所人として祗候した時には右馬権助であったことが窺われる。三善興光、孝行についてはその系譜は未詳である。二人の活動は同表のようにみえるが、あるいは応和二年（九六二）八月十六日の滝口相撲に抜頭を舞った小舎人興光も同一人であったものと思われる。興光は寛弘二年には右近将監とみえる。[53]『御産部類記』にみえる寛弘五年十月十六日の中宮御所上東門院第行幸での御遊において「三善興元」とあるのは、「三善興光」の誤りと察せられ、楽所人を勤めた時には散位であった。三善孝行は寛弘四年四月、同五年十月の御遊に楽所人として祗候し、大学権少允等であった。三国致貴については、『権記』寛弘四年二月二十八日条の道長春日社参

詣にみえる奏者と同年四月の内裏密宴でのそれを比べるとほぼ重なっていることから、道長春日社参詣に陪従の一人としてみえる散位致義と同一人物と察せられ、長徳二年（九九六）十月には外記とみえる。[54] 伴惟信についてもその出自は未詳である。しかし、左衛門志・検非違使・右少史・造大安寺次官等を歴任し、寛弘四年四月の内裏密宴に楽所人として祗候した時には、同五年正月十一日に「左衛門志惟信」が検非違使に任ぜられていることからみて左衛門志であったものと察せられる。[55]

こうして一条朝における楽所人について検討すると、楽所人を勤めたそのほとんどの人々は御遊において地下召人として召され、あるいは石清水・賀茂臨時祭やその試楽、賀茂・春日社参詣やその試楽等において陪従を勤めていることが窺われる。とするならば、同朝における他の陪従等についても楽所人となった可能性が考えられるところである。彼らの出自について逐一触れている余裕はないので、ここではその名だけをあげておくにとどめよう。

藤原実正　藤原良佐　藤原親重　藤原長命　三島兼遠　忠方　藤原信義　源信義　国昌　良岑為信　坂上宗堯　紀忠道（通）　源忠隆[56]　藤原雅信　源信明　藤原頼信　直有光　平惟忠　尾張兼時

以上のように、一条朝の楽所人ならびにその可能性のある者たちを検討すると、楽所人として祗候した時の官職は雅楽頭・大膳大夫・下総守・主水正・春宮大進・右馬権助・左衛門志・右兵衛尉あるいは散位等であり、衛府官人によって占められているということはなく、ましてや専業の楽家の独占するということでもなかった。このなかでは散位の者が多いのが注目される。

さて、かなりの紙幅を楽所人の出自等にあててしまったが、ここで一条朝における楽所の設置場所の変遷について検討してみよう。一条天皇が寛和二年（九八六）六月内裏において践祚した時、楽所は前代に引き続き内裏の桂芳坊にあったと推察されるが、一条朝には長保元年（九九九）六月の内裏焼亡を始めとして、同三年十一月、寛弘二年

（一〇〇五）十一月と三度の火災にみまわれている。同朝における内裏火災については第一章で触れたところだが、一度目の火災は長保元年六月十四日、修理内候所近辺より発した火によって内裏は悉く焼亡し、天皇は職曹司などを経て太政官庁に遷御し、二度目の同三年十一月十八日には職曹司に、三度目の寛弘二年十一月十五日には太政官朝所に移御したという。『小右記』によれば、寛弘二年十一月の火事の時には、「臨暁更参東宮（御桂芳坊）」とあるように東宮（居貞親王）は桂芳坊に避難しており、同坊は焼失しなかったことが知られるが、他の二回の火事においては桂芳坊がどうなったかは明白ではない。内裏が焼亡して新造落成までの間、まず最初の火災後の長保元年六月十六日から同二年十月十一日に新造内裏に遷御するまでの間と、二度目の火災後の同三年十一月二十二日から同五年十月八日に新造内裏に遷御するまでの間は、一条天皇は生母東三条院詮子の御所一条院を皇居とし、三度目の火災後の寛弘二年十一月二十七日から一条院が修造竣工する同三年三月四日までは藤原道長第の東三条院を皇居とし、一条院の修造によって同院へ遷御し、内裏が新造する同五年六月以前まで同院を皇居とした。[57] これらの当該期の御遊や内裏以外を皇居とした時期の楽所記事を検討してみると、一度目の火災後の一条院を皇居としていた時には、長保元年八月十九日の東宮皇子敦儀親王の御著袴、同二年二月二十五日の彰子等の立后にともなう御遊が行われている。『権記』によると敦儀の御著袴は「参東宮」りなされたが、東宮は内裏火災後の七月九日には道長の邸宅東三条院に移御していることから、[58]同儀はここで行われたものであろう。また、立后は道長の他の邸宅土御門第において催された。この当該期間楽所に関する記事は確認できないし、二度目の火災後の一条院を皇居としていた時期にも、御遊と楽所関係記事は見出せない。

三度目の火災以後、東三条院、一条院を皇居としていた時には、『御堂関白記』などによると寛弘四年三月の曲水宴や同年四月の密宴には楽所がみえ、楽所人が祇候している。[59] しかし、前者においては土御門第において催されたもので楽所に関しては「池南廊楽所数曲有声」とあり、「池南廊」に楽所が置かれていたという。太田静六氏の復元した土御門殿の図によれば、東対の南に東廊・東中門があり、その南を南廊と東釣殿とし東釣殿を楽所としている。しかし、同書長和五年（一〇一六）三月十二日条に上東門第楽所を馬場西廊南妻としているように、「池南廊楽所」とは池の南にある馬場殿の西廊を楽所ととらえるべきではないかと考えられる。いずれにしても、これが道長の土御門第で行われた道長主催の曲水宴であったことからも、摂関家の家楽所であった可能性が高い。後者の内裏密宴は一条院皇居で行われたが、(60) 同書寛弘四年四月二十三日条に「家楽所楽器等調具」とみえるのは、明後日に一条院で行われる密宴に使用するために、摂関家楽所の楽器を整えていたものではないかと推察されるのである。

その後、寛弘五年六月以前に内裏が新造し、同六年四月以前頃まで同内裏に御したものの、これ以後は再び一条院に遷御し、同年十月五日に一条院が焼亡すると道長の邸宅の一つである枇杷殿を里内裏とし、同七年十一月二十八日に一条院が落成するに及んで同院に遷御した。退位したのも、崩御したのも同院であった。したがって、寛弘五年の内裏新造以後に行われた御遊のほとんどは、里内裏の枇杷殿もしくは中宮彰子のいた土御門殿であり、奏楽にあたっては摂関家楽所の楽器が利用されるなど、同楽所に依存していたことは明らかである。しかし、楽所人に関しては、ほぼ同じ者の御遊への祗候がみられることから、基本的には大内楽所の人々が祗候したものと察せられる。また、大内楽所で調習され皇居で行われた石清水・賀茂臨時祭の試楽等が内裏焼失期間にも例年のようになされているということは、少なくともその一ヵ月ほど前には形式的には同楽所は開かれていたであろうし、当該期の御遊において家楽所の楽器が利用されたということは、大内楽所は基本的には依然として内裏桂芳坊に置かれていたものであり、皇居の変遷にともなって楽所を移し置くということはなかったものと推察されるのである。『御堂関白記』や『権記』寛弘元年（一〇〇四）十一月二十日条にも摂関家楽所がみえるが、里内裏が摂関家にゆかりのある住居に置かれるようになると、その家楽所が公的に近い形で利用されるようになっていったことも考えられ、当然その役割も増大したことであろう。

『御堂関白記』寛弘七年七月十七日条によると、敦康親王元服儀において「就長橋以蔵人頼国候《召》楽所吉茂」とあり、同儀は里内裏の枇杷殿において行われたことから、この楽所とは常設楽所ととらえられなくもないが、同儀では左右衛府によって唐楽と高麗楽がそれぞれ三曲ずつ奏舞されているように当然楽屋が設けられたものと察せられ、「年七十余、当時物上手」の多吉茂（好茂）は舞楽を舞い、楽屋に控えていたところを、その奏舞が「上達部等多哀憐」ということで召され、特に右衛門権少尉に加任されたのであった。後の後冷泉天皇の時代であるが、永承五年（一〇五〇）三月に行われた高陽院御堂試楽において「西中門」が楽所とされ、採桑老を舞った多時助（節資）について「時助入楽所之間、殿上人七八人又給之」として纏頭されている[61]のは、まったく同様の状況であったものと察せられる。したがって、ここにみえる楽所とは楽屋のことと察せられるのである。当該期には枇杷殿等の里内裏に大内楽所を移し置かれることはなかったであろう。

三条天皇は寛弘八年（一〇一一）六月に受禅し、長和五年（一〇一六）一月に退位するようにその在位期間は短く、この間の楽所記事は管見では『小右記』や『御遊抄』などにみえる長和二年三月二十三日の三条天皇皇子敦儀・敦平両親王の元服にともなう御遊でのものが知られるのみである。また、御遊や管絃の記事について検討すると、まず御遊では両親王元服儀のほかに、長和元年十一月の大嘗祭巳日清暑堂におけるもの、同二年正月の東宮が皇太后の下に朝覲行啓してのもの、同四年四月の禎子内親王著袴におけるものと少ない[62]。しかも、同二年正月の御遊は東宮（敦成親王）が皇太后（彰子）御所枇杷第に朝覲行啓してのものであり、他の三例も大嘗祭・元服・著袴と恒例の儀礼にともなうもので、三条天皇が自ら楽器を奏するなど天皇が積極的にかかわった御遊ではなかった。また、同二年二月二十三日、結局は「管絃人々不参入」ということで中止された御遊にしても「昨日左府云、主上被仰徒然之由、今日管絃卿相参入者」とあるように、藤原道長が天皇の「徒然之由」の仰せを受けて計画しようとしたものであった。[63]管絃興等においても、長和二年七、八月に行われた禎子内親王誕生後の九夜・五十日儀はその母が道長の娘妍子ということもあり、上東門第で催されており、また同三年十一月、同四年十二月に行われた前帝一条上皇皇子の東宮敦成と敦良の御読書始や同五年正月の二宮臨時客においても同第で開催された。[64]この他の管絃においても、枇杷第・宇治第等の道長邸で催されており、[65]道長の主催によるものが多いことが窺われる。

三条天皇と音楽との関わりについては、『栄花物語』巻第十三や『玉葉和歌集』十七にみえ、ことに前者では次のように記されている。

枇杷殿のみやには、故院の御笛を、宮の権大夫とあるは、源中納言に、「これが違ひたる所繕ひて」とて、預けさせ給へりけるを、物の中より取り出で、、「かう〳〵侍りしを、忘れていまゝで参らせず侍りける」とて、おまへに参らせ給とて、やがて少しうち吹き鳴らし給うをきゝて、命婦の乳母、

笛竹のこの世を長く別れにし君がゝたみの声ぞ恋しき

中納言源経房は三条院の亡き後、その所有していた笛を中宮妍子に奉ったが、これは院が存命の時、経房に「これが違ひたる所繕ひて」と言って笛の調律・調整のために預けておいてあったものであったという。それを経房が忘れてしまい込んであったのを妍子に献上したものであった。これにより、三条天皇が自らも笛を吹いたことは明らかである。[66]天皇が笛を経房に預けた時期は明白でないが、その後調律を頼んだ笛の催促を経房にしなかったということは、在位中における道長から受けた精神的圧迫や眼病をわずらった等のことによるものと推察されるが、先にみた在位の間における御遊・管絃の興の例からみると、少なくとも在位期間中は自ら奏楽したり、音楽を楽しんで聴くというよ

うな精神的余裕はなかったことを物語るものであろう。したがって、道長邸や道長に関わりの深い場所で、道長によって思いのままに催された管絃の興は、しばしば三条天皇の憤怒を招いた。例えば、長和四年（一〇一五）十一月六日の道長第作文の際のことについて『小右記』には、

入夜資平来云、今日左府有作文・管絃之興、主上被仰云、我昨談譲位事、是有不予事之故、而今有糸竹等之遊、心頗不安、又仰云、所労弥倍、既無神助、

とあり、不予により譲位の気持をいだいていた三条天皇は、道長とこの件に関して相談したにもかかわらず、翌日には管絃の興があるということを知らされ不安な気持になり、そのために「所労弥倍」し、「既無神助」という心境にまで陥ってしまったのである。また、同五年正月二日の二宮臨時客の管絃も同様の状況の下でなされたことに対し、藤原実資は「主上玉体不予、可有御譲位、而今日於此宮有管絃、不宜事也」と批判している。

このような状況にあって、楽所者の祗候が窺われるのは、長和二年三月二十三日の内裏清涼殿で行われた三条天皇皇子敦儀・敦平親王元服儀における御遊であった。これは所定の儀式を終えた後、夜に入り楽所絃管人が召され、殿上人とともに管絃が奏されたもので、『御遊抄』によるとこの時には吏部王（敦明親王）が笛、太皇太后宮大夫藤原公任が拍子、左宰相中将源経房が笙、左大弁源道方が琵琶をそれぞれ奏したという。このほかには楽所の活発な活動はみられないが、『小右記』同四年四月七日条道長の娘中宮妍子が産んだ禎子内親王の著袴の際の御遊に、一条天皇代に楽所人を勤めた大膳大夫藤原遠理・平行義が加わっており、彼らは前代に引き続き楽所人として祗候したものと察せられる。

続いて、楽所が置かれた場所について検討してみよう。三条天皇は寛弘八年（一〇一一）六月十三日一条院において受禅の後、即日東三条殿に遷御し、同年八月十一日には内裏へ渡御する。しかし、長和三年（一〇一四）二月九日

と同四年十一月十七日の二度の内裏焼亡にあい、いずれも太政官松本曹司に一時的に移った後、枇杷殿に遷御している。結局同天皇は五年間弱の在位期間のうち、三年間弱は内裏で過ごしているのである。長和四年十一月の内裏焼亡の折には、天皇は桂芳坊に避難するが、「火勢漸近」[67]いということで太政官松本曹司に移御した。『小右記』寛仁元年（一〇一七）九月十日条にはこの焼亡後の新造内裏に桂芳坊が付加されるべき旨がみえることから、長和四年十一月の火災では桂芳坊も焼失したことは明らかである。同三年二月の火災では、同坊が焼失したか否かは不明であるが、おそらくは焼失をまぬがれたものであろう。三条朝にあっては楽所の活動に目立ったものはなく、唯一の楽所記事は内裏を皇居としていた時のものであること、特に新たに楽所始をなしたこともみうけられないことなどから、楽所は少なくとも同四年十一月の内裏焼亡までは一条朝に引き続いて桂芳坊に置かれていたものと推察されるのである。

以上のように、三条天皇にあっては自ら音楽をたしなむような精神的ゆとりは少なかったものと思われ、同朝の音楽も道長やその娘妍子・彰子、外孫の東宮敦成親王や禎子内親王の関連するものが多く、大内楽所の活動もにぶいものであったことはそれを示している。三条天皇にとって唯一音楽を楽しんで聴くことができたのは、その第一皇子敦明親王の吹く笛の音であったのではなかろうか。敦明親王は長和二年三月の敦儀・敦平親王元服での御遊に笛を奏し、同四年四月七日の禎子内親王著袴の御遊において道長が平行義の笛を敦明に授けて吹かしめると、右大臣藤原顕光や大納言藤原道綱は感涙を拭ったとあるように、敦明は音楽的にかなりの才能を有していたものであろう[68]。さらにこの後、左大臣道長が敦明を留め、諸卿を招集して管絃を行い、この時にも道長のすすめに応じて笛を吹いたが、これは「主上以大納言道綱、被仰欲聞親王笛之由」とあるように三条天皇の希望したことであった。皇子敦明の吹く笛の音に父三条天皇の心はなごんだのであろう。敦明はこの時はすでに二十歳を少し越しており、長和五年正月に三条天皇が譲位し、道長の外孫である東宮敦成親王が受禅し後一条天皇となると、敦明は東宮に立てられるが、外孫敦良を後一条天皇の後継としようとする道長の圧迫に耐えかねて、敦明は翌年東宮を辞退することになるのは『大鏡』等にみられるところである。

続いて、後一条朝の場合を同様に検討していこう。同朝の楽所記事は管見では九例知られる。このうちの四例までは長和五年（一〇一六）三月に行われた石清水臨時祭に関するものである。史料大成版『左経記』同年三月七日条によると臨時祭のための調楽が始められたが、そこに「着楽可」とあり、この割注に「以本楽可廊為辻所」とみえる。既述のように臨時祭の調楽は楽所にて行われ、同月九日条にも「次着楽所、調楽」云々とあることから、「楽可」は「楽所」とするのが妥当であろう。また「辻所」は、『大日本史料』で「此カ」としているように「此所」とするのが適当であろう。同月十二日には皇居で試楽が行われたが、『御堂関白記』ではこの日の楽所について、「楽所馬場西廊南妻、是従本令候楽人等所也、人名付楽所云」とあり、『小右記』でも楽所に割注して「馬場舎」とあり、楽所は馬場殿に設けられていたことが知られる。この臨時祭は後一条天皇即位の翌月に行われたものであり、皇居は同天皇が正月二十九日の践祚以来、藤原道長邸の一つである上東門第（土御門殿）に置かれ、試楽も同皇居で行われた。またこの時期には、内裏ならびに桂芳坊は長和四年十一月の焼失以来いまだ再建されていなかったのである。したがって、ここにみえる楽所とは常設楽所であり、後一条天皇の即位によって楽所は皇居とされた上東門第馬場殿に置かれたものであろう。『左経記』に「本楽所廊」とあるのは、一条天皇の時に道長が始めた摂関家楽所のことと察せられ、既述のように寛弘四年三月に道長が同第において曲水宴を行った時には楽所は「池南廊」に置かれていたのである。上東門第が皇居とされたのはこの時が始めてであり、常設楽所は摂関家楽所を利用したものであったと推察される。

『小右記』寛仁三年（一〇一九）七月二十五、二十七日条には、相撲節の内取・召合に関する楽所記事がみえる。二十五日の記事では楽所の申し出によって舞楽に使用する胡簶が府生保方に賜られたとあるが、二十七日の記事にはその割注に抜頭が舞い出た時「左官人走出自楽所到南」り、作物（つくりもの）の蛇を置いたとされるように、この場合の楽所とは相撲節の際に設けられた楽屋であることは明らかである。

治安二年（一〇二二）七月十四日に行われた道長による法成寺金堂供養、万寿元年（一〇二四）九月十九日に催された藤原頼通の高陽院での競馬での場合も楽所とは中嶋などに設けられた楽屋を示すものであり、(69)『小右記』寛仁二年（一〇一八）十月二十二日条にみえる楽所行事人も上東門第行幸の際の臨時的なものであった。しかし、『左経記』長元四年（一〇三一）閏十月二十四日条では、人長尾張時頼死去後の後継者として尾張安行を試みた時の神楽に参列した中に、「堪神楽」る御随身のほかに「候楽所人々、同堪此事」輩もみえ、この楽所とは常設の大内楽所であったことは誤りなかろう。

後一条天皇の皇居は、長和五年（一〇一六）二月の即位後上東門第にあり、同年六月に一条院に移御し、寛仁二年（一〇一八）四月内裏の落成によって新造内裏に遷御し、以後退位するまで内裏を皇居とした。先述したように、後一条天皇即位以後、楽所はその里内裏の上東門第に移されたものと推察したが、続いて移った一条院には楽所が移し設けられたか否かは明らかではない。しかし、少なくとも管見では同院に皇居があった長和五年六月より新造内裏へ移る寛仁二年四月までのあいだでの楽所記事は見出せず、また一条天皇が長保元年（九九九）六月以来何度か一条院を皇居とした時にも、楽所は焼亡からまぬがれた桂芳坊にあり、同院に移されることはなかったものと考えたが、後一条天皇代にも一条院に楽所が置かれることはなかったと察せられる。この時期には、上東門第にあった摂関家楽所を利用した大内楽所がそのまま使用されていたものであろう。そして、新造内裏落成によって再び内裏に移したものと考えられる。

ところで、後一条天皇と音楽との関わりはどのようなものであったのであろうか。後一条天皇は寛弘五年（一〇〇八）九月の誕生で同八年六月に東宮となり、長和五年二月に即位した時には七歳であった。管見によれば、物心ついてからの音楽との関わりは、東宮時代の長和二年九月二十五日の五歳の時に凝華舎において舞楽を覧たのがその早いものである。また、即位後の寛仁二年正月三日に天皇元服儀があり、御遊も行われたが、父一条天皇のように自ら笛を吹いたか否かは明白でない。しかし、音楽を愛好した他の天皇の例からみると、少なくとも元服後まもなく楽器を習ったことは想像に難くないのであり、同天皇が奏楽した明確な例として、万寿四年（一〇二七）正月三日の太皇太后彰子の住居である上東門院への朝覲行幸での御遊をあげることができる。この時天皇は、藤原頼宗の献じた笛を吹いたという。同天皇の奏楽例として、ほかに長元四年（一〇三一）正月の上東門院への朝覲行幸での御遊があり、笛を吹いているが、父一条天皇のような才能は特に持ち合わせてはいなかったようである。

当代において御遊や管絃が頻繁に行われたのは、やはり摂関家関係の邸宅であり、太皇太后彰子の上東門第がもっとも多く、ほかに皇太后妍子の枇杷第、藤原頼通の高陽院、藤原教通第などである。また、いったんは東宮にたてられながら道長の圧力に屈し退位した敦明親王も、道長の配慮によってその娘寛子をむかえ入れ、小一条院として院と同等の待遇をあたえられ平穏な日々をむかえたのか、管絃を何度か催している。

長元九年（一〇三六）四月十七日に後一条天皇が崩御すると、同日に践祚したのはその実弟で彰子を母とする敦良であった。この後朱雀天皇在位の期間における楽所史料は、管見によると六例が知られる。この中でもっとも注目されるのは、『春記』長久元年（一〇四〇）九月二十一、二十八日条の御神楽に関するものである。二十一日には人長以外に近衛官人を「各五人」の一〇人と、楽所人「各二人」の四人を召して催すべきことがみえるが、二十八日の神鏡を新造唐櫃に奉入する際に行われた御神楽によると、「楽所召人已下各着座」として「棟仲、信頼、成任、致永、本末方各二人着之」と四人の名があげられており、さらに「右近衛将監多政方、下毛野公近、府生高助、武紀、基武、多時助、近衛下毛野公行、左近府生秦武方、番長津守本重、近衛同成重、秦光村、堪能之輩也」と一〇人の近衛官人、ならびに「人長右近将監高助」などがあげられている。すなわちこの時には二十一日に定められた舞人がそのまま御神楽を掌ったものと察せられ、人長一人、近衛官人一〇人、楽所召人四人によって奉仕されたものであった。これによると楽所人が近衛官人とは区別され、ことに右近衛将監多政方とその子同府生多時助（節資）が楽所人とされていないことが注目されるのである。

同書長暦三年（一〇三九）十一月二十日条には、賀茂臨時祭試楽の記事がみえる。これは同年六月二十七日に内裏が焼失したために、七月十三日に遷幸したばかりの上東門第で行われたものであった。この時には御心喪内ということで試楽をなすべきか否かが問題になったが、先例を考慮し関白の決定によって催されることになった。しかし、「及晩景」んでも「舞人等不装束」ず、酉剋頃にようやく「着楽所」す有様で、この後には陪従も参上し六人ばかりの舞が行われたが、参列した公卿らはその舞の様について「如散楽」く「太以見苦」しかったと非難したという。この試楽以前、十一月三日には、「今夜調楽初也」とあるように、同祭のための調楽が始められた。同記事には御心喪内での調楽の先例として、『村上天皇御記』康保元年（九六四）十月二十五日の記事を引用して「今日初於楽所調賀茂臨時祭歌舞」とあるように、これは常設楽所における同祭の調楽始であった。

後朱雀天皇は長元九年（一〇三六）四月十七日に内裏において践祚し、長暦三年（一〇三九）六月二十七日の内裏焼亡によって同年七月十三日には上東門院を皇居とし、同四年九月九日に同院が焼失すると、同年十月二十二日には藤原教通邸の二条殿を皇居とした。『春記』同月二十四日条には、同皇居に関する楽所記事がみられる。これによると同殿の北廊東妻が直廬とされ、また「但彼屋其所楽所也」とあるようにここを楽所としていたことが知られる。すなわち、史料大成版『春記』によれば、十月二十二日に二条殿を皇居として内裏にみたてて「以寝殿為南殿」し、「以南対為御在所」し、「以西廊為後涼殿」し、同時に「北廊東妻為薬所、其西方為蔵人町」とあるが、二十四日の記事では楽所と並んで蔵人町について触れられていること、同年十一月十一日条には「予今夜宿侍、主上密々御北対御覧調楽、楽所在北屋東妻也」とあることから、十月二十二日に「北廊東妻為薬所」とある「薬所」とは「楽所」の誤りで、二条殿に皇居が移された時に楽所も定められたものと考えられるのである（なお、東大史料編纂所所蔵本等では、「楽所」とみえる）。これは常設楽所であり、十月二十八日には「予今夜宿侍、有調楽事臨時祭調楽今夜初有此事、於左屋東妻有此事」とあるが、「左屋東妻」とは、「北屋東妻」（「北廊東妻」）のことと察せられ、さっそく十一月二十二日に行われる予定の賀茂臨時祭の調楽が二条殿に設けられた常設楽所で始められたのである。この日は『春記』の作者藤原資房も宿侍しての調楽始であり、十一月十一日には後朱雀天皇が密かにこれを御覧になり、二十日に試楽がなされるなど、二十二日の臨時祭にむけて楽所での調楽が進められていったのである。

二条殿が皇居とされたのはこの時が始めてであり、楽所が新たに定められたということは、前年六月の内裏火災によって楽所の置かれていた桂芳坊も焼失したか、使用できない状態であったことが推察される。この火事による内裏焼失の規模については未詳だが、『百錬抄』や『扶桑略記』によると、火災発生後天皇は太政官朝所へ、東宮は大膳職へ遷御したとあり、ともに桂芳坊とは逆方向へ逃れていることは注目され、同坊が焼失したか何らかの損害を受けた可能性のあることを示している。この時の内裏焼失後の七月十三日には天皇は上東門第に遷御しているのであり、ここは過去に常設楽所を置いた実績のある里内裏であったが、ここも翌長暦四年（一〇四〇）九月九日の火災で焼亡する。そして、この十月二十二日に二条殿への遷御となる。したがって、後朱雀朝においては、少なくともここまでは皇居が内裏・上東門院・二条殿とかわり、それぞれに常設楽所も移し置かれていったことが考えられるのである。また、二条殿に新たに楽所を設けたということは、藤原教通邸であった同殿に家楽所的なものはなかったことを示すものであり、摂関家楽所はやはり上東門第に置かれていたのであろう。

後朱雀天皇はその後、長久二年（一〇四一）十二月十九日には新造落成した内裏に渡御するも、同三年十二月八日の再度の内裏焼亡によって翌年三月に一条院に移り、同年十二月の同院の火災によって藤原頼通邸の高陽院に渡御、さらに東三条殿に移るなど皇居は二転三転した。この間の楽所の位置については、楽所史料の制約もあり未詳であるが、長久二年の新造内裏後には再び桂芳坊に置かれ、同三年の内裏火災にも焼失をまぬがれ、以後も楽所は同坊にあったのではなかろうか。まったくの推測ではあるが、これまでの楽所は基本的には内裏桂芳坊に置かれ、あるいは摂関家楽所が利用されてきたことから考えるならばあながち検討はずれともいえまい。

ところで、当該期の楽所人については『春記』長久元年九月にみえた棟仲・信頼・成任・致永のほかに、長暦元年（一〇三七）七月二日の後朱雀天皇皇子親仁親王元服儀の御遊に祇候した、成経・橘定通・高階成棟をあげることができる。[76] それぞれの出自について検討すると、棟仲とは平棟仲で一条朝においてやはり楽所人を勤めた平行義の甥（行義の兄重義の子）にあたり、蔵人・検非違使・周防・因幡守等を歴任した。[77] 成任は『小右記』等によると紀・橘・源氏にそれぞれみえ、特定することは難しいが、一条朝や後一条朝において陪従を勤め、楽所人として大内楽所に祇候することもあったと察せられる忠道を父とする紀成任の可能性が考えられ、康平四年（一〇六一）九月関白頼通賀茂詣に陪従として奉仕した兵庫頭成任[78]も同一人物と推察される。信頼も同書によれば源氏のほかに紀・玉手氏にもみえるが、『尊卑分脈』に管絃の名人源博雅の孫としてみえる源信頼（雅楽頭を勤めた信義の子）であったと考えられ、万寿三年（一〇二六）十二月十三日の御遊に笛を奉仕した民部少丞信頼、後朱雀朝の長暦元年七月親仁親王元服儀の御遊で楽所人の一人として笛を掌った散位信頼[79]も同一人物であったと察せられる。橘定通は元愷の子で、兄永愷の曾孫に楽所預となった能元がおり、定通は康平四年九月の賀茂詣に陪従として奉仕している。高階成棟は成順の子であるが、詳細については不明である。致永に関しては未詳であり、成経についてはほかに永承三年（一〇四八）正月の大饗に前上野守として篳篥を掌っているが、[80]詳細については明らかではない。

3　後冷泉・後三条・白河朝における楽所と楽所人

後冷泉天皇から白河天皇までのおよそ四〇年間においては史料的制約もあり、管見では楽所記事は五例しかみられない。後冷泉朝では、『春記』永承三年（一〇四八）三月三日条の興福寺供養、同書同五年三月六日、同月十二日条の高陽院における御堂供養、『康平記』康平五年二月六日条の春日祭にみられるが、いずれも楽屋の意味で使用されているものと思われ、高陽院御堂供養の楽所については前節で述べたところである。同院の記事にはまた「次舞採桑老多時助、家風相伝者也、舞体太吉云々、源大納言已下上達部五六人脱衣給之、時助入楽所之間、殿上人七八人又給之」とあるが、これは既述のように多時助が採桑老を舞い終えて楽所すなわち楽屋にもどった時に衣を賜ったものであったろう。

後冷泉天皇は寛徳二年（一〇四五）正月に父後朱雀天皇の崩御のあとをうけて、東三条院で受禅し、即日、上東門第に遷御して以来、在位二三年間に上東門第をはじめ、二条殿・内裏・冷泉院・高陽院・四条殿・一条院・三条堀河殿の皇居を転々とする。内裏についてみれば後朱雀天皇長久三年（一〇四二）十二月に焼失するが、この頃より焼失しても直ちに内裏造営に着手する動きがにぶるようになり、[81]新造落成するのは後冷泉朝に入っての寛徳三年（一〇四六）十月のことであった。後冷泉天皇は内裏新造と同時に皇居を二条殿より内裏に移すが、永承三年十一月にはこの内裏も焼亡し、天喜二年（一〇五四）四月以降にはようやく新造なるも、[82]『栄花物語』巻三十六に「内は造らせ給へれど、さるべき折に渡らせ給」とあるように天皇は然るべき儀式の時のみ渡御し、皇居は上東門第・四条殿・一条院・高陽院などの里内裏を転々とする。したがって、同天皇が内裏に遷御していた期間は在位二十余年中わずかに三年間ほどであった。

当該期における楽所の置かれた場所については定かではない。しかし、然るべき儀式には依然として内裏が使用されていたことや、また特に楽所の場所について言及した記事がみられないことは、史料的制約もあるが、ことにその場所に変化がなかったことを示すものでもあり、既述の楽所の設置場所に関する原則を考えるならば、ある時期に上東門第にあった以外には、焼失を免れた内裏桂芳坊に置かれていたものと推測される。

康平元年（一〇五八）二月には、天喜二年新造以来の内裏は焼亡する。この時、新造内裏・中和院・大極殿・朝堂院と延焼したという。『康平記』によると、内裏で延焼をまぬがれたのは「建礼、朔平、宜秋門、桂芳坊等也」とあり、桂芳坊は焼け残ったのであり、楽所は依然として同坊に置かれていたものと考えられるのである。

後冷泉天皇と音楽とのかかわりについてみると、『百錬抄』には永承六年（一〇五一）五月五日に行われた根合・歌合での御遊について「主上令吹笛給、如竜之咽水中、近世無如此事、人以感歎」とあり、天皇の吹いた笛の音色に関して最大級の賛辞を贈っている。また、『栄花物語』「根あはせ」においては、同天皇の心ばえについて記した中に「折〳〵には御遊、月の夜・花の折過させ給はず」とあり、折あるごとに管絃の遊びを催していたという。このように後冷泉天皇は音楽を愛好し、自らが優れた笛吹であった。同天皇は万寿二年（一〇二五）八月の誕生で長暦元年（一〇三七）七月に元服しており、他の天皇同様この頃に笛を習い始めたものであろう。史料的には同天皇の奏楽例は他に知られず、御遊・管絃の回数もそれほど多く窺えず、また常設的楽所の史料も確認できないものの、楽所や楽所人の活動は活発であったものと察せられる。

楽所人についても明確な形で窺えないが、永承三年正月の大臣家大饗に伶人としてみえる前丹波守高定・前上野守成経は楽所人として殿上の管絃に祗候したであろう。成経は既述のように後朱雀朝に楽所人としてみえる。高定については、藤原定輔の子と察せられるのみで詳細は不明であるが、同年三月の石清水臨時祭試楽には篳篥を奏している[83]ことが知られる。また、一条朝・後一条朝のところで考察したように、臨時祭等の陪従を勤めた者についても楽所人である可能性は高く、これに従うならば『康平記』康平四年（一〇六一）九月二十一日条の関白頼通賀茂詣に陪従として奉仕した前上野守成隆・散位頼家・淡路守定通・前上総守則経・兵庫頭成任・前土佐守実国・前越後守通成・兵部少輔泰綱・散位伊綱・兵部丞範弘（笛）・玄蕃助宗長・藤原知定（篳篥）の中にも楽所人として活躍した者はいたであろう。定通と成任については既述のように、ともに後朱雀朝の楽所に祇候しており、藤原知定も後述するように堀河朝を中心に楽所人等として活動した。この他の者の出自や音楽活動に関しては未詳である。

次の後三条朝においては、管見になるところでは楽所記事はみられない。後三条天皇の在位期間は、治暦四年（一〇六八）より延久四年（一〇七二）までの四年間であり、御遊もそれ相応に行われている。同天皇自身による奏楽記事は見出せないが、『禁秘抄』諸芸能事においては「笙、後三条院学給」として笙を学んだという。これまでみてきたように、天皇の奏する楽器としては一般的には笛が多く[84]、笙を学んだ天皇としては後三条天皇のほかには村上・堀河天皇がいる。両天皇はことさら音楽を愛好し、また才能にも恵まれており、村上天皇はほかに箏・琵琶、堀河天皇は笛にも堪能であった。しかも、両天皇はともに笙の相承次第の中に位置付けられているのに対し、後三条天皇については窺えず、正式にはどれほど笙を伝授したかは明らかでない[85]。ただ、後三条天皇皇子輔仁親王が豊原公里より笙を相伝し、またその子源有仁、さらにその継子有房[86]へと相承しているのは、あるいは同天皇の影響によることも考えられる。

後三条天皇は、治暦四年四月十九日に閑院において践祚して以来、二条殿、三条大宮殿、高陽院、四条殿等を転々とし、延久三年（一〇七一）八月二十八日にはようやく新造なった内裏へ渡御した。この間、楽所はやはり依然として桂芳坊にあったものと推察される。

白河天皇は延久四年十二月に父後三条天皇の譲位をうけて践祚、即位し、応徳三年（一〇八六）十一月までのおよそ一四年間の在位であった。この間の楽所記事は、法勝寺御願供養に関するものがみられる。これによると承暦元年（一〇七七）十二月十八日に法勝寺で行われる予定の音楽が、同月の四日から十八日まで楽所において調楽が行われたという。これは前節でも触れたように、常設楽所を利用してのものであった。これに対し、それ以前の仏事供養の事例である治安二年（一〇二二）の法成寺金堂供養、永承五年（一〇五〇）の同寺新堂供養においては常設楽所を利用した事実はなく、この法勝寺の供養会が最初であり、これ以後尊勝寺・最勝寺など鳥羽朝までの供養会に集中的にみられるのは既述した通りである。この点を十分注目しておきたい。

楽所人についてみると、承暦四年（一〇八〇）八月十四日の藤原俊家任右大臣・同能長任内大臣における御遊に地下召人として笛を掌った家綱、応徳元年（一〇八四）正月十七日の源俊房任左大臣の御遊に地下召人としてみえる和泉守孝清（笛）・兵庫頭知定（歌）・中務丞博定（篳篥）・掃部国俊（和琴）・兵部丞章貞（歌）・右兵衛尉成綱（歌）については(87)楽所人であったと察せられる。これらの中の兵庫頭知定と中務丞博定についてはすでに第一章において触れたように親子で、知定は藤原氏陪従家の祖ともいえる存在であった。和泉守孝清は長良流の藤原良綱の子であり、その子孝博はその藤原氏陪従家の博定の養子となっている。掃部国俊は保安二年（一一二一）二月の石清水臨時祭定に歌人とみえるが(88)、その系譜は未詳である。家綱は『宇治拾遺物語』所載の著名な神楽での猿楽を弟行綱とともに掌った陪従で、藤原実範の子であった。この他の右兵衛尉成綱は清和源氏成任の子で、兵部丞章貞は橘章定（貞）であった(89)。以上の者たちはいずれも、次の堀河朝において著しい活躍がみられるので、奏楽等の音楽的活動については同朝のところで触れることとする。

白河朝ではこのように、常設的楽所は顕著な動きはみられないものの、これらの楽所人と思われる存在から、また同朝でも石清水・賀茂臨時祭は絶えず行われていることから、楽所は活動を続けていたものと考えられる。それでは、その場所はどこにあったのであろうか。

当該期の皇居は、白河天皇が延久四年（一〇七二）十二月に内裏において即位して以来、高倉殿・高陽院・堀河院などへとめまぐるしく遷御し、この間永保二年（一〇八二）七月二十九日に内裏が焼亡するまでのあいだ、延久六年、承保四年（一〇七七）、承暦四年（一〇八〇）と、数ヵ月から一、二年間、数回に渡って内裏を皇居としている。『扶桑略記』によると、永保二年七月の内裏火災は「起内膳大炊屋、延及神嘉殿、天皇駕腰輿、遷幸太政官朝所」とあり、『百錬抄』には「内裏及中院焼亡」とある。この内裏火災によって、これまで楽所が置かれてきたと推察される桂芳坊が焼失したか否かは明らかではないが、少なくともこの永保二年七月以前までは楽所は同坊にあったであろうし、焼失をまぬがれたならば、以後も同坊が楽所として使用されたことであろう。しかし、次に内裏が新造落成するのは一九年後の堀河天皇康和二年（一一〇〇）六月のことであり、それまで内裏での儀式は行われなかったであろうし、このような状態が長く続いたことは、しだいに桂芳坊から足を遠退かせる結果をもたらし、ことに儀式も里内裏で行われることが一般的になると、当然里内裏に楽所を置く必要性も生じたものと考えられ、後述するように院楽所の影響もあって、堀河朝において楽所は新たな段階をむかえることとなるのである。

二　堀河朝より後鳥羽朝までの楽所と楽所人の変遷

既述のように、村上朝より白河朝までにみられる常設的楽所始は村上天皇天暦二年（九四八）八月、花山天皇永観三年（九八五）正月の二度で、臨時的楽所始においてはまったくみられなかったのに対し、ここで扱う堀河朝より後鳥羽朝までの常設的楽所始は、堀河天皇嘉保二年（一〇九五）二月、鳥羽天皇元永元年（一一一八）十月、崇徳天皇長承元年（一一三二）三月、二条天皇永暦二年（一一六一）四月、同天皇長寛二年（一一六四）正月、高倉天皇承安年間（一一七一～一一七五）、後鳥羽天皇建久五年（一一九四）二月に行われ、臨時的楽所始は堀河朝に五度、鳥羽朝に二度、近衛朝に一度、高倉朝に一度みられた。この事実からは当該期における楽所活動の盛んな有様を想定することが可能である。しかしまた、同時期に入ると楽所人という呼称はほとんど使われなくなるのであり、ここからも楽所の変質を窺わせるものがある。まず、堀河朝の場合を検討していこう。

1　堀河朝における楽所と楽所人

堀河朝において楽所始は、嘉保二年（一〇九五）二月二十七日に行われた。同記事を含めて同朝での楽所記事は管見では一七例がみられる。これらのうち楽所始以前の記事は五例あり、このうちの寛治六年（一〇九二）二月二十九日の記事は堀河天皇による白河上皇御所六条殿行幸のものであり、『後二条師通記』に「作懸池端板敷、立屋一宇、為楽所」とあるのが、いわゆる楽屋を意味していることは明白である。『中右記』の同記事には楽所行事とみえるが、これについてはすでに述べたように、同行事における音楽の行事役として臨時的に定められたものであった。また、同書同年三月二十八日条の吉祥院聖廟作文での楽所も臨時的に行われた行事であり、同記事に「引幔為楽所」とあるように、この場合も楽屋を意味するものであった。

これに対し、同書寛治五年二月八日条に「院有調楽、楽所西御随身所也」とある記事は院での調楽のものである。白河上皇はこの時大炊殿を御所としており、(90)楽所はその西御随身所にあったという。同日の調楽は同月十一日の白河上皇日吉社御幸のためのものと察せられ、当日には上皇は巳四点に大炊殿西門より出御、申剋頃に同社に入御し、神宝御拝、御馬廻の後、東遊、左右舞楽各三曲、御神楽が行われた。この時の舞楽については、「次音楽」に割注して「左右各三曲、如行幸之時」とあり、この場合の「行幸」とは同年正月十三日の朝覲行幸のことと思われ、『中右記』同日条に、「左万歳楽八人、右地久八人、此間賜諸卿於衡〔衝カ〕重、春鶯囀此間供主上御膳、大納言、陪膳、参議益供、退宿徳此間上皇御膳、中納言公、陪膳、殿上四位益供、龍王光末〔季〕、納蘇利」とあることから、八日に行われた日吉社御幸のための調楽では狛光末らによってこれらと同じ曲が奏されたものであろう。すなわち、舞楽については狛光末らいわゆる地下の楽家舞人によって舞われたものであった。これに対し東遊は舞人としてあげられている左少将源国信以下の一〇名によって行われたものであり、この中には院蔵人兵衛尉高階為行・同源惟清が含まれている。したがって、すでにこれまでにも述べてきているように、二月八日の西御随身所での調楽というのは楽家専業舞人の舞楽のためのものではなく、院の近臣も含んだ一般的な近衛官人によって行われる東遊のためのものであったと察せられる。このように院の御所には日吉社御幸のための楽所が設けられ調楽がなされたのであり、院楽所の存在に注目したい。

　また、『中右記』寛治七年（一〇九三）三月十一日の記事も院における調楽であり、「今夜自院有調楽催、遂〔逐歟〕電馳参、楽所六条殿東細工所屋云々」とみえる。これも同月二十日の春日社御幸のための調楽と思われ、楽所は同時期の院の御所である六条殿東細工所屋に設けられたという。この時の東遊の舞人として、左中将国信以下一〇名が知られるが、これらの中の兵衛尉藤原知信と同源惟清については「雖為大内蔵人、依為院殿上人所被入也」とあり、ともに大内蔵人で院の殿上人であったとあり、源惟清については既述のごとく先には院蔵人であった。そして舞楽を掌ったのは、やはり狛光末・多資忠らの専業の楽家舞人であった。同行事の三月十一日の調楽の記事によると、院より調楽の催しありの連絡が入ると、藤原宗忠は急いで院へ馳せ参じたのであるが、これは宗忠も東遊の舞人の一人であったことによる。

さらに、同書寛治八年（一〇九四）十一月十二日条に「初有臨時祭調楽、以左近陣座東御随身所也、為楽所」とある記事は十二月六日に行われた賀茂臨時祭のための調楽であり、左近陣座（東御随身所）が楽所とされた。楽所の重要な機能に臨時祭の調楽や試楽があったことは白河朝以前までの楽所史料の検討によって明らかになったが、当該期においても同様であったことは『江家次第』賀茂臨時祭試楽の記事によって確認できる。

それではここまでの堀河朝における皇居の変遷との関連で考えてみると、堀河天皇は応徳三年（一〇八六）十一月二十六日に践祚後、堀河院を皇居としたが、寛治八年十月二十四日亥刻、大宮東二条南小屋より出火すると、大風にあおられて堀河院は焼失する。(91) そのため皇居は太皇太后藤原寛子の御所、大炊御門南、西洞院東にあった大炊殿に移される。皇居が同殿に移されるとすぐに、その西二棟廊を内侍所とし、二十六日にはその内侍所を東中門南廊に奉遷し、同日に紫宸殿御帳を立てる日時を定め、三十日になってようやく清涼殿を同殿のどこに置くかなどのことが議定された。最初の皇居の堀河院の時代に楽所が設けられたか否かは明白ではなく、次の皇居大炊殿にはその左近陣座（東御随身所）に楽所は置かれたのである。この寛治八年までの常設的楽所の史料は、既述のようにいずれも院の御所に置かれたいわゆる院楽所に関するものであり、管見では大内楽所に関する史料は見出せない。したがって、大炊殿に楽所が設けられるまでの間は、あるいは過去において摂関家楽所が利用されたように、院楽所が利用されたことも十分に考えられる。

皇居が大炊殿に移された翌年の嘉保二年（一〇九五）二月二十七日、楽所始が行われた。『中右記』同条によるところの時の楽所は左兵衛陣に置かれたとあり、やはり大炊殿に設けられた左兵衛陣を楽所としたものであろう。さらに同年六月九日条には「近日毎夜召楽人於弓場殿、有小音楽、被始楽所後、当番楽人等宿仕之時、必召弓場有絃管興也」

とあり、この楽所始の後、当番楽人らが宿仕の時には必ず弓場殿において絃管興が行われたとあり、御遊と大内楽所との深い結び付きを窺わせるが、堀河天皇と音楽については後述する。

同書によると、同年十一月二日、皇居が白河上皇御所閑院へと移されると、その寝殿を南殿となし、東対を清涼殿とし、東中門南廊を公卿の座、同西釣殿を内侍所、西対代廊を大殿御直廬とした。しかし、楽所は「依無便宜」として御書所・陣腋・弁少納言等座とともに設けられなかったという。楽所は従来どおり大炊殿に置かれていたものであろう。

この後の楽所史料については、白河法皇五十御賀・新御願尊勝寺供養・興福寺供養・御八講・尊勝寺阿弥陀堂供養などに関する楽所であり、いずれも臨時的に楽所始が行われたものであり、それぞれ前節において詳述したところである。その設置された場所を確認すると、康和四年（一一〇二）三月の白河法皇五十御賀のための楽所と同年七月の堀河天皇新御願尊勝寺供養のための楽所は、この時の皇居である高陽院（賀陽院）の馬場殿に置かれた。同五年七月の興福寺供養のための楽所は『本朝世紀』では左近衛府とするのに対し、『殿暦』では左兵衛府とし、いずれが正しいか明らかではない。しかし、この時の皇居である内裏に置かれたものであろうし、長治元年（一一〇四）八月の御八講のための楽所の場合も場所は明記されていないが、やはり皇居の内裏に設けられたものであろう。長治二年十二月の尊勝寺阿弥陀堂供養のための楽所は、「以桂芳坊為楽所」とあるように内裏桂芳坊に置かれたのである。これらの臨時的行事の楽所は、当然常設楽所を利用したことが考えられるのであり、嘉保二年（一〇九五）十一月の閑院皇居以後の皇居変遷を考え合せてみると、皇居は永長二年（一〇九七）九月に藤原師通第の二条殿、同年十月に高陽院、康和二年六月に新造の内裏、同年八月に高陽院、同四年九月に内裏、長治元年十二月に堀河院、同二年六月に三たび内裏、嘉承元年（一一〇六）十二月に堀河院へとめまぐるしく移ったのに対し、まず二条殿皇居の時にはその期間は一ヵ月ほどしかなかったことからも、楽所は閑院皇居の時と同様に大炊殿に設けられ、高陽院皇居の時には内裏皇居の二ヵ月間をはさんで高陽院馬場殿にあり、康和四年九月の内裏皇居になって楽所は内裏左兵衛府等（あるいは『江家次第』石清水臨時祭にみえるように左兵衛陣か）へ、そしてその後に桂芳坊に移され、堀河院皇居の時にも内裏桂芳坊にあったものと推察される。

ところで、堀河天皇は承暦三年（一〇七九）七月の誕生で、応徳三年（一〇八六）十二月七歳で即位する。寛治三年（一〇八九）正月五日に九歳で元服すると、『玉葉』安元元年（一一七五）正月四日条に「寛治三年正月十一日、堀河院御歳十一[92]、始有御笛事、政長朝臣為御師匠」とあるように、元服の数日後に源政長を師として笛を習い始めたことが知られる。嘉保二年二月の楽所始は、堀河天皇十五歳の時のことであり、既述のように楽所始の後には毎夜のように管絃が催された。堀河天皇代には御遊・管絃も頻繁に窺われ、御遊等において堀河天皇が奏楽している事例も数多くみられる。すなわち、堀河天皇が笛を奏したものとして、寛治三年正月十一日の始めて笛を習ったという御遊、承徳二年（一〇九八）四月二十九日の小御遊、康和四年（一一〇二）三月十八日の白河法皇御賀での御遊、同五年十一月十二日の「御笛ノ興」、長治二年（一一〇五）正月五日の朝覲行幸、嘉承二年（一一〇七）三月六日の和歌の興での御遊があり、また承徳二年十一月十五日の御遊では拍子や歌を奏したという[93]。堀河天皇が楽器のみならず歌謡にも深い関心を抱いていたことについては、多資忠から神楽歌を相承し、資忠とその子節方が山村氏によって殺害され、多氏の相伝がとだえると、天皇は資忠の子の忠方・近方へと相伝した[94]という伝承によっても窺うことができる。

堀河天皇在位のおよそ二一年間のうち、以上の七度の奏楽例が知られるが、やはり音楽を愛好した一条天皇が在位二五年間で五度、後一条天皇が二〇年間で三度、後冷泉天皇が二三年で一度程度しかみられないことから考えても、堀河天皇がいかに音楽を好んでいたかが窺われよう。しかも、これらの奏楽例は御遊という公的に表れたものであり、楽所始後、毎夜のように行われたという私的な管絃においても、しばしば楽器を手にし歌謡をなしたことであろう。このように嘉保二年二月に行われた楽所始の時期というのは堀河天皇は十五歳の時で、笛を習い始めて六年あまり後のことであり、奏楽のおもしろさが十分に理解できるようになった頃であったこと、楽所始後盛んに管絃が行われたこと、御遊に加わったのも初回の習い始の頃の九歳の時を除いて、楽所始後の十八、二十二、二十四、二十五、二十七歳の時であったこと等を考えるならば、この楽所始はまさに堀河天皇の笛の上達をまって、その御遊を行うために開かれたものであったとみることができよう。

続いて、堀河朝におけるいわゆる楽所人について検討していこう。先に指摘したように御遊等に参加した地下召人が楽所人であったと考えられるので、以下では同朝にみえる地下召人等について、その出自や音楽活動などを中心にみていこう。

寛治二年（一〇八八）十二月十四日の藤原師実任太政大臣大饗、永長元年（一〇九六）二月二十三日の臨時御会、康和四年（一一〇二）三月二十日の御賀後宴、同五年正月二十二日の宗仁親王御七夜、同年十一月二十八日の藤原忠実東三条第での神楽、長治二年（一一〇五）正月五日の朝覲行幸等における御遊や管絃に「地下召人」「召人」としてあげられている者について整理すると次のようになる。(95)

散位孝清　兵庫頭知定　兵部丞橘章定　図書助藤原経忠　左兵衛尉源成綱　兼俊　家綱　博定　式部丞俊重　四位侍従源師親　備後介源有賢　府生豊原時元　宮内丞忠光　兵部丞源重(成)綱　橘基(元)輔　楽所預栄基　邦家

孝清は既述のように長良系の藤原良綱の子であった。白河朝以降にみえる孝清の音楽活動は第23表のようになり、白河・堀河・鳥羽朝とおよそ三〇年間にわたって楽所人等として活躍している。兵庫頭知定も既述のように藤原利定の子で、いわゆる藤原氏陪従家の祖とでもいうべき人物であり、この系譜からは有能な奏楽者が輩出したことも雅楽

第23表　藤原孝清・藤原知定・藤原博定の音楽活動

藤原孝清

年月日	行事名	官職	典拠	備考
応徳元・正・一七	源俊房任左大臣	和泉守	水左記	召人。笛を掌る
寛治二・一二・一四	管絃事	散位	寛治二年記	地下召人
康和四・三・二〇	白河法皇五十御賀後宴御遊		中右記	地下召人
五・正・二二	宗仁親王御七夜御遊		中右記	召人。箏を掌る
長治二・正・五	朝覲行幸御遊		中右記	召人
天仁元・一一・一八	藤原忠実、清暑堂御神楽習礼		中右記・殿暦	召人・陪従
天永二・二・一四	小弓・鞠後の御遊	伊賀守	殿暦	召人
三・二・二二	御遊		中右記	召人
三・三・一八	白河法皇六十御賀後宴御遊		中右記	召人
三・一二・一四	藤原忠実任太政大臣大饗御遊		中右記・殿暦	召人
四・正・一六	藤原忠実任太政大臣大饗		長秋記	高清とあり。召人

藤原知定

年月日	行事名	官職	典拠	備考
康平四・九・二一	関白藤原頼通賀茂詣		康平記	陪従。篳篥を掌る
承保三・正・一九	関白左大臣藤原師実大饗		御遊抄	地下召人か。篳篥を掌る
永保三・正・二六	藤原師通任内大臣等大饗		御遊抄	
応徳元・正・一七	源俊房任左大臣	兵庫頭	水左記	召人。歌を掌る
寛治二・一二・一四	管絃事	兵庫頭	寛治二年記	地下召人
七・三・一一	白河上皇春日社御幸調楽	兵庫頭	中右記	友定とあり。末拍子を掌る
嘉保二・正・一九	藤原師通任関白大饗		御遊抄	友貞とあり。召人。篳篥を掌る
永長元・三・一	臨時御会		中右記	

元・七・七	管絃興		中右記	

藤原博定

年月日	行事名	官職	典拠	備考
永保三・正・二六	源顕房任右大臣等大饗		御遊抄	篳篥を掌る
応徳元・正・一七	源俊房任左大臣	中務丞	水左記	召人。篳篥を掌る
康和二・正・二	御遊		殿暦	今様を掌る
二・二・一	中宮御方御遊		殿暦	
二・二・四〜六	藤原忠実第管絃		殿暦	
四・三・二〇	白河法皇五十御賀後宴御遊		中右記	地下召人
五・正・二三	宗仁親王御七夜御遊		中右記	召人。琵琶を掌る

寮の考察のところで触れたところである。知定の奏楽活動も同表のようになり、後冷泉、後三条、白河、堀河の四代の天皇に、三十余年にわたって、主として篳篥を奏することによって供奉している。寛治七年（一〇九三）三月の白河上皇春日社御幸調楽には友定、嘉保二年（一〇九五）正月の藤原師通任関白大饗の御遊には友貞とみえ、同年二月の楽所始に地下召人として参集している友定も同一人であろう。この時には知定とともにその子博定も参集しており、博定の活動も同表のようにみえることから白河朝の末から堀河朝の初めにかけては親子で楽所の地下召人として奉仕していたことが知られる。親子とはいっても博定の実父は石清水八幡宮寺主の行実と伝えられ[96]、知定の養子であったようである。博定については『中右記』康和五年（一一〇三）十二月二十一日条に、その亡くなったことに触れて、

民部大夫博定於備中国去八日卒去年卌余、長管絃道、勤陪従役、琵琶、箏、和歌（琴カ）、横笛、篳篥皆以伝之、已終命、誠惜哉、一道長者也、可惜々々、

と記しており、篳篥のみならず笛・琵琶・箏・和琴にも長じていた当代一流の音楽家であった。『琵琶血脈』『秦箏相承血脈』にその名がみえ、これらによると楽所預となったことが知られる。なかでも、「琵琶冠者」と称されているように琵琶にもっとも長じており、この系譜からは孝博・孝道等といった琵琶の名人が輩出する。『中右記』の作者宗忠は、この博定に対して「誠惜哉、一道長者也、可惜々々」と大変深い哀惜の念を示している。博定の音楽活動期間が二十余年と他の者に比べて短いのは、このように四十余歳で亡くなったことによるものと思われ、楽人としてはこれからのおよそ一〇年間という時期がもっとも充実した時期になるはずであったろう。彼の活動年齢を参考にするならば、これまでみてきた楽人の三〇～四〇年間の活動の時期というのは、年齢的にはおよそ二十代から五、六十代までのことであったと推定することができる。

左兵衛尉源成綱は、清和源氏源成任の子[97]と察せられる。すでに、白河朝応徳元年（一〇八四）正月十七日の源俊房任左大臣の御遊に召人として歌を掌っており、この時は右兵衛尉とみえる。康和五年（一一〇三）十一月二十八日の藤原忠実東三条第での神楽後の御遊に付歌を掌った兵部丞源重綱、長治二年（一一〇五）正月五日の朝覲行幸での御遊に和琴を奏した重綱[98]も同一人物であろう。嘉保二年二月の楽所始には、楽所預とされている。

兼俊と邦家とは親子で宇多源氏の源経相から始まる源氏陪従家であり、兼俊はその経相の孫にあたる。『和琴系図』によれば、ともに経相以来の和琴相承者の系譜に位置付けられている。邦家についてはほかに鳥羽天皇天仁元年（一一〇八）十一月十八日の大原野祭御神楽習礼の陪従、天永三年（一一一二）二月十二日の御遊に召人としてみえ[99]、後者では和琴を掌っている。『尊卑分脈』では邦家について「和琴　正四下陪従　兵庫頭」とみえ、兼俊について「称琴公　笙和琴　陪従　筑前守従四下　兵部少甫」などとみえ、ことに兼俊は和琴のほか笙にも通じていたことが窺われる。備後介源有賢は宇多源氏敦実親王の後裔源政長の子で、同系譜は同親王の孫源時中を始祖とし、郢曲・管絃等を相承した殿上楽家ともいうべきものであった。[100] 四位侍従源師親は村上源氏源師忠の子と察せられ、『中右記』長治元年（一一〇四）四月二十四日条の中宮和歌管絃には和琴を掌りその末席に加わっているように、源師親も殿上楽人であったと推察される。

式部丞俊重は源俊頼の子で、俊頼の父経信と俊頼の伯父経長は笛・篳篥・琵琶・和琴・郢曲等を相承する系譜であった。俊重自身は『殿暦』康和二年二月五、六日条にみえる藤原忠実第での私的な管絃に参加している。家綱は藤原実範の子と察せられ、既述したように弟行綱との神楽猿楽を演じた者として著名であり、御遊の召人としても承暦四年（一〇八〇）八月の藤原俊家任右大臣の御遊、永長元年（一〇九六）二月の臨時御会の御遊、康和四年三月の御遊等に笛などを奏している。[101] 図書助藤原経忠は藤原忠平嫡男実頼流の経任の養子で遠江守高階経重三男の経忠か、あるいは長良流藤原則経の子の兵部少丞とみえる経忠かと思われるが未詳である。宮内丞忠光は魚名流藤原忠季の子とも察せられるが、詳細は未詳である。その音楽活動は、康和五年十一月の藤原忠実第での神楽、天永二年二月の鳥羽殿の小弓・鞠後の御遊や保安二年（一一二一）の石清水臨時祭でそれぞれ召人や陪従を掌り、ことに篳篥を奏している。[102]

橘氏では兵部丞橘章定は未詳だが、橘基（元）輔については兵部丞・式部丞・同大夫等を歴任し、『長秋記』天承元年（一一三一）正月十九日には雅楽頭としてみえ、その音楽活動についても召人等として三〇年弱にわたって活躍したことは、すでに第一章においてみた通りである。楽所預栄基は橘忠元の子で能元・良基・栄職ともみえ、その音楽活動は第24表のようになる。これによるとその明らかになる史料は少ないが、太鼓を打ち、笛を奏し、元永元年（一一一八）には藤原忠実第にまねかれ、蘇合香の序を教えるなど多様な活動が窺える。また、少なくとも康和四年（一一〇二）三月から元永元年九月までは、楽所預の任にあったことが知られる。ほかに、府生豊原時元が康和五年十一月二十八日の藤原忠実第における神楽後の御遊に、召人の一人として祗候している。時元はいわゆる地下楽家豊原氏

第24表　橘能元（栄基）・豊原時元の音楽活動

橘　能　元

年月日	行事名	官職	典拠	備考
康和二・二・一	中宮御方御遊		殿暦	良基とみえる
四・三・二四	臨時楽御覧	楽所預	中右記	栄職とみえる。太鼓を掌る
五・五・二一	藤原忠実第管絃	楽所預	殿暦	能基とみえる。笛を掌る
五・一一・二八	藤原忠実第神楽	楽所預	殿暦	栄基とみえる。召人
元永元・九・二六	藤原忠実第舞楽	楽所預	殿暦	橘大夫良基とみえる

豊　原　時　元

年月日	行事名	官職	典拠	備考
嘉保二・七・七	管絃興		中右記	
永長元・三・一	臨時御会		中右記	
元・三・一七	関白藤原師通第作文		中右記	
元・七・七	管絃興		中右記	
承徳二・四・二九	小御遊	府生	中右記	笙を掌る
二・七・七	管絃興		殿暦	時基とみえる
康和二・二・一	中宮御方御遊		殿暦	
二・二・四～六	藤原忠実第管絃		殿暦	
五・五・二一	藤原忠実第管絃	左近府生	殿暦	笙を掌る
五・一一・二八	藤原忠実第神楽	府生	殿暦	召人。笙を掌る
天仁元・一一・一八	藤原忠実、清暑堂御神楽習礼	左近将曹	殿暦・中右記	召人
永久二・一一・一四	石清水八幡宮行幸御神楽		中右記	拍子を掌る
元永二・七・八	藤原忠通第管絃		中右記	
二・一〇・二	御遊		中右記	召人

の一人であり、同表のような公私にわたる音楽行事に参加している。これによれば、時元は楽人・召人として祗候していること、その祗候時期が堀河天皇における楽所始の行われた数ヵ月後の嘉保二年（一〇九五）七月のことであったことが注目され、同天皇の楽所始以後には宿仕の当番楽人が召され、毎夜のように管絃があったが、この楽人の中には時元の姿があったものと推察される。

以上のほかに、「召人」「地下召人」と明記されていないものの、公私の管絃において地下の楽人として参加した者についてあげると、『中右記』嘉保二年七月七日条の乞巧奠における管絃には公里・時元・正信・為道、永長元年三月一日条の臨時御会には知定・佐忠・時元、同年三月十七日条の御遊には時忠・時元・時方・黒丸、同年七月七日条の管絃には知定・孝博・佐忠・時元、『殿暦』承徳二年（一〇九八）七月七日条の管絃輿には豊原時基（元）・時忠・安倍友雅（正）、康和二年（一一〇〇）二月一日条の御遊には博定・良基・忠道・時元・友正、同年二月五日条の藤原忠実第の管絃には時元・博定・時俊・俊重、同月六日条の管絃には博定・時元・里（黒）男・俊重・時俊がみえる。これらの中で、知定・時元・博定・良基・俊重については既述したところであり、彼らが楽所に祗候していたことから考えると、他の者たちに関しても楽所人とみなしてよいであろう。しかし、正信・為道・黒丸・忠道・里（黒）男については未詳である。孝博は既述の藤原孝清の実子で藤原博定の養子であり、時俊は宇多源氏源基綱の子で俊重の従兄弟にあたる。時俊は父基綱より郢曲と琵琶を相承し、ともに琵琶の相承血脈に名を列ねている。他の公里・佐忠・時忠・時方・友雅（正）はいずれも地下の楽家楽人であった。豊原公里・時忠はともに時元の兄弟であり、時忠については雅楽属に叙せられており、雅楽寮のところで触れた。佐忠・時方はともに多氏で多資忠とその子の節方であり、友雅は篳篥を相承した安倍友正であり、多佐忠（資忠）は嘉保二年二月の堀河天皇楽所始に一鼓を懸けて前行している。これらの地下楽家楽人のうちの多氏に関しては、次章でさらに詳述することになる。

2　鳥羽・崇徳・近衛朝における楽所と楽所人

鳥羽朝より近衛朝までの楽所記事は、管見によると一四例みられる。このうちの天永二年（一一一一）十月二十五日の白河院御賀楽所始、元永元年（一一一八）十月二十九日の鳥羽天皇新御願最勝寺供養楽所始、仁平元年（一一五一）十月十六日の鳥羽法皇御賀楽所始に関しては、臨時的な楽所始として既述したところである。当該期における大内の常設的楽所始としては、元永元年十月二十三日の鳥羽朝、長承元年（一一三二）三月二十二日の崇徳朝の二例がみられる。

それではまず皇居の移動を考え、楽所の変遷を検討してみよう。鳥羽天皇は嘉承二年（一一〇七）七月に父堀河天皇の崩御をうけて、大炊御門北、東洞院西の白河上皇御所である大炊殿で践祚し、同年十二月一日には大内裏大極殿において即位、同月九日には六条坊門南、烏丸西の小六条殿（六条殿・西六条殿）に遷御した。即位の時の年齢は満四歳であった。その後天仁元年（一一〇八）八月に内裏に遷御して十一月に大嘗祭を行い、以後には大炊殿と内裏を交互に皇居とし、天永二年二月に内裏を皇居としたのを最後に、同年四月に土御門北、万里小路西の源雅実第土御門万里小路殿に遷御した。これ以後、内裏で元服儀を行ったほかは内裏を皇居とすることはなかった。この間の楽所記事としてみえるのは、『江記』天仁元年十一月二十一日条の鳥羽天皇の大嘗祭の記事であり、この中の楽所行事とは大嘗祭のために設けられた音楽担当行事であった。常設的楽所に関する記事はみられないため、その楽所の場所を示す史料もないが、践祚した嘉承二年七月から翌天仁元年七月までは諒闇ということで、楽所を利用する御遊や管絃、石清水臨時祭も行われず、楽所は形のうえでは堀河天皇末期に置かれた内裏桂芳坊にあったものであろう。同年八月小六条殿より内裏に遷御し、大嘗祭が行われ、同年十一月二十八日に大炊殿に移御するまで、楽所は特にかわることなく同所にあったとすべきであろう。しかし、『中右記』同年十二月十五日条の賀茂臨時祭試楽は大炊殿で行われたのであり、『江家次第』が石清水臨時祭試楽の「里内儀」について記しているように、楽所は里内裏すなわちこの場合は大炊殿において「打幄於北陣准兵衛陣」じ設けられたものと察せられる。また、皇居は天仁二年七月に内裏へ、九月には大炊殿へ、そして天永二年二月には内裏へと移御したが、楽所もこれに応じて移されたものであろう。

皇居はさらに天永二年四月二十七日、内裏より土御門万里小路殿へ、同年九月二十日には高陽院へ移される。同年十月二十五日の白河法皇御賀楽所始にみえるように、高陽院では馬場殿に置かれていたものであろう。同三年五月十三日に高陽院が焼失すると、皇居は再び小六条殿（六条殿）とされ、同年十月十九日には新造落成した大炊御門北、東洞院東の大炊殿（東殿）に遷御する。『長秋記』永久元年（一一一三）正月八日条の楽所記事は「舞人舞了間在階下、長実朝臣楽所引出物龐之由、仍下官廻東」とあり、同年の朝覲行幸での舞楽に関連したもので、同殿に設けられた楽所であったろう。また、同年二月二十八日には三月に行われる石清水臨時祭のための調楽が始められたのであるが、これについて『殿暦』同条に「戌剋許参内、候宿所、今夜臨時祭有調楽」とあり、三月二日の調楽について『長秋記』に「依可有調楽、舞人陪従着座、行盃酌之間、自頭弁許送使云々」とあり、三月十八日に行われた試楽についても同書に「試楽、御直衣出御、（中略）、於中門北廊、有舞、（中略）、依所狭舞人六人列立」などとあり、いずれもこの時の皇居である大炊殿（東殿）において行われたものであり、調楽のための楽所もここに設けられていたと考えられよう。『長秋記』永久元年八月六日条の左大臣源俊房家の花供養の記事では「召日来楽習礼間祗候者也」とあるように、同花供養には日頃、楽所において楽の習礼に祗候していた者が召されたのであり、やはり同史料にみえる楽所とは大炊殿（東殿）に置かれていたと思われる大内楽所であったろう。

永久二年八月三日に大炊殿が焼亡すると、皇居は三たび小六条殿とされ、さらに土御門万里小路殿を経て、永久三年十一月二十六日には新造落成した大炊殿（東殿）に移される。同年八月十七日には再び同殿の焼亡により、鳥羽天皇は土御門万里小路殿へ移御し、同五年十一月十日には新造なった土御門南、烏丸西の土御門烏丸殿（土御門室町殿）に遷御し、以後、退位までここを皇居としている。この間の同年までについては管見では楽所史料は窺えず、皇居で行われる臨時祭や同試楽についても『殿暦』によると永久三年十一月十八日の賀茂臨時祭の試楽、翌年三月二十二日の石清水臨時祭の試楽も行われないなど、臨時祭に関しては楽所が活発に利用された痕跡は認められない。大内楽所は一応、それぞれの皇居に設けられたと推定されるが、これはまた同朝の御遊のところで検討しよう。

さて、鳥羽朝で楽所始が行われたのは、土御門烏丸殿に皇居が移された翌年元永元年（一一一八）十月二十三日のことであった。この時、鳥羽天皇は十五歳であった。同天皇は『殿暦』永久二年二月十一日条にみえる白河法皇御所六条殿での御遊に「主上始有御笛事」とあるように、公的な場においてはこの時初めて笛を吹いたのであり、十一歳の春のことであった。鳥羽天皇は父堀河天皇と同様に元服の頃に横笛を習ったのであろう。同書同三年十一月九日条の六条殿での御遊においては「主上近習上達部・殿上人有濫吹御遊云々」とあるように、近習の上達部、殿上人とともに濫吹御遊の様が窺われるのであり、楽所始が行われる時まで私的に近い形で天皇を含んだ管絃が行われたことが考えられる。これから四年後の十五歳の時の楽所始であり、鳥羽天皇も公的な御遊に加わり、奏楽することも十分に可能な年齢であった。堀河天皇の時もそうであったように、まさにこの楽所始も鳥羽天皇のために開かれたものであった。同天皇は『禁秘抄』にもみられるように笛を吹いたが、『殿暦』永久三年三月十七日条に「主上着舞装束御乳母三（位脱カ）局御坐」とあるように、十二歳にして舞楽への興味もいだいていたことを窺わせる。しかし、笛の場合も舞楽の場合も、その師が誰であったかは未詳である。

『中右記』元永元年十月二十三日条によると、この楽所始において楽所は左兵衛陣に設けられ、この時の皇居土御門烏丸殿に置かれたものであろう。前節でみたように、この時に楽所別当として任ぜられたのは頭中将藤原宗輔、六位別当としては蔵人藤原顕憲であり、ほかに地下寄人として橘元輔・藤原兼定、楽人として狛光則・多忠方がみえ、権弁藤原伊通・四位少将藤原忠宗・侍従藤原宗成、同藤原公教は殿上寄人であったろう。ともかく鳥羽天皇も、父堀河天皇と同様に楽所始後には盛んに奏楽を試みたことが推察され、このことは次にみる御遊や管絃の回数が多いことによっても窺うことができる。

まず、楽所始のあった元永元年十月以前までの御遊・管絃についてみると、鳥羽天皇が白河法皇御所へ朝覲行幸しての御遊[103]と藤原忠実・忠通任大臣大饗関係の御遊[104]がもっとも多く、前者は白河法皇御所、後者は皇居で行われたものであった。ほかには天仁元年十一月の清暑堂御神楽、天永三年三月の白河法皇御賀の時の御遊、あるいは藤原忠実が主催しての私的な管絃など[105]がみられ、先にみたような天皇と近習による私的な管絃は別として、いずれにしても御遊・管絃の主体は法皇や摂関家にあった。

これに対し楽所始以後はいかがであろうか。ここでもやはり天皇の法皇御所への朝覲行幸での御遊[106]と摂関家藤原忠実・忠通の主催した管絃[107]が顕著ではあるが、楽所始直後の元永元年十一月十五日には禁中の御遊があり、法皇御所への朝覲行幸の御遊においては保安元年（一一二〇）二月二日、同三年二月十日には天皇自らが笛を吹いている[108]。また、舞楽に関しても元永二年八月十七日、十月六・七日には皇居において舞楽があり、これは『長秋記』同年八月十七日条に「如先々於北面有此事、主上御簾中、(中略)、新中納言実隆宰相中将雅定候簾下雅定未被免袍仍着束帯、両貫首以下人々済々焉、但不及広、近習人等也」とあるように、いずれも近習人らをととのえての天皇による舞楽御覧であった。しかも、「如先々」とあるように先々にも頻繁に行われたことを示唆している。この時の舞人・楽人は多・狛・豊原といった地下楽家の人々であり、これらの中にはもちろん、楽所楽人も含まれていた。

第25表　源盛家・橘清仲の音楽活動

源盛家

年月日	行事名	官職	典拠	備考
康和五・一一・二三	賀茂臨時祭		殿暦	陪従
天仁二・九・二六	競馬	馬権頭	殿暦	
天永元・一二・一	賀茂臨時祭	馬権頭	殿暦	源能賢に代わって舞人を勤める
三・三・一八	白河法皇六十御賀後宴		中右記	召人
三・一二・一四	藤原忠実任太政大臣大饗		殿暦・中右記	召人
四・正・一六	藤原忠実任太政大臣大饗		長秋記	召人
永久元・一一・二〇	御神楽		殿暦	陪従
元永元・二・一〇	朝覲行幸		中右記	召人
二・七・二一	顕仁親王御五十日儀		長秋記	召人。史料大成版『長秋記』では盛宗とするものの、同年九月九日の同親王御百日儀について、召人に関し「盛家為上道」とし「大略同五十日興」（ともに『長秋記』）とみえるように、盛家とみてよいであろう
二・九・九	顕仁親王御百日儀		中右記	召人
保安二・二・三〇	石清水臨時祭定		朝野群載	歌人
天治元・六・三	鳥羽上皇皇子（通仁）第五夜御養産御遊		永昌記	召人

橘清仲

年月日	行事名	官職	典拠	備考
天仁元・一一・一八	藤原忠実、清署堂御神楽習礼	兵部丞	殿暦・中右記	召人
天永三・一二・一四	藤原忠実任太政大臣大饗		殿暦・中右記	召人
永久元・正・一六	藤原忠実任太政大臣大饗		長秋記	召人
元永二・一二・八	内侍所御神楽		長秋記	地下召人。笛を掌る

保安二・二・三〇	石清水臨時祭定		朝野群載	笛を掌る
大治四・一一・二四	御神楽		中右記	地下召人
五・一二・八	内侍所御神楽		中右記	陪従
天承元・正・一九	関白藤原忠通大饗		長秋記	召人。「清伴」（史料大成版）とある
久安五・七・二八	藤原頼長等任大臣大饗御遊		本朝世紀	地下召人

そこで次に鳥羽朝に活躍した楽所の召人や楽人らについて、地下の者たちを中心に検討していこう。既述の御遊に召人としてみられるのは、

藤原孝清　藤原邦家　源盛家　藤原兼定　橘元輔　橘清仲　藤原時定　重忠　定光　忠光　忠定　豊原時元　豊原元秋　小部正清

であり、元永二年（一一一九）七月八日の藤原忠通主催の管絃にはほかに豊原時秀・大神元正（基政）の名がみえる。これらのうち藤原孝清・藤原邦家・橘元輔・定光・忠光・忠定・豊原時元については、前朝に引き続き鳥羽朝においても奉仕している人々である。今回あらたに名がみられる中では、まず源盛家は醍醐源氏源盛長の長男[109]でその音楽活動は第25表のようになる。盛家は天仁二年（一一〇九）九月の競馬には鉦鼓を担当しているが、この場合は合図として使われているものであり、彼は主として歌人として勤仕したようである。天永元年（一一一〇）十二月の賀茂臨時祭の時も本来は陪従として奉仕の予定であったが、舞人の一人源能賢が参仕しなかったために急遽舞人に任ぜられたものであった。盛家の弟家時は雅楽助に任ぜられている。

藤原兼定と同時定はともに説孝流藤原知定の子で、いわゆる藤原氏陪従家の一員である。兼定が雅楽頭、弟時定が雅楽助を勤めたことや、その音楽活動に関しては第一章で述べたところである。ことに時定は長承三年（一一三四）八月一日付「楽所上日解」にみえるように、次の崇徳朝においても楽所召人として奉仕している。橘清仲についての

系譜は未詳であるが、音楽活動は同表のようにみえる。これによるとその活動時期は鳥羽、崇徳、近衛天皇の三代四〇年以上にわたっており、召人や陪従として笛を掌ることが多かったことが知られる。また同「楽所上日解」にもみえており、少なくとも次の崇徳朝において楽所召人であったことは明白である。重忠についての出自は未詳であり、永久元年（一一一三）正月十六日の藤原忠実任太政大臣大饗、大治四年（一一二九）正月二十日の朝覲行幸の御遊にそれぞれ地下召人としてみえ、同五年十二月八日の内侍所御神楽に陪従の一人として勤仕している(110)。

豊原元秋は専業の地下楽家豊原時元の子であり、召人としては『中右記』元永二年十月二日条の藤原忠実講筵後の御遊にみえる。笙とともに右舞を相伝し、山村助高の娘婿となったと伝える。小部正清もやはり元秋と同行事の御遊において召人として窺える。小部（戸部）氏は笛を掌る専業の地下楽家であった。このほか、同書同年七月八日条の藤原忠通主催の管絃に召された豊原時秀・大神元正（基政）も同様に専業の楽家楽人であり、時秀は豊原時忠の子、基政は笛を掌った楽家大神惟季の子であった。彼らについてはあらためて他稿において検討したい。

ただ、ここで注目すべきは、いずれも摂関家の藤原忠実や忠通主催の管絃に召されていることであり、これらは個人的な結び付きによるものであったことが推測される。しかし、既述のように堀河朝には豊原公里・同時元らが皇居での御遊に召されるようになったのであり、この点については先に注目したところである。彼ら専業の地下楽家舞人・楽人は、堀河朝嘉保二年二月の楽所始において楽所の一構成員として任ぜられ、当番制で楽所に宿仕祗候していたのであり、この鳥羽朝の楽所始においても、殿上寄人・地下寄人とともに配された楽所楽人の中には当然、豊原・大神・小部氏といった専業の地下楽家楽人が含まれていたものと考えられる。

しかしまた、『長秋記』永久元年正月八日、八月六日条の楽所史料によると従来とは異なった楽所、楽所人のあり方を窺うことができる。すなわち、前者は同日の朝覲行幸における記事であり、ここでは舞楽の最中に楽所への引出物の馬が曳かれたが、この時の舞人・楽人として勤仕していたのは多・狛・山村氏等といった専業の楽家地下楽人であった。また後者は同年八月六日の醍醐寺における左大臣家（源俊房）花供であり、この舞楽に勤仕した豊原時元・多時忠・大神元正・小部正清・豊原時秀、あるいは物師らに纏頭し、さらに残りは楽所に納めた旨のことがみえる。これらの楽所は、いわゆる楽屋と捉えられないこともないが、同史料にはこの後さらに装束等を賜った時元・元正について「召日来楽習礼間祇候者也」とみえ、これを大内楽所を利用しての習礼と理解することが可能なことから、同楽所は大内の常設的楽所と捉えてよいであろう。とするならば、ここに習礼のために祇候していたのは豊原・大神・多・狛・山村氏等といったような専業の地下楽家楽人・舞人であったのであり、結果的には舞楽を奏したその大部分が楽所の舞人・楽人であったということになる。これは鳥羽朝における楽所始以前のことであったことから、このような結果的状況は少なくとも楽所構成員の中に専業の地下楽家舞人・楽人が配された堀河朝嘉保二年二月の楽所始まで溯ることができるのである。

専業の地下楽家舞人・楽人は、殿上・地下の寄人（召人）とともに楽所に祇候し、御遊や管絃の興など公私の管絃の機会に奏楽を行うことになるが、彼らの本来の職掌は第一、二章で検討してきたように雅楽寮や衛府の下級官人に補任され、皇居を中心に行われた宮中儀式に舞人・楽人として勤仕することであった。従来の説では、大内楽所にはその創設以来、衛府官人として補任された専業の地下楽家舞人・楽人が配されており、雅楽寮の衰退によって大内楽所は雅楽を教習し統轄する音楽教習機関の中心となり、鳥羽朝に制度化すると考えられてきた。しかし、これまでみてきたように、楽所の機能とは主として皇居等で行われる御遊・管絃に祇候する侍臣の、あるいは臨時祭などに舞人・楽人として参加する王卿貴族の子弟たちの楽舞の調習の場というものであった。これが堀河・鳥羽朝になるところに加えるに、御賀・仏事供養等の儀式次第の肥大化とともに、そこで行われた舞楽の舞も奏楽も王卿貴族の師弟たちによって掌られるようになり、彼らの舞楽調楽の指導者として楽所に地下楽家楽人が加えられたことが考えられる。だが、肥大化した御賀や仏事供養は康和年間以降のことであり、すでにこれ以前の嘉保二年の楽所始において楽家楽人が大内楽所の構成員の一員とされているのである。したがって、その主なる原因をこれ以前に求めねばならない。

まず先に述べたように、白河朝承暦元年（一〇七七）十二月の新願法勝寺供養の音楽が常設楽所を利用して行われたものであったことが注目される。また、堀河・鳥羽朝にはそれぞれの御願寺である尊勝寺・最勝寺が建立されたが、それぞれの供養会において行われた蝶・菩薩の舞楽は王卿貴族の子弟が勤めたものと察せられ、これとともに地下楽家の舞人・楽人によって舞楽が行われた。さらに、既述のように堀河朝の楽所始以前に院楽所が設けられたことが重視される。院楽所の史料はそれぞれ日吉社・春日社御幸の記事であったが、当該期にはほかに『中右記』寛治四年（一〇九〇）十一月二十九日条の石清水御幸、同七年十月三日条の日吉社御幸がみえ、白河上皇による諸社参拝が頻繁に行われたことが窺われる。この御幸の当日をむかえるまでの日程を前者の場合についてみると、およそ一ヵ月前の十月二十八日に「御物詣定」があり、二日前の十一月二十七日に試楽があり、当日をむかえると東遊、雅楽寮による舞楽六曲、神楽が奏された。『江家次第』巻第十九、石清水御幸儀によると「次給禄於舞人陪従召人諸衛官人以下楽人等」とあり、これらの楽舞に携わった人々が知られ、この中の舞人・陪従は東遊を、召人・諸衛官人以下楽人は御神楽と舞楽を、ことに諸衛官人以下楽人は舞楽と御神楽の人長以下を掌ったことが考えられる。このような楽舞の調楽は当然、「御物詣定」から試楽までの間に行われたものと思われ、堀河朝の『中右記』寛治七年三月十一日条の春日社御幸の調楽に「舞人六人参会」とあり、同じく同年十月一日の日吉社御幸の調楽に「調楽之間、兵衛佐行宗、六位二人参仕、他舞人等皆申所労不参仕」とあるように、また寛治四年十一月二十七日の石清水八幡宮御幸の試楽に奏された楽舞内容からみても、臨時祭などと同様に王卿貴族の子弟によって行われた東遊のための調楽が中心であったといえる。しかしながら、寛治七年三月の調楽記事によると東遊の後に御神楽があり、右近将監多資忠が本拍子、兵庫頭友定が末拍子、右近府生秦兼方が人長をそれぞれ掌ったという。兵庫頭友定は既述したように藤原氏陪従家の祖ともいうべき藤原知定であり、右近将監多資忠はいうまでもなく専業の地下楽家楽人多氏であり、友定（知定）は翌々年に行われた堀河天皇の楽所始に地下召人として、多資忠（佐忠）は楽所楽人としてそれぞれ祇候することになるのであり、そういう意味においてこの調楽は注目される。しかも、藤原宗忠が「逐電馳参」と記しているように、急遽行われた調楽は院の御所である六条殿の東細工所を楽所とし、院庁の官人が衣冠を着し、饗饌があり、院蔵人が勧盃するなど「一如大内儀」とあるように、まさに大内の楽所始であるかのような式次第が取り進められたのである。院に楽所が設けられたことについては問題ないと思われるが、いわゆる常設的な院楽所として設けられたのかという点については、院楽所の史料が他にみられないこと、白河上皇が特に御遊・管絃を好んだことは窺えないことなどから、御幸のための楽所として臨時的に院に設けられたものと考えられる。しかし、この御幸には召人・陪従・諸衛府官人といった楽人が勤仕したのであり、彼らが臨時的ではあれ楽所に参仕したものとみることができる。この事例は二年後の嘉保二年二月に行われた堀河天皇の楽所始には先例の一つとして影響をあたえ、召人・陪従・諸衛府官人といったような楽人が楽所構成員とされていったとみることができるのではなかろうか。堀河院以降の楽所はそれまでの常設楽所を踏襲しつつも、白河上皇が行った臨時的な院の楽所の影響のもとに成立したものではなかったかと考えられるのである。

こうして新たに構成された楽所は、専業の地下楽家楽人を楽所楽人としてその一員としたのであり、御遊や管絃の興に始めて地下楽家楽人がみえるのも嘉保二年（一〇九五）のことであり、堀河朝において『中右記』同年六月九日条に「近日毎夜召楽人於弓場殿、有小音楽、被始楽所後、当番楽人等宿仕之時、必召弓場有絃管興也」とある楽人とはまさにこの楽所楽人を指し、同七月七日条に始めて豊原公里・時元らの名がみえることはすでに指摘したところである。したがって、嘉保二年の楽所始において地下楽家楽人が加えられたことは、笙を豊原時元より伝授した堀河天皇の意向も強くはたらいたものであったろう。

また従来、楽所に祗候した楽所舞人・楽人に関しては、『楽所補任』にみえるように多数存在しているように考えられてきた。(111) しかし、楽所の主な機能が御遊・管絃の興に召人として加わることや王卿貴族の子弟への楽舞の指導であったことを考慮するならば、楽所舞人・楽人の数はそれほど多い必要性はないのである。おそらくは地下楽家舞人・楽人の中でも一者・二者などそれぞれの上級の舞人・楽人たちであったものと推察される。たとえば、建久五年（一一九四）二月の楽所始では舞人は左右にそれぞれ六人とみえ、楽人として笛・笙・篳篥とがあげられているが、長承三年（一一三四）八月一日付「楽所上日解」によって、舞人・楽人の内容を検討すると、二五名の地下の舞人・楽人のうち、左舞人六人、右舞人六人、笛六人、笙五人、篳篥二人となるのであり、『楽所補任』長承三年条の舞人・楽人の数四五人と比べると、およそ半数となっている。「楽所上日解」の数はそのすべてではないという見方もできようが、この中には「上日無夜無」の者もかなり含まれているところをみるならば、やはり彼らが同年の楽所舞人・楽人のほとんどを占めていたとみるべきであろう。『楽所補任』は正しくは『楽人補任』であったと察せられるのであり、(112) まさに宮中儀式等に舞人・楽人として供奉すべき者たちであった。また同書はおよそ鳥羽朝から始められているが、既述のように地下楽家楽人が楽所に配されるのは堀河朝からと考えられるのであり、この点からいっても『楽所補任』にみえるすべてを楽所舞人・楽人と捉えることに対しては疑問を感ぜざるを得ない。楽所舞人・楽人は楽家舞人・楽人の中から上級の者を中心として選ばれた者が祗候したのであり、彼らは同時に舞人・楽人（笛・笙・篳篥）の一者として宮中儀式での音楽の中心にならねばならなかったのであり、従来の説ではおそらく一つにはここのとこ

第26表　永久元年朝覲行幸・花供地下舞人・楽人

正月八日朝覲行幸
左方……左近将曹狛行高・同府生狛末定（貞）・同大神則遠・同大神是（惟）行・同狛行季
右方……右近将曹多忠方・同府生多近方・同山村助（資）高・右衛門府生矢集近正・同紀為季・右兵衛府生丸部忠影・同尾張時包（兼）
八月六日源俊房花供
左方舞人……左近府生狛光則・同光時・右衛門府生矢集近正・豊原時正
右方舞人……右近将曹多忠方・右近府生多近方・同山村助（資）高・豊原元秋（明）
左方楽人
笛―雅楽属大神基政（元正）・左近将曹小部正清・左近府生清原助（資）貞
笙―左近将監豊原時元・雅楽属豊原時忠・豊原時秀
篳篥―左衛門府生正延（正信）・右衛門志延国（信国）
鞨鼓―右近府生玉手則清（兼三鼓）　鉦鼓―貞義　太鼓―近信

ろに誤解があり、地下楽家舞人・楽人のほとんどがいかにも楽所に所属し、楽所舞人・楽人として宮中儀式の音楽を掌ったかのように考えられてしまったのであろう。(113)

たとえば、永久元年（一一一三）正月八日の朝覲行幸で舞楽を奏した舞人、同年八月六日の源俊房花供に舞楽を奏した舞人・楽人については『長秋記』にみえるが、これを『楽所補任』同年等によって確認すると第26表のようになる。しかし、この中の豊原時正・同時秀・貞義・近信については、『楽所補任』にはみられない。時秀は笙を掌っていることから、豊原時忠の子であることは問題ないであろう。だが、左方舞人の中にみえる豊原時正については楽家豊原氏の系図では確認できず、未詳である。豊原氏では元秋（明）が右舞を相伝したほかは笙を本業としていることからも、豊原時正については『長秋記』著者源師時の記憶違いか、錯簡である可能性もあろう。貞義と近信は物師であったようだが、近信は番長でもあったとして他の物師より一段分、余計に纏頭を受けている。また、元秋は『楽所補任』によれば永久元年にはみえず、保安二年（一一二一）に始めて右近府生として補任されていることが知られる。しかし、元秋は『中右記』元永二年（一一一九）十月二日条の御遊に召人として祗候しているのであり、長承三年の「楽所上日解」には無官で正六位上の豊原光秋が楽所の一員としてみえることから、元秋も右近府生として補任される以前の元永二年には、すでに楽所楽人として祗候していたことが推察されるのである。このような元秋や光秋の例は、『楽所補任』に記載されていない者で楽所舞人・楽人であった者もいたことを示すものであり、同書に記されているのはいわゆる専業の地下の舞人・楽人であって、楽所人はこれらを含んだ舞人・楽人の中から選ばれたものと解せられよう。しかし、嘉保二年（一〇九五）の堀河朝の楽所始以降には、結果的には、宮中儀式に音楽を掌った専業の地下楽家楽人が楽所舞人・楽人の中心であったことも確かであろう。

ところで、鳥羽天皇は、保安四年（一一二三）正月に二十歳で譲位し、代わってその子顕仁親王が三歳で践祚した。崇徳天皇である。同天皇は、永治元年（一一四一）十二月に譲位するまでのおよそ一八年間の在位であり、管見になる楽所史料は四例知られる。長承三年（一一三四）八月一日付「楽所上日解」などは崇徳朝において常設的楽所がひらかれていたことを示すものであるが、楽所始は長承元年三月二十二日のことであり、左兵衛陣を楽所とし、楽所別当には頭中将藤原公教が任ぜられ、殿上人・楽人らが参会して行われた。『中右記』によるとその翌日には臨時楽御覧が催されたが、これは楽所開きをうけて大内において崇徳天皇が始めて舞楽を覧るというもので、楽所舞人・楽人によって行われたものであったろう。

同書によると崇徳天皇は大治四年（一一二九）正月一日に九歳で元服し、この時の御遊に始めて出御したことがみえ、祖父の堀河、父の鳥羽両天皇の例を考慮すると、崇徳天皇においてもこの元服の頃よりなんらかの楽器を習ったことが推測される。長承元年三月の楽所始はその三年後、崇徳天皇十二歳のことであった。これは父鳥羽天皇の十五歳、祖父堀河天皇の十五歳に比べて早いが、同天皇が自ら奏楽した記事はみあたらない。しかし、同書大治四年正月三日条元服の後宴において、三献の後のこととして「催楽之由内弁被示、左大弁起座催楽」とあり、自ら舞楽を催したこと、先の長承元年三月の楽所始後に臨時楽御覧があったこと、これ以後の同年八月二十二日、同二年三月七日、同三年十二月十三日、同月十七日、同年閏十二月三日、同月十四日、保延元年（一一三五）正月十九日、同年十月二十九日、同年十二月一日、同二年二月九日、三月八日など[114]と楽所始より数年間にきわめて多くの舞楽御覧が行われていること、あわせて『長秋記』長承三年十二月三日条によると、同書著者源師時の子師仲の納蘇利舞を地下楽家舞人の多忠方を招いて指導させたが、これは崇徳天皇が師仲の納蘇利と侍従為通の龍王を覧ることを望んだことによるものであったこと、また退位後も『台記』久安四年（一一四八）七月十四日条に「奏左右舞中各一曲、而以上皇好舞故、奏左右各三曲」とあることから、同天皇は若い頃より一貫して舞楽をひじょうに愛好していたことが知られる。これは祖父の堀河、父の鳥羽両天皇からの血筋を受け継いだことと、父鳥羽上皇が退位後も自ら積極的に奏楽に加わり、ことに天治元年（一一二四）正月五日、大治三年（一一二八）正月二日の朝覲行幸での御遊において鳥羽上皇が笛を奏しており[115]、環境的にも音楽的な条件がととのっていたといえよう。

さてそれでは、崇徳朝における皇居や臨時祭の変遷を通して、楽所の置かれた場所を推測してみよう。保安四年（一一二三）正月二十八日に土御門烏丸殿で践祚した同天皇は、二条殿に遷御する長承二年（一一三三）十二月までの間、大治四年（一一二九）から同五年三月四日まで、同殿増築のため三条南、京極西の鳥羽上皇御所三条京極殿を皇居としたほかは土御門烏丸殿を皇居としたのであり、長承元年三月の楽所始も同殿兵衛陣に楽所が置かれたものであった。皇居が三条京極殿にあったおよそ四ヵ月間は楽所が同殿に移された可能性も考えられるが、その後二条殿に移る長承二年十二月までは楽所は主に皇居のあった土御門烏丸殿にあったものであろう。

この後皇居は、長承二年十二月より鳥羽上皇御所二条殿とされ、同殿が保延四年（一一三八）二月二十四日に焼亡すると、三条桟敷殿を経て三月五日には小六条殿、ついで四月十九日には修造なった土御門烏丸殿へ移り、同殿が焼失すると同年十一月二十四日には再び小六条殿へ、そして保延六年十一月四日に新造落成した土御門烏丸殿へ移り皇居とした。この間もそれぞれの皇居に楽所が設けられたものと察せられるが、ことに二条殿皇居においては、長承三年十二月・閏十二月、保延元年十月・十二月、同二年正月・二月・三月と舞御覧が集中して行われており注目される。その一つの『長秋記』長承三年閏十二月三日条に、

昨日主上以師仲被仰云、明日可覧殿上人等之舞、密々参仕、可窺見也、仍参仕、（中略）、於西北中門内有此事、破立蔀、自其窺也、先之頭中将季成舞納蘇利、着装束楽人両三人祗候、殿上人相交、打鼓鉦等、

とあり、この時の舞人は公卿の子弟であったが、楽人は殿上人と地下楽人二、三人によって奏されたものであったという。ここでいう地下楽人とはいわゆる大内楽所に祗候していた楽所楽人、すなわち専業の地下の楽家楽人であり、また奏楽した殿上人についてもいわゆる楽所の殿上寄人であったものと推察され、いずれも二条殿に設けられた大内楽所に祗候した楽所人であったろう。これら楽所始後に集中的にみえる舞楽御覧についても、その舞人・楽人はおよそ同様の構成によって行われたものと考えてよいであろう。

ところで、舞御覧に着目して鳥羽・堀河朝まで溯ってみると、堀河朝では楽所始後には御遊・管絃という楽所が本来有していた機能が盛んに発揮されたのであったが、鳥羽朝には元永元年（一一一八）十月の楽所始以後には堀河朝同様、地下楽家楽人を召しての御遊・管絃が盛んになったと同時に、同二年八月十七日、同年十月六日、同月七日と皇居での舞楽御覧がやはり集中的に行われているのである(116)。このように鳥羽朝になってしかも楽所始後に舞楽が頻繁に行われるようになっているということは、堀河天皇嘉保二年の楽所始以来、専業の地下楽家舞人・楽人が楽所舞

人・楽人としてしだいに楽所に根を降ろすようになり、皇居における舞楽が楽所舞人・楽人の機能の一つとして定着してきたことを示すものであると推察される。しかし、後世にはこの楽所に祗候した舞人・楽人としての舞楽奏楽と地下楽家舞人・楽人としての宮中儀式での奏舞が渾然化してしまい、先に述べたように楽所舞人・楽人が宮中儀礼の舞楽を掌るものとされていくようになると考えられるのである。いわゆる『楽所補任』が鳥羽朝天仁元年（一一〇八）より始められているのもこのようなことに起因するのかもしれない。

さて、崇徳朝においても御遊・管絃興に地下召人とみえる者については、いわゆる楽所人であったと察せられる。まず、楽所地下寄人としてあげることができるのは、

盛家　元輔　兼定　藤原時定　橘貞元　高階業兼　重忠　清仲　範基　定基　孝博

であり、楽所地下楽人として元正がみえる。(117) これらのうち、源盛家・橘元輔・藤原兼定・藤原時貞（定）・橘清仲・重忠・藤原孝博、楽人大神基政（元正）については前代以来の勤仕であり、彼らの出自等については既述したところである。新たな楽所人としてみえる橘貞元・高階業兼・範基・定基の中でも源範基については雅楽寮のところで既述した。定基は『長秋記』天承元年（一一三一）正月十九日条の関白忠通大饗の御遊に召人としてみえるが、『永昌記』天治元年（一一二四）六月三日条の鳥羽上皇皇子第五夜にやはり召人としてみえる橘貞元と同一人であろう。しかし、これまでの橘氏との関係は未詳である。高階業兼についても後朱雀朝には篳篥を奏した高階成棟がいるが、その関係等は未詳である。

このように崇徳朝においては前代に引き続き、音楽活動は活発であった。しかし、天皇自身は御遊・管絃よりは舞楽を好み、御遊・管絃は鳥羽上皇との関係において盛んであったといえる。すなわち、保安四年（一一二三）十月十八日の大嘗会調楽を始め、大治三年（一一二八）正月二日の朝覲行幸、保延三年（一一三七）六月二十三日の臨時御会、

同月二十六日の院による御懺法講後の御遊等において同上皇は横笛を奏し、また大治五年九月五日の院御所における和歌・管絃など、[118]院御所への朝覲行幸での御遊を含めると、きわめて多くの御遊・管絃が鳥羽上皇御所において行われているのである。しかも、これらの時に召されている召人は藤原時貞（定）・藤原孝博・大神基政（元正）のいずれも大内楽所地下寄人、同楽人であったのであり、鳥羽朝以来勤仕している者たちであった。このことから考えるならば、おそらくは大内楽所とは別に院楽所が設けられることはなかったものと察せられる。

永治元年（一一四一）十二月に崇徳天皇が譲位すると、これを継いだのはやはり鳥羽法皇皇子の体仁親王であった。近衛天皇であり、受禅した時いまだ三歳であった。近衛天皇の治世はその崩御する久寿二年（一一五五）七月までの一三年間余であり、この間の楽所史料は三例が知られる。このうちの一つは仁平二年（一一五二）三月七日に行われた鳥羽法皇五十御賀関連の記事である。『山槐記』や『本朝世紀』同元年十月十六日条にみえる記事はこの時の皇居小六条殿[119]に設けられた御賀のための楽所であり、常設的楽所の利用も考えられよう。また『山槐記』同二年三月一日条に「抑舞以前為令着陵王装束、中御門中納言相具息童被向楽所、親昵人々同向」とある記事は鳥羽殿で行われた御賀舞御覧のものであり、ここにみえる楽所とは『兵範記』同年二月二十五日の同御賀試楽にみえる記事「次可有童舞之由、頭辨奉仰宣下楽屋、此間中納言家成卿、率一族卿相起座、出殿上方経南庭到楽屋、陵王童着装束」と比較すると、いわゆる楽屋と捉えることができる。

近衛朝における皇居の変遷は、土御門烏丸殿にて践祚後しばしば小六条殿に遷御し、久安四年（一一四八）六月二十六日の土御門烏丸殿の焼亡により、四条北、東洞院東の四条東洞院殿に移り、仁平元年六月六日の同殿焼亡により、八条北、東洞院西の美福門院御所八条殿、同年七月五日には小六条殿、十月十八日の同殿の焼亡により、六条烏丸殿を経て、同年十一月十三日に近衛北、烏丸西の藤原忠通第の近衛殿へと遷御しており、堀河朝以降の楽所の在り方からみるとそれぞれに楽所が移されたことが推察されよう。この間、御遊・管絃が十数回、舞楽御覧も十数回みえるが[120]、御遊・管絃についてはほとんどが鳥羽法皇御所への朝覲行幸でのものであり、舞楽御覧の場合はその多くが鳥羽法皇もしくは崇徳上皇によるものであった。これは近衛天皇在位期間は同天皇二歳から十五歳頃までのことであり、天皇が幼年、少年であったことにもよろうが、近衛天皇が満十歳で元服をむかえた二年後の仁平二年三月二十日に皇居で舞楽御覧が行われたことについて、『兵範記』では楽人・舞人となるべき殿上人の多くは鳥羽法皇と崇徳上皇の御供のために熊野に参じており、その残りの楽人が皆参仕してとり行われたなどと記しているように、舞楽御覧は法皇や上皇による開催が顕著であった。

近衛天皇も崇徳上皇同様、祖父を堀河天皇、父を鳥羽天皇にもち、音楽的血筋を受け十歳の時の元服儀の頃より笛を習った可能性はあるが、近衛天皇に関する音楽との深いかかわりは見出せず、祖父や父や異腹の兄崇徳上皇とは異なり、むしろ音楽への関心はそれほど高いものであったとは考えられない。したがって、御遊・管絃に自ら加わることがほとんどなかったと思われる近衛天皇の代には、堀河・鳥羽・崇徳天皇がそれぞれ行ってきた楽所始も行われることがなかったものと考えられる。もちろん、同代においても石清水・賀茂臨時祭がおよそ行われ、鳥羽法皇御賀楽所が皇居に置かれたと察せられることからも、大内の常設的楽所は存在していたであろう。しかし、常に開かれ、楽所人が祇候していた可能性は少ないのではなかろうか。

近衛朝の御遊・管絃等に地下召人としてみえるのは、

藤原時定　藤原頼方　橘清仲　橘定元　源範基　源信綱

であり、源信綱を除いていずれも以前から勤仕している者たちであった。源信綱は清和源氏源久隆の子と察せられ、その音楽活動は第27表のようにみえる。これによれば、信綱は近衛朝より後鳥羽朝まで七代の天皇四五年以上にわた

第27表　源信綱の音楽活動

年月日	行事名	官職	典拠	備考
久安五・七・二八	藤原頼長任左大臣等御遊		本朝世紀	地下召人
久寿三・二・二三	石清水八幡宮行幸調楽始		山槐記	陪　従
三・三・一〇	石清水臨時祭調楽		兵範記	陪従。歌を掌る
三・三・二二	石清水臨時祭		兵範記	二歌を掌る
永暦元・一一・二三	御神楽	相模権守	山槐記	歌人を掌る
元・一二・二七	内侍所御神楽	相模権守	山槐記	陪　従
応保元・七・八	平野・大原野社行幸		山槐記	歌を掌る
元・一二・七	内侍所御神楽		山槐記	陪従。末歌、拍子を掌る
長寛元・正・二	朝覲行幸		御遊抄	陪　従
仁安二・一二・四	内侍所御神楽		兵範記	地下召人
三・一二・二	賀茂臨時祭定幷調楽		兵範記	歌人を掌る
三・一二・四	内侍所御神楽		兵範記	地下者
四・正・二〇	石清水臨時祭		兵範記	召人。一歌を掌る
四・二・五	皇太后（滋子）平野社行啓定		兵範記	陪　従
四・二・一二	皇太后（滋子）平野社行啓	相模権守	兵範記	陪　従
四・二・一七	石清水臨時祭定		兵範記	歌　人
四・三・一四	石清水臨時祭	相模権守	兵範記	歌人を掌る
四・三・二〇	石清水・賀茂社行幸舞人定		兵範記	歌人を掌る
嘉応元・四・二六	石清水八幡宮行幸	相模権守	兵範記	陪　従
元・一一・二一	御禊		兵範記	陪従。二歌を掌る
元・一二・七	内侍所御神楽		兵範記	地下召人
承安三・五・二	鴨合、管絃		古今著聞集	陪従。歌を掌る。同書では承安二年とするが、同三年の誤りか
治承三・一二・一四	内侍所御神楽		山槐記	陪　従

って音楽活動に奉仕したものであり、これまでみてきた陪従の中ではもっとも長い例である。『古今著聞集』所引承安三年（一一七三）五月二日の鴨合での管絃にみえる陪従信綱について、日本古典文学大系本同書頭注では「内麿公流日野、兵庫頭範綱男か」としている[121]。その奉仕期間がきわめて長いことから既出の諸例の中には久隆の子の源信綱以外の例も想定できなくはないが[122]、陪従としてほぼ一貫して歌人を掌っていること、建久五年（一一九四）二月に行われた後鳥羽天皇の楽所始では地下寄人の一人としてみえ、陪従の中では「信綱、有頼、仲俊、俊

四・四・八	石清水臨時祭定	吉　記	歌人を掌る
四・四・二六	石清水臨時祭	山槐記	所作陪従
元暦元・一一・一四	清暑堂御神楽拍子合	御遊抄	陪　従
建久五・二・二七	後鳥羽天皇楽所始	玉　葉	陪　従

基」とあるように最初に記されており、これは信綱が『山槐記』仁安二年（一一六七）三月二十日条の石清水臨時祭などに陪従として供奉した有頼・仲俊より年長で、陪従の中でも長老であったことを示していると思われることなどから、既出の奏楽例はいずれも久隆の子の源信綱によるものであり、四五年以上にわたって陪従として朝廷に奉仕したものであったと考えられる。また、『御遊抄』所収の元暦元年（一一八四）十一月十四日に行われた清暑堂御神楽の拍子合によると、信綱以下陪従三人と近衛召人の多好方・多近方が祇候し、末拍子をめぐって信綱と近方が口論したとされている。この多近方についてここでは頭中将源通資が近方の弟子であったとしているが、近方は後述のように多好方の父で仁平二年（一一五二）に没していることや、『神楽血脈』によると通資へ伝授しているのは近方ではなくその子近久とされていることから、通資は近方の弟子ではなく近久の弟子とすべきであろう。したがって、多近方は近久の誤りであり、源信綱は多近久と口論したものと察せられる。相承関係でみると、信綱と好方はともに多近方より神楽を相承し、『糸管要抄』などによれば近久も近方からの相伝とみえ、いずれも同時代の人々であった。その多好方と多近久は、ともに建暦元年（一二一一）に没し、多好方は八十二歳であったとされていることからも、同時代に生きた源信綱の既出の長期にわたる音楽活動は十分容認できるものと考えられるのである。

ともかくも、鳥羽・崇徳・近衛朝においては、白河上皇の院楽所の影響等で堀河天皇楽所始とともに新たな構成で始められた大内楽所は、堀河天皇につづいて鳥羽・崇徳天皇も音楽を愛好したことから活発な動きをみせたが、崇徳・近衛朝では鳥羽上皇や崇徳上皇の院による音楽的活動が顕著であった。また、楽所は堀河朝以後、原則として皇居とともに移されて置かれたものと察せられるが、鳥羽から近衛朝においても同様であったものと考えられる。崇徳・近衛朝に音楽儀礼的な面においても中心的存在であった鳥羽法皇は、近衛天皇が十六歳の若さで没した翌年の保元元年（一一五六）七月に没するのである。

3　後白河・二条・六条・高倉・安徳・後鳥羽朝における楽所と楽所人

久寿二年（一一五五）七月、近衛天皇が崩御すると、同月に践祚したのは鳥羽天皇皇子雅仁親王（後白河天皇）であった。これは鳥羽法皇・美福門院・関白藤原忠通の援護によるもので、同親王が姉小路北、西洞院東の美福門院御所高松殿において践祚した時には二十七歳であった。しかし、翌年七月鳥羽法皇が没すると、後白河天皇とその兄の崇徳上皇や藤原忠通の弟左大臣頼長一派との対立が激しくなり保元の乱が勃発し、これに勝利するとその二年後に帝位を皇子守仁親王（二条天皇）に譲り、自らは院政をしき、後鳥羽天皇までの三十余年間続いた。この間、源平などによる騒乱があったが、『楽所補任』によると一一七〇、八〇年代の舞人・楽人の数はもっとも少なくなっており、音楽的活動も衰退していることが知られるのである。順に検討していこう。

後白河天皇は高松殿で践祚、即位した後、保元二年（一一五七）十月に新造落成した内裏に遷御し、翌年四月には再び高松殿を皇居とし同年八月に譲位する。後白河朝における楽所記事は、『兵範記』保元三年三月十日条の石清水臨時祭調楽の一例が知られ、楽所はこの時の皇居である桂芳坊に置かれた。また、久寿二年十二月の賀茂臨時祭試楽や保元元年三月の石清水臨時祭調楽が皇居で行われていることが窺われ(123)、同朝においても皇居が高松殿に移された時には楽所は同皇居に置かれたものであろう。しかし、後白河天皇代には後の上皇時代も含めて、管絃や舞楽御覧が盛んであったことは窺えない。むしろ、『禁秘抄』の「諸芸能事」に「後白川今様無比類」とみえるように今様を好んだのは著名なところであり、御遊は久寿二年十一月二十五日の清暑堂御神楽、保元二年八月十九日の藤原基実任右大臣等大饗、同三年正月十日の朝覲行幸、同月二十二日の内宴などにおけるものが知られるが、[124] 内宴では「付歌」とあるように自ら歌っており、同書「御侍読事」にはまた「後白川院催馬楽資賢卿今様遊女乙前」とある如く今様や催馬楽のような歌謡を好んだものであった。したがって、後白河天皇の管絃や舞楽に対する関心は低く、楽所人が召された御遊等においても歌謡が中心に奏されたものであったろう。同朝の御遊等での召人としては散位源範基・同藤原頼方・式部丞橘章盛・兵部丞藤原盛清・藤原頼業がおり、また保元三年三月十日に楽所で行われた石清水臨時祭に勤仕した散位範基・頼方・信綱・式部丞則盛・兵部丞盛清・縫殿助維盛・同頼業・左衛門志好方についても、その幾人かは召人と重なっているように彼らもまた楽所に祗候した可能性がある。召人のみについてみると、源範基・藤原頼方・源信綱については既述したところである。兵部丞藤原盛清は武智麻呂の孫真作の後裔藤原清兼の子で『尊卑分脈』には兄の資清とともに陪従とみえ、その音楽活動は第28表のようになる。また、藤原頼業についてはその官職や掌った楽器から、保元元年十一月の除目や同三年三月の石清水臨時祭等にみえる頼成、永暦元年（一一六〇）十一月の御神楽に陪従を勤めた頼盛も同一人物であったものと察せられる。正しくは頼成であり、藤原氏陪従家藤原頼方の子であろう。父頼方も篳篥吹きであることから考えてほぼ間違いないであろう。その音楽活動は同表のようになるが、『尊卑分脈』によれば「被放陪従」とあり、この後に陪従から追いやられたという。

式部丞橘章盛については、『山槐記』永暦元年十一月一日条に、

陪従章盛五位、臨時祭定文入笛了、而藤原惟盛前兵部丞、訴申、
仰云、章盛為貞元子重代者也、尤可奉仕笛、但其芸劣者不便、可依勅定、
此旨付内侍奏聞、仰云、可相計者、重申云、於笛惟盛雖優、章盛重代之上為上臈、有改定者又為彼訴歟、只可依

第28表　藤原盛清・同頼業（成）の音楽活動

藤原盛清

年月日	行事名	官職	典拠	備考
保元元・一一・二八	除目	兵部丞、元縫殿助	山槐記除目部類	陪従とみえる
二・八・一九	藤原基実任右大臣大饗	兵部丞	兵範記	召人
三・三・一〇	石清水臨時祭調楽	兵部丞	兵範記	陪従。和琴を掌る。史料大成版では「歌遊盛清」と区切るが、「盛清和琴」とすべきであろう
三・三・二三	石清水臨時祭	兵部丞	兵範記	和琴を掌る
永暦元・一一・二三	賀茂臨時祭	式部丞	山槐記	和琴を掌る
元・一二・二七	内侍所御神楽	式部丞	山槐記	陪従
長寛元・正・二	朝覲行幸		御遊抄	陪従

藤原頼業（成）

年月日	行事名	官職	典拠	備考
保元元・一一・二八	除目	縫殿助	山槐記除目部類	陪従とみえる。頼成とみえ、「無官第一」とある
二・八・一九	藤原基実任右大臣大饗		兵範記	召人
三・三・一〇	石清水臨時祭調楽	縫殿助	兵範記	陪従。篳篥を掌る。史料大成版では「笛頼業」と区切るが、「頼業篳篥」とすべきであろう
三・三・二三	石清水臨時祭	縫殿助	兵範記	召人。篳篥を掌る。頼成とある
永暦元・一一・二三	賀茂臨時祭	兵部丞	山槐記	篳篥を掌る。頼盛とあるも頼成（頼業）であろう
元・一二・二七	内侍所御神楽	兵部丞	山槐記	篳篥を掌る
応保元・七・八	平野・大原野社行幸		山槐記	篳篥を掌る。頼成とある
元・一二・七	内侍所御神楽		山槐記	陪従。篳篥を掌る。史料大成版では「笛惟盛、篳篥和琴範基」とあるが、頼業がぬけたものであろう
長寛元・正・二	朝覲行幸		御遊抄	陪従。頼成とある
二・閏一〇・二三	藤原経宗任右大臣等大饗		御遊抄	地下。篳篥を掌る

勅定、

とあり、崇徳・近衛朝に活動した橘貞元（定基）の子であったことが知られる。また同記事によると章盛は同年の賀茂臨時祭定において同祭の笛を担当することが定められていたが、これに対し笛吹の藤原惟盛からの訴えがあったという。これを蔵人頭藤原忠親が大殿（前関白忠通）の下に参じて申請し、内侍奏聞を経て、結局は章盛が重代者で上臈であったということから、勅定という形をとって章盛に定めたという。このように章盛は橘貞元（定基）の子で重代陪従を勤めた家の出自であり、堀河朝に仕えた橘章定につながる系譜であると察せられるが、橘氏の系図にはみられない。

楽所人と考えられる者については、さらに『山槐記』久寿三年（一一五六）二月二十三日条の石清水八幡宮行幸調楽始にみえる近衛召人の助種・正光・遠安、同じく保元元年十一月二十八日条の除目に陪従とみえる兵部丞藤原章光・中務丞藤原博泰、『兵範記』同三年三月十二日条の石清水臨時祭調楽、同月二十二日の同祭に召人とみえる延久、右近将曹多成方らをあげることができる。

二条天皇は父後白河天皇が即位後わずか三年弱で譲位したのをうけ、保元三年（一一五八）八月十一日に践祚、十二月二十日に即位する。この時十五歳であった。同天皇が譲位するのは永万元年（一一六五）六月のことであり、それまでの七年間弱に楽所記事は二例みられるが、これらはともにいわゆる大内楽所始のものである。永暦二年（一一六一）四月四日の楽所始の時、二条天皇は十七歳であった。同天皇は、『体源抄』十一ノ上「帝王管絃御沙汰之事」に「琵琶　箏」とみえるように絃楽器ことに琵琶をよく弾じ、御遊における奏楽も平治元年（一一五九）正月三日の即位後初めての朝覲行幸において琵琶を奏したのを初例として、同月二十一日の内宴、翌永暦元年十一月三日の禁中御遊、応保元年（一一六二）十二月十日の臨時御会での御遊[125]にも自ら琵琶を奏している。同天皇が楽器を手にした時期は他の天皇の例からみて、久寿二年（一一五五）十二月九日の元服後まもなくのことであったものと察せられ、平治元年正月に琵琶を奏した時には十五歳であり、楽所始の二年前のことであった。十七歳という楽所始の時の年齢は堀河・鳥羽天皇がともに十五歳であったのと比べても適当なものであったことが知られる。

二条天皇は内裏において践祚した後、保元三年十月十四日に藤原忠通第の東三条殿へ渡御し、同年十一月十九日には内裏にもどり、平治元年十二月の平治の乱に際しては六波羅殿・八条殿等に遷御、永暦元年八月以前に大炊御門北、高倉東の大炊御門高倉殿、同二年五月頃には東三条殿、同年十月頃には藤原基実第の高倉殿（土御門高倉殿）、応保二年三月二十八日に押小路南、東洞院西の二条東洞院殿（押小路殿、東洞院殿）へ遷御した。この間、皇居を内裏から里内裏へ移してからもしばしば内裏に遷御した。このように皇居はめまぐるしくかわったために、最初の楽所始の行われた永暦二年四月には楽所はどこに置かれたのか明確に捉えられないが、前年の永暦元年十二月二十七日には内裏に行幸しているものの、楽所始の行われた翌々日の同二年四月六日に大炊御門高倉殿において御禊を行っていること、[126]楽所の置かれた場所が「東中門外大学侍屋仮為此所也」とあることから、この時の楽所は大炊御門高倉殿の東中門外大学侍屋を仮りに楽所としたものと推察される。このようなめまぐるしい皇居の変遷は、前々年十二月に勃発した平治の乱後の騒然とした状況によるところが大きかったものと思われ、応保二年三月に新造落成した二条東洞院殿に遷御してようやく落ち着くのである。長寛二年（一一六四）正月二十七日の楽所始は、この二条東洞院殿に移された楽所であらためて行われたものであった。ともあれ、二条朝にあっても楽所は、原則的にはそれぞれの移動した皇居に設けられたものであったろう。

続いて、二条朝における楽所人について触れると、まず『御遊抄』長寛元年正月二日の朝覲行幸の御遊に陪従としてみえる雅楽頭源範基・散位藤原頼方・源信綱・藤原盛清・藤原惟盛・藤原頼成については楽所の地下寄人としてあげることができ、彼らはいずれも前代以前から勤仕している者たちであり、既述したところである。また、『山槐記』永暦元年十一月二十三日、応保元年十二月七日条などの内侍所等の御神楽に陪従として勤仕した前隠岐守雅範・前右馬権頭能宣（あるいは能定）・散位成綱・散位章盛・重光・長経・前兵部丞雅盛・俊基・盛綱、同書応保元年七月八日条の平野・大原野社行幸に陪従として勤仕した隆輔・光家・経時・業綱・経盛についても楽所に祗候した可能性が十分考えられよう。さらに、楽所始にみえる多忠節・多成方・狛光近については楽所楽人と察せられ、それぞれ専業の地下楽家多・狛氏であり、次章において詳述する。

さて、二条天皇が永万元年（一一六五）六月に譲位し、これにかわって帝位についたのは二条天皇皇子の順仁親王であり（六条天皇）、まだ一歳にも満たない年齢であった。その在位二年半の間、当然楽所始は行われなかったが、楽所記事としては『山槐記』や『兵範記』仁安二年（一一六七）三月十九日条の石清水臨時祭試楽の一例が知られ、これによると舞人・楽人らが楽所に参会しており、楽所が相変らず臨時祭調楽や試楽に利用されていたことが窺われる。同天皇はわずか二年半の間に、皇居は高倉殿、内裏、五条殿（五条北、東洞院東、藤原実長第）、土御門殿（土御門北、東洞院東、藤原邦綱第、土御門東洞院殿とも、正親町殿とも称す）、内裏、五条殿、内裏、高倉殿とめまぐるしく変遷している。舞人・楽人らが楽所に参会したという仁安二年三月の石清水臨時祭試楽の時には皇居は五条殿にあったが、『山槐記』によると「未剋参内」しての試楽と知られ、『兵範記』にも「依幼主不出御也」とあり[127]、試楽が皇居五条殿でのことであったことは誤りなく、楽所も同殿に置かれていたことであろう。したがって、臨時祭等のために楽所が利用される時には各皇居に設けられることになったものと思われる。しかし、六条天皇は幼少であり、後白河上皇も御遊等を特に好んだことは窺われないことから、在位の期間には各皇居ごとに必ず楽所が設けられ、寄人・舞人・楽人らが祗候していたとは考えられないのであり、楽所は臨時祭等の必要に応じて設けられたことも考えられる。

六条朝における御遊は数例しか確認できず、その召人も窺い知ることができない。しかし、楽所人の候補者ともいうべき、臨時祭や御神楽に勤仕した陪従・召人は次の通りである[128]。

修理権大夫頼輔　前左衛門佐実保　前右馬権頭能定　皇后宮亮頼輔　蔵人散位為頼　重光　雅楽頭頼方　宗行

範光　経盛　藤原仲俊　藤原有頼　侍従俊光　前越後守頼季　前近江守実清　能登守頼実　前馬助盛業　清輔

重雅　親資　信賢　散位経仲　信綱　惟成　兵部丞橘仲俊　好方　近久　助種

続いて高倉朝の検討に移ろう。高倉天皇は後白河上皇皇子で、六条天皇が仁安三年（一一六八）二月十九日に譲位すると、同日に践祚し三月二十日に即位した。この時六歳半であった。高倉朝における皇居の変遷についてみると、二月十九日に藤原基房第の閑院で践祚すると、三月十一日には内裏に遷御し同月二十日に即位式を挙行し、四月九日には再び閑院へ移御するもしばしば内裏に遷御した。安元三年（一一七七）六月に八条殿に移ると、同年にはさらに閑院、八条殿、土御門殿、八条殿と転々とし、十一月十二日には修造竣工なった閑院へ移御する。この後、治承四年（一一八〇）正月十日、閑院の穢により、五条南、東洞院西の藤原邦綱第に移り、二月十六日に閑院へ還御し、同月二十一日に同院において譲位する。この間の高倉天皇の在位期間は一二年間であり、楽所記事については一二例みられる。『兵範記』仁安三年十二月十四日条の賀茂臨時祭試楽には舞人らは桂芳坊に参集したというが、この時また「度々召楽所見参」とあるように、現に楽所に祗候していた者が召され楽舞を奏したものと推察される。ともかくもこれによって、常設的楽所が内裏の桂芳坊に置かれていたことは明らかである。同年四月九日以来皇居は閑院に移されたものの、大嘗祭を行うために何度か内裏に遷御しており、十一月十三日にも内裏に行幸して大嘗祭が行われ、その後もそのまま内裏にとどまり、同年十二月二日には「定了御覧之後、下給蔵人兵衛尉泰信、即於桂芳坊行調楽云々」とあるように賀茂臨時祭定の後に桂芳坊において調楽が行われているのであり、これが同祭の調楽始であったろう。このように仁安三年の末には、楽所は内裏桂芳坊に設けられていたのである。しかし、仁安四年二月二十三日、石清水臨時祭のための調楽が始めて行われたが、「陣頭無其便宜」ということで衛門陣としていた油小路面四足南掖に「立所司幄」て「為楽所」したとあり、さらに三月十三日には同祭の試楽があり、「舞人陪従集会楽所」したとある。この時の皇居は嘉応元年（仁安四）正月十三日に内裏より閑院に行幸して以来、同年五月十九日に内裏に還御するまで同院にあったと思われ、同院に置かれた衛門陣に便宜無しということで幄を立てて楽所となしているのであり、ここで調楽が行われ試楽にも利用されたものであったろう。この閑院楽所の例は、『江家次第』石清水臨時祭のところに「里内儀打幄於北陣准兵衛陣也」とある里内裏の例に相当するものであった。(129)

また、『玉葉』には安元二年（一一七六）三月四日に行われた後白河法皇五十御賀に関連した楽所記事が、同元年七月四日、同年十月五日・同月十六日、同二年二月六日条の四例みられる。これらによるとこの時皇居は閑院にあり、臨時的楽所始のところでも触れたように、同院に設けられた楽所において楽所始・調楽・試楽などが行われた。ただし楽所の設けられた場所は、十月十六日の楽所始の記事に経家朝臣の語った言葉として「舞人、楽人、申刻許参集、以中宮御方北廊、為其所云々」とあるように、閑院の中宮（平徳子）御方北廊であり、仮設された幄ではなかった。さらに、『山槐記』治承二年正月七日条の楽所記事は白馬節会に関するものであり、これまでには同会において楽所が利用された事例はみられなかった。ここでは「楽トク仕」れとの仰せがあったが、楽人らは楽所にいたためしばらくの間来なかったとみえる。この儀はやはり閑院で行われたものであり、内教坊舞妓の舞の伴奏をすべき楽人が楽所にいたということについては、同記事に楽人が楽所より召され舞台東方に列立したことに割注して、「大内儀立弓場可立西方也、而此殿々上幷弓場在東、仍立此方歟、而舞妓自西出又如何」とあり、楽人が東方に列立したことが異例であったことを示唆しているように、閑院において行われた特例として捉えられよう。このように高倉朝においては、楽所は内裏桂芳坊、閑院に認められたが、ここでも原則的にはそれぞれの皇居に設けられたとみなすことができるのである。

このほかの楽所史料について簡単に触れると、『吉記』承安四年（一一七四）二月九日条の最勝光院修二月会の記事には「第二間傍東、敷同帖為初夜導師座、傍西敷同畳、為楽所」とあり、ここでは「楽所」が「初夜導師座」などと対になっているように、調楽のためのいわゆる楽所そのものではないことは明らかである。しかし、後続の文に「儲楽人座」とあることから、この楽所とは単に楽人の座とも思われなく、今一つ明白ではない。あるいは作者の誤記の可能性もあるが、あるいは楽器が置かれていた実際の奏楽の場とも考えられようか。同書八月二日条には高倉天皇が後白河法皇の御所法住寺殿に行幸して行われた相撲御覧の記事があり、ここには二色幄を立てて楽屋としたとあるほかに「楽所酒肴」とある。しかし、「楽所酒肴」は高倉天皇が皇居に還御してからのことと察せられ、この時には七月二十二日より内裏におり、八月十一日まで同皇居にいたものと思われることから、八月二日には法住寺殿へ行幸しての相撲御覧を終えて内裏に還御して「台盤所菓子」と「楽所酒肴」[130]があったものであり、あるいは楽所人を召しての内々の管絃が行われたことが想定される。

ところで、高倉天皇は、『禁秘抄』「諸芸能事」に「笛、堀川鳥羽高倉法皇代々不絶事也」とあり、『体源抄』十一ノ上「帝王管絃御沙汰之事」にもその名があげられているように横笛を好んだものであり、『玉葉』承安四年十月六日条に公卿勅使を御卜するにあたって、兼実は三大納言の藤原隆季・同実房・同実国の中から実国を推薦しているが、その理由として「於実国者、為御笛之師匠、常以祗候」と述べているのであり、このことから高倉天皇の笛の師匠は藤原実国であったことが知られる。また、同記事に「主上近日御笛之外、無他事、又時（々）令弾琵琶給云々」とあり、同月十二日条にも「又主上令弾琵琶給」とあり、横笛のほかに琵琶を弾じたことが窺われる。このような音楽を愛好した高倉天皇にあっては当然、御遊のための楽所が開かれたことが推察できるが、これを直接示す記事はみられない。しかし、先には『玉葉』建久五年二月二十七日の記事に楽所の名簿について「永安度不進云々」とある「永安」とは「承安」の誤りであり、承安年間（一一七一～一一七五）に楽所が開かれたことを推測した。この楽所の開かれた時期をさらに推定すると、『玉葉』承安三年（一一七三）十月二十六日条に同月二十一日に催された新御堂（最勝光院）供養でのことについて「式部大夫維成打大鼓事、称御定由云々、而已不実云々、当今御時、未被始楽所、而以二条院楽所預打之、不当云々」とあることから、この時点においては高倉朝での楽所始が行われていなかったことは明白である。したがって、同朝での楽所始は、まずは同年十月二十六日以降のことであったことが窺える。既述のように同四年八月二日には大内楽所の存在が窺えたのであり、これ以前という可能性が一つ考えられるが、楽所始との関わりの深い御遊や舞御覧等について検討し、他の天皇の場合と比較しつつ、その時期についてもう少々考えてみよう。

高倉朝において行われた御遊を検討すると、およそ承安三年（一一七三）までは朝覲行幸・任大臣など恒例の御遊がみられる程度であるが[131]、同四年には後白河法皇御所法住寺殿において同法皇による今様会・今様合を中心にした御遊が盛んにみられ[132]、三月八日の御遊（「今様之会」）には高倉天皇も出御している。安元元年（一一七五）に入ると、まず正月四日の法住寺殿への朝覲行幸での御遊においては高倉天皇自ら横笛を奏しており、これは『玉葉』同条に堀河・鳥羽天皇初度の例をひき、『御遊抄』にも「山槐記云」として「主上始可令吹御笛給」などとみえるように[133]、この時が高倉天皇にとって御遊での奏楽を行った初度のことであった。同年閏九月七日に行われた箏の「無双上手」である女房安芸を招引しての禁中での管絃においても、天皇は笛を吹いている。同年にはこのほか、十月十六日の後白河法皇御賀のための楽所始後の御遊などがみられる。翌安元二年になると、正月三日の朝覲行幸、二月十四日の小御遊、二月二十一日の御賀試楽、三月六日の御賀後宴等における御遊がみられ、(134)このうち二月十四日の小御遊、三月六日の御賀後宴での御遊には高倉天皇も笛を奏したことが知られる。これ以後も御遊は頻繁にみられる。

また、御遊とともに舞御覧が多いことも注目される。管見によると、高倉朝での舞御覧は第29表のように一二例を数える。これらによると、承安から安元年間（一一七一～一一七七）にかけて舞御覧の記事が集中しており、この中では安元元年十二月十五日の舞御覧について『玉葉』には「今日於内裏、始有舞御覧云々」と記されているのが特記される。この時の皇居は閑院であったと察せられ、閑院内裏での舞御覧であったと思われるが、同皇居での舞御覧はすでに承安元年（一一七一）四月、同四年四月に行われていたのであり、ここで「始」とみえることについては、既述のように崇徳天皇等の場合に楽所始直後に舞御覧が盛んに行われている点などから、楽所始以後に始めて行われた舞御覧と解し、常設的楽所の開始を安元元年（承安五年）中におく可能性も考えられよう。これは例えば、同書安元二年二月十四日条の小御遊について「是又密（々）事、近日連日事也」と記し、堀河天皇の代に楽所始の直後に密々の管絃が盛んに行われた先例を考えると、この小御遊により近い頃に楽所始を設定することも可能であろう。さらに天皇奏楽初度の例との関連でみると、堀河・鳥羽天皇

第29表　高倉朝における舞御覧

	年月日	記事	典拠
1	嘉応二・閏四・一六	皇嘉門院、童舞御覧	『玉葉』
2	承安元・四・一二	閑院内裏において、舞御覧	『玉葉』
3	三・九・二五	法住寺殿に行幸し、童舞御覧	『百練抄』
4	四・四・一二	内裏（閑院カ）において、舞御覧	『玉葉』
5	安元元・閏九・二三	皇嘉門院、童舞御覧	『玉葉』
6	元・一二・一五	内裏（閑院カ）において、舞御覧	『玉葉』
7	二・正・二三	後白河法皇、御賀舞御覧	『玉葉』幷『百練抄』
8	二・二・五	後白河法皇、御賀舞御覧	『玉葉』幷『百練抄』
9	二・二・一四	内裏（三条烏丸殿カ）において、舞御覧	『玉葉』
10	二・三・一六	内裏（閑院カ）において、舞御覧	『玉葉』
11	二・三・二八	後白河法皇、御賀舞御覧	『玉葉』幷『百練抄』
12	二・四・五	内裏（閑院カ）において、舞御覧	『吉記』

の場合には御遊での奏楽初度の後に楽所始が行われているというやはり先例を考慮するならば、楽所始は高倉天皇奏楽初度の承安五年正月四日以降ということになる。したがって、これらの事を考慮にいれ、可能性という点では、同書安元元年十月十六日条には単に「今日、楽所始云々」としか記されていないことからも、この時に行われた御賀楽所始がいわゆる大内の楽所始を兼ねていたと捉えられなくもないであろう。しかし、同年七月二十八日に承安から安元へと改元しているのであり、同年十二月の舞御覧について「始」とみえることについては、その八月五日には「改元以後政始事」とあることから、改元以後初めての皇居（閑院内裏）における舞御覧と考えるのが妥当である。また、常設的楽所始の時期は何度か触れたように『玉葉』によると「承安」と捉えられることから高倉朝における楽所始の時期は、「当今御時、未被始楽所」とみえる承安三年十月から安元元年（承安五年）七月までのことと限定されるのである。堀河・鳥羽天皇の場合には、楽所始は初度の奏楽以後であるという先例に基づくならば、高倉天皇初度の奏楽のみられた承安五年正月から同年七月までということになるが、先にみた同四年八月二日の楽所は十分に常設的楽所として捉えることができるのであり、これに基づいてここでは高倉朝の常設的楽所始は同三年十月から同四年八月までに行われたと考えたい。

それでは次に、高倉朝において楽所人として大内楽所に祗候したと推測される人々についてみてみよう。まず、仁安四年（一一六九）四月二十八日の朝覲行幸、承安三年（一一七三）五月二日の後鳥羽法皇御所における管絃、治承二年（一一七八）正月四日の朝覲行幸、同年十二月二十三日の管絃、同三年正月六日の東宮五十日での地下召人をあげると次のようになる。(135)

雅楽頭頼方　陪従信綱　右近将曹多好方　右近多成長　範仲　散位範光　維成　散位範信　信賢　時秋　散位経仲

散位有頼　散位親資

これらのうち藤原頼方・源信綱・源信賢・源経仲・藤原有頼・藤原親資・多好方・豊原時秋については既述したところである。維成は前掲した藤原維盛と同一人と察せられ、範仲は源氏陪従家源範基の子で源経仲（経時）の兄弟であろう。散位範光は魚名流藤原行康の子で、『尊卑分脈』には「陪従」などとみえる。範信は長良流藤原盛雅の子で同書によると元は範宣という名であり、盛雅の弟清綱の子ともみえる。『兵範記』仁安四年正月二十日条の石清水臨時祭御神楽等にみえる範宣と同一人であろう。多成長は地下の専業楽家多氏の一族と察せられるが、同氏の系図にはみられず、未詳である。また石清水・賀茂臨時祭や皇居等での御神楽に勤仕した陪従をあげると次のようになる。(136)

前長門守隆輔　大蔵卿長成　前越後守頼季　前近江守実清　散位源長経　散位高階光兼　俊光　中宮権亮国雅　頼定　経家　頼方　相摸権守信綱　頼経　在経　藤原有頼　備後守雅隆　能登守通盛　木工頭親雅　親信　有隆　藤原信方　藤原為頼　藤原行方　但馬守光憲　周成　俊清　泰信　散位良盛　前民部大輔憲雅　前少納言重雅　散位保行　散位貞光　前中務少輔長重　前民部少輔盛方　藤原憲頼　家実　蔵人五位為賢　清輔　親長　中宮亮季経　蔵人右少弁兼光　左中将雅長、右少将清通　左少将顕信　光雅　前河内守資泰　散位成実　季高　陸奥守範季　前大皇太后宮大進行頼　散位知房

以上の地下召人あるいは陪従のほとんどは歌を掌っているが、楽器奏者として知られるのは、

横笛――藤原惟盛（維盛・雅盛・惟成・惟業）、源信賢、藤原親資

篳篥――橘仲俊、藤原範光

和琴――藤原惟盛、源経時（経仲）

となり、いずれも先述したところである。

高倉朝にはさらに、近衛召人として次の人々がみえる。(137)

右近将曹好方　多忠節　多近久　助種　成長　多景節　左近将監狛則近　将曹大石範直　豊原俊秋　狛光重　府生大石久直　大石季景　惟宗清景　三宅守正（盛正）　玉手宗清　玉手近清　紀為保　下毛野武春　豊原行光　尾張則兼　尾張兼遠　番長石作国次　大中臣貞弘　菅野国久　近衛秦国澤　藤井則友　伴垣久　紀恒友

これらの多くは多・狛・豊原・玉手・三宅・尾張等といった地下の専業の楽家楽人であり、多・狛氏については次章で検討することになる。

高倉天皇は治承元年（一一七七）六月の鹿ヶ谷の事件以後悪化した後白河法皇と平清盛との関係を悲観し、同四年二月二十一日に退位すると、これを継いだのは高倉天皇皇子で平清盛を祖父にもつ言仁親王（安徳天皇）であった。わずか一歳で践祚した安徳天皇であったが、折しもの源平争乱によって在位三年余にして西国に都落ちする。同天皇に代わって帝位についたのは、高倉天皇皇子尊成親王（後鳥羽天皇）であった。したがって、安徳天皇時代には楽所関係記事はまったくみられないのであり、御遊については寿永元年（一一八二）八月十四日の前斎宮亮子内親王を皇后とする立后の儀礼、同年九月十四日の後白河法皇賀茂社御幸、同年十一月二十六日の清暑堂御神楽、同二年正月二日の摂政基通の臨時客、同年二月四日の法皇賀茂社御幸、同月二十一日の法皇御所法住寺殿への朝覲行幸における御遊[138]がみられるものの、いずれも恒例の行事でのものであり、しかも院や摂関家の主導によることは明らかである。同朝において臨時祭や御神楽に勤仕した陪従をあげると、

中務権大輔経家　右京権大夫信行　前右馬権頭隆信　前少納言重雅（政）　前皇后宮大進資泰　前和泉守季長　前下総守高佐　摂津守以政（以上四位）　散位為賢　右馬助季高　散位信賢　散位俊宗（以上五位）　経時（経仲）　信綱　惟成（惟業）　仲俊　有頼　範光

などとなり[139]、召人として右将曹多好方がみられるが、そのほとんどは前代以前より勤仕した者であり、既述したとこ

ろである。

さて、寿永二年八月、後鳥羽天皇は三歳で即位する。『体源抄』十一ノ上「帝王管絃御沙汰之事」によると後鳥羽天皇は琵琶と横笛を好んで奏したことが記されており、『御遊抄』朝覲行幸、建久八年（一一九七）四月二十二日条にひく『経房卿記』によれば天皇の笛の師は右衛門督実教であったとあるが、『玉葉』建久二年十二月十八日条に「実教卿祇候、有御笛事、明年朝覲行幸、必可有御笛之由、余申之、実教云、常有御沙汰者、蓋相叶哉云々」とあり、これを傍証している。実教とは『神楽血脈』に伝える山科流の祖藤原実教であり、末茂流藤原家成の子で公季流の藤原公親の養子となるが、『尊卑分脈』によると実教について「為実能公子前、参議公親猶子也」とみられ、公親の養子となった後、公親の父実能の子となったという。後鳥羽天皇の公的な場での横笛奏楽の初見は、建久八年四月十九日の臨時御会のことであり、同月二十二日、七条院の三条烏丸第に朝覲行幸の折にも奏しており、『公卿補任』によるとこの時には天皇の笛の師藤原実教は行幸七条院賞を受けている。これに対し後鳥羽天皇による琵琶の初度の奏楽については、大分遅れて建保二年（一二一四）十二月十六日の臨時御会のことであった(140)。『楽家録』巻之十六所収「箏相伝之統」によれば、後鳥羽天皇はこれらの楽器のほかに、後白河院女房安芸局から箏を相伝している。このように後鳥羽天皇も音楽を愛好した天皇であり、その奏楽ことに笛の教習が始められた時期については、堀河天皇をはじめ音楽を好んだ他の天皇の例から考えて、後鳥羽天皇の元服した建久元年（一一九〇）正月三日よりそう遅くない頃であったと想定され、『玉葉』同年十月二十二日条に「今日、主上、始有御笛事」とあることや、既出の同二年十二月十八日の記事によってもこれを確認できる。琵琶や箏の習得した時期については確認できないが、その琵琶の初度の奏楽例が笛よりも後であったことからみて、笛の習得以後のことであったろう。

建久五年二月二十七日、後鳥羽朝においてはじめて楽所が開設された。この時天皇は十三歳であった。他の天皇の場合とくらべて、年齢的に大差がないことが知られよう。同楽所始の記事には楽所人として地下寄人の経尹・高通、陪従寄人の信綱・有頼・仲俊・俊基、楽所預の中原有安がみえる。この中で経尹は武智麻呂流藤原懐経の子であり、高通は琵琶を掌っていることから知定以来陪従を輩出し、博定以来琵琶を相伝してきた藤原孝定の子の藤原孝道であろう。陪従寄人についてはいずれも既述した者たちである。楽所舞人・楽人としては則近、好方がみえ、それぞれ狛則近、多好方であった。これらのほか、当代において御遊の召人、御神楽や臨時祭の陪従等として奉仕している者をあげると次のようになる。[141]

範宣　範頼　顕家　長経　兼定　家綱　兼資　国基　定宗　時盛　範保　信賢　邦顕　季道　豊原利秋　大神宗方　近方（近久カ）

さて、後鳥羽朝の楽所史料は楽所始の記事のほかに『玉葉』同年三月七日・同月十日条にみえ、いずれも同年三月十六日に行われた中宮大原野社行啓に関するものである。前者は同行啓調楽の記事であり、「近辺人宿所」を楽所としたという。その理由は明白でないが、臨時的に設けられたものであったろう。後者は同行啓試楽のものであり、皇居で行われた。この時、先月始められた楽所の預中原有安が楽屋において太鼓を掌っている。同記事には楽所に関して「今日、打出廿具、除南階一間、其外皆出之、但殿上不出之、依為楽所也」とあり、楽所とされた殿上を除いて打出の衣を出したという。しかし、異本ではこの「楽所」の部分は「閑所」とされ、はたして殿上が楽所とされたかは疑問であり、前例を考えるならば、すでに設けられている楽所が利用されたものと考えるのが妥当であろう。その大内楽所は先の楽所始の記事に「先自楽所経陣座、更参殿上口」とあることより、『江家次第』に里内儀として記すように「打幄於北陣」などとして設けられたものであったと推察されるのである。

以上のように本章では楽所の変遷ならびに楽所の地下寄人・楽人を中心に考察を加えてきたが、最後にこれらの結果に基づいて、楽所創設の時期を検討してみよう。

楽所とはすでに説かれているように本来、楽人を臨時にとどめ置く詰所のようなもので、楽屋と同等の意味でも使われていた。その初期の頃の楽所史料を所収している『西宮記』によると、そのほとんどが臨時宴遊・臨時御願等の臨時的な宮中での行事に関するものであることが窺われ、これまでの考察においても同様に知られたところである。村上朝以前の醍醐・朱雀朝にみえる楽所記事においても、延喜十九年（九一九）七月十二日、延長四年（九二六）二月十七日の臨時的宴遊に楽所人が召されたのであり、御遊自体臨時的に行われたものであった。また、延喜四年三月二十四日の仁和寺円堂院供養試楽にしても、同十四年十月二十三日の雷公祭試楽にしても、宮中での臨時的奏楽に対処するために楽所が設けられたことが推測される。さらに、賀茂・石清水臨時祭に関しても、賀茂臨時祭については寛平元年（八八九）以降恒例になったと伝えるが、石清水臨時祭では平将門・藤原純友討滅の報賽のために天慶五年（九四二）四月二十七日に初めて行われ、恒例化するのは天禄二年（九七一）からであった。このように、楽所は大内での臨時的楽舞に対処するために設けられたものであったと推察される。この大内における臨時的奏舞・奏楽の場合には王卿貴族の子弟たちが掌るのが一般的であったことはすでにみた通りであるが、醍醐・朱雀朝においても延喜四年三月の仁和寺円堂院供養試楽では、大納言藤原定国の子が陵王を初めて舞ったのであり、あるいは「大臣下殿着楽人座、更引上殿」とあり、大臣が奏楽の列に加わったかのような記述がみえる。ここにいう大臣とは筝の血脈にその名をつらねる左大臣藤原時平であったと察せられ、楽人の座に着し、実際に奏楽したものと思われる。この時の楽人は「楽所仲平朝臣」に率いられており、同十四年十月の雷公祭に雅楽寮楽人とともに楽所人が祇候しているように楽所人も含まれていたことであろう。また、延喜十九年七月、延長四年二月の宴遊の時にも、王卿貴族の奏楽に楽所人が召されているのである。

ところで、天慶五年（九四二）四月二十七日に初めて行われた石清水臨時祭は、本来は前年の十一月に果たされる予定のものが、延引してこの時に行われたものであった。その前年の舞歌の教習については『本朝世紀』天慶四年十一月五日条に「又始今年、石清水可奉舞歌人等、以式乾門内西腋屋、為楽所、始自今日被行之」とあり、式乾門内西腋屋を楽所として舞歌の調習が始められたという。これは当然、臨時的に催されたものであったが、楽所というものが本来宮廷における臨時的な楽舞に対処するものとして置かれたと考えることができるならば、この石清水八幡社報賽に関する楽所も常設的楽所が利用されたものとみることができ、この記事から逆に常設的楽所の置かれていた場所を式乾門内西腋屋として捉えることができる。朱雀朝における常設的楽所の存在は、『西宮記』所引『吏部王記』延長八年（九三〇）十月十一日条に「楽所預良名調琴」と楽所預の丹治良名が知られることによって確認することができよう。朱雀朝の楽所人についても、同記事にみえる倭琴を奏した内蔵助良岑義方、箏を調べた藤原是毗をあげることができる。また、天慶四年十一月の石清水八幡社報賽において、舞を掌る予定であったほとんどの者が衛府の官人であったのに対し、歌人ならびに奏楽者は次の人々であった。

中務少丞藤原倫寧　修理進良峯是直　散位藤原清平　同親公　同惟信　左近将曹播磨当樹　右近将監播磨文仲　散位伴康基……以上は歌人
藤原清理……笛　左近将曹井於千門……篳篥

また、同報賽が延引され同五年四月二十七日に行われた時の歌人は、

散位藤原千兼　同藤原尚平　内蔵大允藤原是毗　左京少進永原□　木工少允紀純之　前加賀介藤原庶正　前近江掾源備　蔭子橘隆平　同橘定平　同藤原親公

であり、前年の奏楽予定者がそのまま残った者もおり、笛は蔭孫源清適、篳篥は前若狭掾清原伊景であった。まさに

彼らは陪従であったのであり、これまでみてきたように陪従が楽所人となることが多かったことからも、彼らの中にもまた朱雀朝において楽所人として楽所に祗候した者もいたと察せられるのである。

以上のことからも、菊池氏や筆者自身もすでに指摘したように、大内における常設的楽所は遅くとも醍醐朝まで溯ることができるものと察せられる。さらに、宇多天皇寛平元年（八八九）四月の賀茂祭使の時に「鴨祭使、左近少将友于参入、便令歌舞云々、然近衛府所歌舞、極以冷淡、仍喚殿上人等更歌舞」とあり、賀茂臨時祭が同年十二月から始められたという事実、またこの時に宇多天皇は近衛府の行う冷淡な奏楽にあきたらず、殿上人を召してさらに歌舞を奏したということが知られるが、宇多天皇も箏・琵琶・和琴を自ら奏したことが伝えられている(145)ことから考えると、山田孝雄氏の指摘のように(146)、楽所の創設時期を宇多天皇の時代に置いてもまったく無謀な説とはいえないであろう。このように大内における常設的楽所は、ここで行われる宴遊に天皇や王卿貴族やその子弟らが奏歌・奏楽し、臨時的行事に奏舞するという余興的要素を含んだ音楽の行事に対処するものとして、衛府の儀礼的な冷淡なものではない、音楽を愛好し楽しむことを知っており、才能にも優れていた侍臣を楽所人とした音楽機関として創設されたものであったといえよう。この九世紀末から十世紀始めというのは、音楽的には大内における音楽の宴遊、御遊の成立する時期であり(147)、清暑堂の御神楽も琴歌神宴から成長し形成される時期であり、神楽譜も貞観についで延喜年間に制定されたという伝承をもち、御遊等に奏された催馬楽や臨時祭等に舞われた東遊の歌謡も同年間に選定されたといわれ(148)、貞保親王が横笛譜・琵琶譜を新撰したのも同時期であった(149)。また、当該期は音楽を愛好した者も輩出し、宇多天皇・醍醐天皇をはじめ、清和天皇皇子貞保親王・宇多天皇皇子敦実親王・醍醐天皇皇子重明親王・源高明、宇多天皇の孫では敦実親王の子の源雅信・同重信、醍醐天皇の孫では源博雅、公卿では藤原基経、基経の子時平・忠平等が知られる(150)。この時期はまさに王卿貴族と音楽とが広く関わりを持つ時期にあたっていたのであり、『禁秘抄』「諸芸能事」の中に

「第一管絃、延喜天暦以後、大略不絶事也」とみえ、学問に次いで学ぶべきものとされ、延喜の醍醐天皇以後より「不絶事」とされているのはこれを傍証するところであろう。

しかし、村上朝『貞信公記』天暦二年三月二十日に「又楽所如旧置何」とあって、その八月五日に「是日、於大内始楽所」（『日本紀略』）とあることについては、音楽をひじょうに愛好した同天皇が、特に御遊等の殿上における管絃のための召人（寄人）の祇候の所として設けたものであったが、これは楽所開きともいうべき楽所始の儀式を改めて行うことを創始したと考えられるのであり、この先例は以後の好楽の天皇によって継受され、儀式化されるのである。

これまでの楽所についての検討結果を整理すると次のようになる。

第一に、楽所とは雅楽が日本化し、天皇や公卿の教養的芸能として受容されることによって、宮廷で行われるようになる臨時的な御遊や「管絃興」、あるいは舞楽の演奏に対処するためにそれに加わりうる堪能の侍臣を祇候させ、楽舞の教習を行わせた常設的音楽機関として、遅くとも醍醐朝に成立したものであった。さらには宇多朝にまで溯る可能性もある。楽所が村上朝に新たに創設されたかの感があるのは、音楽を非常に好んだ同天皇がことに御遊等の殿上における管絃のための召人（寄人）の祇候、教習の場として設けたことによるもので、楽所始としていわゆる楽所開きがこの時に初めて行われるようになったことによろう。この楽所始の儀式は、後の音楽を愛好した天皇によって継受されたのである。

第二に、常設的楽所はその組織、設置された場所等において、院政期以前と以後に分けることができ、以前においてはその構成員は、すでに別当と預がおり、実際に奏楽に携わる者として楽所人の地下寄人がいたものと察せられる。しかし、殿上寄人がすでに祇候していたか否かは明白でない。以後になると地下寄人のほかに殿上寄人、そして雅楽寮や衛府の官人に任ぜられていた専業の地下の楽家舞人・楽人が楽所の舞人・楽人として祇候するようになる。また、楽所の設置された場所については、以前は基本的には内裏桂芳坊に置かれたものであり、以後は皇居の変遷とともに移し置かれたものと推察される。

第三に、常設的楽所は、音楽を愛好したほとんどの天皇において楽所始が行われているように、その開設時期は原則としては当代のみであり、職員の任期も別当においては同様であったと察せられるが、当代において楽所が開設される以前においては、前代の楽所やその職員がそのまま利用されていたと考えられる。

第四に、常設的楽所は、また、恒例化した賀茂・石清水臨時祭において王卿貴族の子弟たちが掌る東遊の舞の調楽の場としても利用された。さらに、院政期に入っての院の御賀においては、舞人のみならず楽人までもが貴族の子弟によって勤仕されるようになるのであり、同じく行われた仏事供養の場合も含めて、その調楽のための臨時的楽所が数ヵ月前に開かれたが、これも常設的楽所が利用されたものと察せられる。

第五に、常設的楽所に祗候した地下寄人は、音楽に堪能な侍臣から選ばれたのであり、その多くは臨時祭等に陪従を勤めた者たちであった。したがって、その中には十一世紀半頃に形成される源氏・藤原氏陪従家の人々が顕著にみうけられる。彼らは御遊等に召人として加わり奏楽するほか、臨時祭の調楽には東遊の歌人や伴奏を行ったのである。また、院政期、堀河天皇嘉保二年（一〇九五）二月二十七日にひらかれた楽所によって初めてその職員の中に加えられた常設的楽所における舞人・楽人は、衛府や雅楽寮官人に任ぜられた多・狛・大神・豊原氏等の専業の地下楽家舞人・楽人によって占められた。だが、これによって楽所が雅楽寮に代わって宮廷儀礼の音楽を担当する機関として成立したわけではなく、その機能としては相変らず御遊への祗候、臨時祭における楽舞の調習にあり、常設的楽所における舞人・楽人の役割は御遊等に召人として召されたり、あるいは崇徳朝以降に盛んに行われた皇居や上皇御所における舞御覧に奉仕したのである。

堀河朝の楽所開設において舞人・楽人が配されるようになった理由としては、堀河天皇が九歳の頃に笛を習って以来、管絃・舞楽・神楽等に非常なる興味をいだき、みずから積極的にこれらを習い、公的・私的な場で演奏するなど極めて音楽を愛好した天皇であったこと、また、院政期における肥大化した御賀での舞楽においては舞も奏楽も王卿貴族の子弟が勤めたためにそのための臨時的楽所が設けられ、ここにおいて地下の楽家楽人が指導にあたったと察せられ、同期の仏事供養においても舞楽は王卿貴族の子弟と地下楽家舞人・楽人によって行われ、やはり臨時的楽所において調楽され、その楽所は常設的楽所が利用されたこと、その仏事供養については承暦元年（一〇七七）十二月の白河天皇御願法勝寺供養において、常設的楽所を利用して調楽を行ったことが窺われ、常設的楽所を利用した先例と考えられること、さらに白河院によって堀河天皇楽所始の直前の寛治年間（一〇八七～一〇九四）に設けられた日吉社・春日社御幸のための臨時的楽所の影響等により、新たに嘉保二年二月二十七日に開設されたのが堀河天皇の時の常設的楽所ではなかったのかと考えられるのである。

注

（1）永田和也「摂関時代の楽所の職員について」（『史学研究集録』一二）五〇頁。
（2）有吉恭子「楽所の成立と展開」（『史窓』二九）六三頁。
（3）林屋辰三郎『中世芸能史の研究』二四四頁。
（4）『楽所補任』元永元・大治三年にもみえる。
（5）渡辺直彦『日本古代官位制度の基礎的研究』増訂版、四五五頁。
（6）『公卿補任』永暦元年。
（7）『殿暦』長治二年二月八日条。
（8）『尊卑分脈』。

（9）玉井力「九・十世紀の蔵人所に関する一考察―内廷経済の中枢としての側面を中心に―」（『名古屋大学日本史論集』上巻所収）三〇八～三一一頁では、預の機能・語義・特質などについて説いている。

（10）棚橋光男『中世成立期の法と国家』一七・一八、二二六頁。また、土田直鎮「上卿について」（坂本太郎博士還暦記念会編『日本古代史論集』下巻所収）では、行事上卿の役割について説かれている。

（11）古瀬奈津子「行事蔵人について―摂関期を中心に―」（『国立歴史民俗博物館報告書』一九）一六頁。蔵人方行事についての研究は、ほかに渡辺直彦、注（5）前掲書（五五〇頁以下）などがある。

（12）たとえば安元二年三月四日の後白河法皇五十御賀において、『玉葉』安元元年十月五日条に「楽所行事」とみえる藤原実家は、同書同二年二月二十一日条には「楽行事実家」とみえる。

（13）ここまで『中右記』。

（14）『中右記』天永二年十月二十五日条など。

（15）なお、同条によればこの時の万歳楽・地久は多忠方以下の楽家舞人によって舞われたが、「今度依可令舞人々小童、今夜只用舞人等忠方以下也、事俄仍不能召人々之子共也」とあるように、これは俄かのことであった。本来は殿上人や童によって舞われた。

（16）それぞれ『尊卑分脈』、『河海抄』所引『醍醐天皇御記』、『古今著聞集』巻第六。このほか、延長二年十二月二十一日の醍醐天皇四十の御賀において琵琶を奏している（『西宮記』巻十二、裏書）。

（17）『権記』長保三年二月九日条。なお、御賀定は同書同二年十一月二十五日条に「於御前被定御賀事」とみえる。

（18）史料纂集『権記』には「□幸権（行事カ）左中弁道方朝臣・蔵人散位済政朝臣」とみえる。

（19）それぞれ『殿暦』『本朝世紀』康和五年七月二十五日条、『中右記』長治元年八月一日条、『中右記』『殿暦』長治二年十二月十九日条、『殿暦』元永元年十二月十七日条。最勝寺供養式については、『諸寺供養部類』（『続群書類従』）にも所収。

（20）それぞれ『殿暦』康和五年六月十九日条、『中右記』『殿暦』長治元年七月十五日条。

（21）『殿暦』康和五年七月二十一日条。

（22）『本朝世紀』康和五年七月二十五日条。なお、『殿暦』康和五年七月十九日条には「使等余職事等催進也」とあり、同供養のための三社奉幣にも藤原忠実家の職事が遣わされていることが窺われる。

（23）『中右記』康和四年四月二十七日、同書長治二年十月十九日条。

(24)『法成寺金堂供養記』(『群書類従』釈家部)。
(25)『後冷泉院根合』(『群書類従』和歌部)。
(26)楽所に関する史料は、断片的にみられ、十二世紀初頭までの分については、すでに有吉恭子氏（注(2)前掲論文）によってまとめられているが、若干、記事の前後などがみられる。なお、楽所関係史料については、著者も別稿において、整理し発表する予定である。
(27)ここまで皇居の焼亡等については『日本紀略』天徳四年九月二十三日・天徳四年十一月四日・応和元年十一月二十日条。
(28)『西宮記』巻二「踏歌事」。
(29)『群書解題』第九、二五九頁。
(30)『大鏡』第三巻、太政大臣伊尹。
(31)ここまでいずれも『小右記』による。永観二年十一月五日の御遊は同月六日条に「伝聞、去夜有御遊之事云々」とあり、寛和元年正月三日の御遊は同月四日条に「伝聞、昨日於弘徽殿有御遊之事」とある、また寛和元年正月十日の記事については、大日本古記録本では「糸竹合音、間奏朗詠」とあるが、意をくんで本論のごとくした。
(32)それぞれ『日本紀略』『小右記』同日条。なお、『小右記』寛和元年二月十三日条には「有歌遊之事」とある。
(33)いずれも『小右記』。
(34)目崎徳衛「円融上皇と宇多源氏」（坂本太郎博士古稀記念会編『続日本古代史論集』下巻所収）四〇、四三頁。
(35)第13表参照のこと。
(36)それぞれ『御遊抄』御元服・朝覲行幸、『続古事談』一、『百練抄』。なお、一条朝における御遊・管絃興やその奏楽者等を整理すると次表のようになる。

注(36)の表　一条朝における御遊・管絃興

年月日	行事名	奏楽者名（楽器）	典拠及び備考
寛和二・一〇・一〇	円融院大井河船上管絃	源時中	『日本紀略』『続古事談』『百錬抄』『楽記』では一〇月一三日、『続古事談』『百

			錬抄』では一〇月一四日とする。
二・一一・一八	大嘗祭巳日の御遊カ	源雅信・藤原為光カ	『御遊抄』。但し翌午日に延引される＊
永延二・一二・七	藤原兼家六十算賀		『小右記』
永祚元・二・一六	円融寺に朝覲行幸		『小右記』『日本紀略』。なお『日本紀略』には二月二六日につくる
元・一〇・一〇	殿上御遊	一条天皇(笛)	『小右記』
正暦元・正・七	一条天皇元服の後宴	一条天皇(笛)、源重信（拍子）、右大将藤原済時(箏)、右大臣藤原為光(箏)	『御遊抄』『洞院部類記』。南殿において行われた
元・正・一一	円融寺に朝覲行幸	一条天皇(笛)	『御遊抄』『百錬抄』『続古事談』等。天皇笛師右兵衛督藤原高遠、従三位に叙せらる
正暦三・四・二七	東三条院に行幸		『日本紀略』『御遊抄』等。東三条院は一条天皇母詮子の住所
四・正・三	東三条院に行幸	一条天皇(笛)、源雅信(箏)、藤原済時(箏)、源時中（和琴）、藤原実資（琵琶）	『小右記』『御遊抄』
四・二・二三	敦道親王元服		『小右記』等
五・正・三	東三条院御所土御門院に朝覲行幸		『御遊抄』等
五・一二カ	御　遊	道方(琵琶)、済政(箏)、行義(笛)、経房(笙)	『枕草子』
長徳三・正・二	東三条院に朝覲行幸		『御遊抄』
四・一二・二	東宮(居貞)、管絃の宴		『権記』
長保元・二・九	彰子著裳		『玉葉』所引『小右記』
元・三・一六	東三条院に行幸	右馬助平安義、下総守藤原惟親、雅楽頭藤原遠理、主水正藤原保命	『御堂関白記』『本朝世紀』『御遊抄』
元・六・九	庚申		『日本紀略』
元・八・一九	東宮(居貞)皇子(敦儀)著袴		『小右記』『権記』
二・二・二五	立后		『権記』『御堂関白記』。皇后遵子を皇太后、中宮定子を皇后、女御彰子を中宮とす

三・一〇・七	東三条院四十御賀試楽	召人散位景斉	『小右記』『権記』
三・一〇・九	東三条院四十御賀	春宮大夫道綱(笙)、左衛門督公任(笛)、弾正親王為尊	『小右記』
寛弘二・三・二七	敦康親王御対面・脩子内親王著裳		『小右記』
四・三・三、四	上東門第における曲水宴		『御堂関白記』
四・四・二五、二六	内裏（一条院）密宴	一条天皇(笛)、源済政(笛)、中務卿具平親王(琵琶)、源道方(琵琶)、源経房(笙)、藤原実成(拍子) 惟風、平孝義、藤原知光、藤原則友、藤原長能、藤原公忠、藤原遠理、三国致貴、三善孝行、伴惟信	『御堂関白記』『御遊抄』『体源抄』惟風は『御堂関白記』では雅風とする。『体源抄』には公正・宗堯の名がみえる。公正は公忠であろう
五・一〇・一六	中宮御所上東門第行幸	左衛門督藤原(拍子)、左中将源(笙)、左中弁道方(琵琶)、右近少将済政(笛) 前大和守景斉、前武蔵守惟風、散位紀忠道、藤原則友、藤原長能、春宮大進藤原知光、大膳大夫藤原遠理、散位平行義、主水正藤原保命、散位源信明、同三善興元、大学権少允三善孝行、蔭子藤原雅信	『小右記』『御産部類記』。三善興元は興光カ
六・三・一六	石清水臨時祭還立儀後の饗宴	源経房、源道方、源頼定、藤原公信、藤原定頼、藤原遠理、藤原則友、平行義、藤原公正、藤原知光、三善興光、藤原保命	『御堂関白記』『権記』
七・正・二	御遊	藤原公任(拍子)、源経房(笙)、藤原頼通(和琴)、源道方(琵琶)、藤原定頼(笛)	『御堂関白記』『権記』
七・正・一五	敦良親王、五十日儀	藤原公任(拍子)、源道方(琵琶)、経孝(箏)、源経房(笙) 藤原景斉、藤原惟風、平行義、藤原遠理	『御堂関白記』『権記』『紫式部日記』。日本古典文学大系本『紫式部日記』の補注では経孝は源則孝かとする。また、遠理は『紫式部日記』には「ともまさ」とし、『紫式部日記絵巻』では「とをまさ」とする

七・閏二・六	敦良親王、百日儀		『御堂関白記』『権記』
七・七・一七	敦康親王元服儀	源済政（笛）、右大弁道方（琵琶）	『御堂関白記』『御遊抄』
七・一〇・二二	敦成親王著袴		『日本紀略』『権記』
七・一〇・二三	中宮、酒饌を公卿に賜う		『御堂関白記』

注　＊について、同書では「十九日壬午」のこととされており、「依不参昨日延引也」とみえる。しかし、『日本紀略』によると壬午は一八日であり、『西宮記』大嘗会事によれば巳日に清暑堂において御遊が行われていることから、本来は一七日辛巳にとり行われる予定が一日延びて一八日になされたのであろう。

（37）『日本紀略』『続古事談』『百練抄』『楽記』にみえる。なお『楽記』では十月十三日、『続古事談』『百練抄』では十月十四日とする。

（38）『体源抄』十一ノ上。なお、日本古典全集本『体源抄』では寛和四年四月二十五日とする。また、正暦四年正月、寛弘四年四月の御遊については、それぞれ『御遊抄』朝覲行幸・中殿御会にもみえる。

（39）永田和也「摂関時代の楽所の職員について」（『史学研究集録』一二）。しかし、氏があげている中の『御堂関白記』寛弘七年七月十七日条に「召候楽所吉茂」とみえる多吉茂（好茂）については、後述するように、この楽所とは楽屋の意と思われることからここでは除外する。

（40）『御堂関白記』『小右記』。

（41）『小右記』永延元年三月二十六日条等には「右衛門尉」とあるが、永祚元年正月十五日条に「右衛門権少尉」とあり、大日本古記録本『小右記』の索引ではこれを採っているように、正確には右衛門権少尉であったろう。

（42）『小右記』永祚元年正月十五日条。

（43）『御産部類記』、『御堂関白記』寛弘七年三月三十日条。なお、知光の尾張守の初任は寛弘二年頃である（『小右記』同年正月二十日条）。

（44）『尊卑分脈』によれば、長能の従兄弟にも実正がいる。『小右記』にはこれら二人の実正についてみられ、一人は右衛門佐とされている。『尊卑分脈』では長能の従兄弟の実正について右衛門佐とあることから、雅楽寮少允に任ぜられた実正は長能の子であろう。なお、『小右記』永延元年三月二十六日条、兼家春日詣試楽に陪従の一人として列記されている実正は、同記事に右衛門佐とあることからも長能の従兄弟にあたる実正であろう。
(45)『中古歌仙三十六人伝』。
(46)(47)『尊卑分脈』『小右記』による。
(48)『御堂関白記』寛弘七年七月十七日条に「前大和守」とみえる。なお、『小右記』治安三年七月二十一日条によると、同月十七日に卒去している。
(49)『本朝世紀』正暦五年五月二十六日条、『尊卑分脈』。
(50)『小右記』寛仁元年七月六日条によると、同日に卒去している。
(51)『御堂関白記』『小右記』による。
(52)『御堂関白記』(『大日本古記録』下)、索引の孝義の項では、行義と同じく親信の子としているが、『尊卑分脈』等では確認できない。
(53)『小右記』寛弘二年二月七日、三月二十日、同月二十七日条。
(54)『小右記』長徳二年十月一日条。
(55)それぞれ『御堂関白記』『小右記』『御堂関白記』同日条による。
(56)『御堂関白記』(大日本古記録)寛弘五年四月十八日条には、忠隆について「藤原」とされており、同書長和元年閏十月二十七日条には「源」とされ、索引では「藤原」とされているが、下記のように源忠隆が正しいであろう。
(57)橋本義彦『平安貴族』所収の「歴代皇居略年表」などによる。なお、以下に述べる皇居の変遷に関しても同書による。
(58)『小右記』長保元年七月九日条。
(59)太田静六「藤原道長の上東門第」(『日本建築学会論文報告集』第三二一号)。
(60)『日本紀略』寛弘四年四月二十五日条。
(61)『春記』永承五年三月十二日条。
(62)それぞれ『小右記』『御堂関白記』長和元年十一月二十四日条。『御遊抄』清暑堂。『小右記』『御堂関白記』同二年正月十日条。『小右記』同四年四月七日条。
(63)それぞれ『小右記』同月二十四、二十三日条。

(64) 禎子内親王九夜・五十日儀は『小右記』長和二年七月十五日条、同書・『御堂関白記』同年八月二十七日条。東宮敦成の読書始は『小右記』長和三年十一月二十八日条、敦良親王読書始は、同書同四年十二月四日条、二宮臨時客は同書・『御堂関白記』同五年正月二日条。

(65) たとえば、長和元年十一月十二日の管絃（『御堂関白記』）、同二年四月十三日の絃歌朗詠（同書）、同年九月十六日の上東門第行幸での音楽（同書・『小右記』）、同四年十一月六日の道長第作文での管絃（『小右記』）などがみられる。

(66) 『体源抄』五、「代々御門御師」にも三条院について「御師藤大納言宗国卿」とあり、音楽を奏したことを推測させる。しかし、師の藤原宗国については未詳。

(67) 『小右記』長和四年十一月十七日条。

(68) 『体源抄』五、「代々御門御師」の中に「小一条院」の名もみえる。

(69) それぞれ『法成寺金堂供養記』『栄花物語』巻第二十三。

(70) 『小右記』『日本紀略』同日条。

(71) 『左経記』同日条、『御遊抄』御元服。

(72) 『御遊抄』朝覲行幸。

(73) 『小右記』長元四年正月三日条。

(74) 上東門第で行われた事例としては、寛仁二年閏四月六日（『御堂関白記』）、同年十月二十二日（『御堂関白記』『小右記』など）、治安三年正月二日（『小右記』）、同年十月十三日（『小右記』『栄花物語』など）、万寿四年正月三日（『小右記』）、同七年正月五日（『御遊抄』）、長元四年正月三日（『小右記』）など。枇杷第では、治安二年四月二十八日（『栄花物語』）、万寿二年正月二十三日（『左経記』）、高陽院では同元年九月十九日（『小右記』『御遊抄』）、長元六年十一月二十八日（『小右記』）など。

(75) 寛仁三年八月十二日（『小右記』同月十三日条）、同年十二月十二日（『小右記』）、同四年十二月二十七日（『小右記』同月二十八日条）。

(76) 『御遊抄』御元服。

(77) 『小右記』『小右記目録』『尊卑分脈』による。

（78）『康平記』康平四年九月二十一日条。
（79）それぞれ、『御遊抄』御産、同書御元服。
（80）『春記』永承三年正月条（前欠により、何日かは未詳）。
（81）橋本義彦、注(57)前掲書、一九三頁。
（82）『扶桑略記』天喜二年四月十二日条に「竪柱上棟」などとあるように、まもなく落成したものと思われる。しかし、天皇は移御することなく、康平元年二月二十六日には再び焼亡した。後冷泉天皇の皇居の変遷については日本古典文学大系『栄花物語』下、補注五一七、『栄花物語全注釈』七二二頁などに一覧表として掲載されている。
（83）ここまで『春記』永承三年正月、三月十八日条。
（84）『古今著聞集』巻第六、管絃歌舞第七の「頼能宗俊万秋楽を責伏せて吹く事幷びに後三条院件の序を吹かせ給ふ事」に、後三条院が万秋楽の序を吹いたとある。後三条院が吹いた楽器を考えてみると、頼能は笛の名人であることから、後三条院も笛を奏したともとれるが、同院に「御共して」吹いたと思われる宗能あるいは宗俊はいずれも笙の相承系譜にみえることから、この時後三条院は笙を奏したものと推測される。
（85）右同書巻第六、管絃歌舞第七の「中御門大納言宗俊の箏叡感を蒙る事」に「後三条院は、管絃をば御さたなかりけり。さりながら中御門大納言宗俊の箏をきこしめしては、『此卿が箏はたゞ物にあらず。道においてうへなき物なり』とて、御顔色も変じまし〳〵て御感ありけり」とあり、奏楽することはなかったが、管絃にはよく通じていたように記述されている。
（86）『尊卑分脈』村上源氏の師行の子有房について「〔為有仁公子〕」とみえる。
（87）家綱については『御遊抄』任大臣、他は『水左記』応徳元年正月十七日条。
（88）『朝野群載』巻六、「石清水臨時祭定文」。
（89）各楽所人の系譜については『尊卑分脈』などによる。
（90）『後二条師通記』寛治五年正月十三日条。大炊殿は大炊御門万里小路殿で、堀河天皇の里内裏の大炊殿とは異なる（日本歴史地名大系『京都市の地名』七一九頁）。
（91）『中右記』同日条。以下の二十六、三十日の記事も同書同日条。
（92）『御遊抄』朝覲行幸では「御年十二」とする。満年齢では九歳である。以下においても満年齢で数えることにする。

(93) それぞれ『御遊抄』朝覲行幸、『中右記』承徳二年四月二十九日条。『殿暦』『中右記』康和四年三月十八日条・『御遊抄』御賀、『殿暦』康和五年十一月十二日条、『中右記』長治二年正月五日条・『御遊抄』朝覲行幸、『殿暦』嘉承二年三月六日条、『中右記』承徳二年十一月十五日条など。

(94) 『体源抄』十ノ上によると、多近方への相伝の時には、自ら幾度も歌って聞かせたと伝えている。

(95) それぞれ『寛治二年記』十二月十四日条、『中右記』永長元年二月二十三日条・『御遊抄』臨時御会、『中右記』康和四年三月二十日条、同書同五年正月二十二日条、『殿暦』同年十一月二十八日条、『中右記』長治二年正月五日条・『御遊抄』朝覲行幸。

(96) 『尊卑分脈』。『楽家録』巻之十六、「箏相伝之統」では「実八幡法師子」とみえる。

(97) 『尊卑分脈』。なお、以下の親子関係の推定についても同書による。

(98) それぞれ『水左記』『殿暦』『中右記』同日条。

(99) それぞれ『殿暦』『中右記』天仁元年十一月十八日条、『中右記』天永三年二月十二日条。

(100) 『尊卑分脈』「郢曲相承次第」。

(101) それぞれ『御遊抄』任大臣、『中右記』永長元年二月二十三日・康和四年三月二十日条。

(102) それぞれ『殿暦』康和五年十一月二十八日条、同書天永二年二月十四日条、『朝野群載』巻六、保安二年二月三十日付「石清水臨時祭定文」。また、天永元年二月二十四日、朝覲行幸の御遊にみえる定光（『御遊抄』朝覲行幸）、永久三年四月二十八日、忠通任内大臣の御遊にみえる忠定（『御遊抄』任大臣）なども同一人物か。

(103) 天仁二年四月二十七日（『御遊抄』朝覲行幸）、天永元年二月二十四日（『御遊抄』朝覲行幸、『殿暦』）、永久元年正月八日（『御遊抄』朝覲行幸、『殿暦』）、同二年二月十一日（『中右記』『殿暦』『御遊抄』朝覲行幸）、同四年二月十九日（『御遊抄』朝覲行幸、『殿暦』）、同五年三月七日（『御遊抄』朝覲行幸）、元永元年二月十日（『御遊抄』朝覲行幸、『中右記』）など。

(104) 天永三年十二月十四日、忠実任太政大臣（『殿暦』『中右記』『御遊抄』任大臣）、永久元年正月十六日、忠実任太政大臣（『長秋記』『御遊抄』）、永久三年四月二十八日、忠通任内大臣（『御遊抄』任大臣）、同四年正月二十三日、忠通任内大臣（『御遊抄』任大臣、『殿暦』）。

(105) それぞれ天仁元年十一月十八日の清暑堂御神楽習礼（『殿暦』『中右記』）、同月二十三日の同御神楽（『中右記』『御遊抄』

清暑堂)、天永三年三月十八日の白河法皇御賀後宴の御遊(『中右記』)、同二年七月三日の管絃(『殿暦』)、永久五年七月十七日の鴨院第での講詩管絃(『殿暦』)。
(106) 元永二年二月十一日(『中右記』『御遊抄』朝覲行幸)、保安元年二月二日(『中右記』『御遊抄』朝覲行幸)、同二年二月二十九日(『御遊抄』朝覲行幸)、同三年二月十日(『御遊抄』朝覲行幸)。
(107) 元永二年三月九日の忠通詩歌管絃(『中右記』)、同年七月八日の管絃(『中右記』)、同年十月二日の忠実の講筵後の御遊(『中右記』)。
(108) それぞれ『殿暦』同日条、『御遊抄』朝覲行幸。
(109) 『中右記』嘉保二年十二月二十七日条。
(110) それぞれ『長秋記』永久元年正月十六日条、『中右記』大治四年正月二十日条、同書同五年十二月八日条。
(111) 林屋辰三郎、注(3)前掲書、二四四頁。
(112) 福島和夫「『楽所補任』とその逸文について」(『雅楽界』五四)。『楽所補任』は内容的には常設楽所の舞人・楽人について記載されたものではなく、宮廷行事に奉仕した舞人・楽人について記したものと考えられる。結果的には同じようだが、本論で述べていくように異なっているのである。
(113) さらには、後世の三方楽所などとの混同があったものと思われる。この点については福島和夫氏からの御教示を得た。
(114) 長承二年三月までの舞御覧は『体源抄』十三、同三年閏十二月十四日までは『長秋記』同日条、その後は『体源抄』九・十一ノ下・十三。
(115) ともに『御遊抄』。前者の記事は『長秋記』同日条にもみえる。
(116) 『長秋記』同日条。
(117) 保安四年九月二十五日(『御遊抄』清暑堂)、天治元年六月三日(『永昌記』)、同二年正月三日(『御遊抄』朝覲行幸)、大治四年正月二十日(『中右記』)、同年十一月二十四日(『中右記』)、天承元年正月十九日(『長秋記』)、保延三年六月二十六日(『御遊抄』朝覲行幸)など。
(118) それぞれ『御遊抄』清暑堂、同書朝覲行幸、同書臨時御会、同書朝覲行幸、『中右記』『長秋記』同日条、『御遊抄』朝覲行幸。

(119)『山槐記』では「南六条殿」とする。

(120)近衛朝における御遊をあげると次のようになる。康治二年正月三日・天養元年正月五日・久安元年正月四日・同二年二月一日・同三年正月二日・久安五年二月十三日・同六年正月二十日・仁平元年正月二日・同二年正月三日・同三年正月二日の朝覲行幸（いずれも『御遊抄』）、久安五年七月二十八日の任大臣（『本朝世紀』）、同六年正月四日・同年十二月一日の御元服（『御遊抄』『本朝世紀』）、同月十三日の御着袴（『本朝世紀』）などがある。また、舞楽御覧については、康治二年八月十九日（『台記』）、天養元年十一月十一日（『台記』）、久安二年十月二十六日（『台記』）、同四年七月二十一日・同年十月三十日（『台記』）、仁平二年二月五日（『本朝世紀』『山槐記』）、同月十日（『山槐記』）、同月十三日（『山槐記』）、同月二十二日（『本朝世紀』『兵範記』）、同年三月一日（『本朝世紀』『兵範記』『山槐記』）、仁平二年三月二十日（『本朝世紀』『兵範記』『山槐記』）、同年十月十一日（『本朝世紀』『山槐記』）、同年十一月二十八日（『本朝世紀』『山槐記』）などがある。

(121)『古今著聞集』巻第二十、「承安二年五月東山仙洞にして公卿侍臣以下を左右に分ちて鵯合の事」頭注四五。なお、同書では「承安二年」とするが、日本古典文学大系本頭注十一に指摘するように三年の誤りであろう。

(122)たとえば、宇多源氏で郢曲や琵琶などを相承した源基綱の子（実父は藤原孝清と伝える）がいる。父基綱は永久四年に六十八歳で亡くなっており、実父が藤原孝清であったとしても、琵琶を基綱より伝授していることから、信綱の誕生年は一一〇〇年以前となり、年齢的に無理がある。

(123)それぞれ『兵範記』久寿二年十二月十七日、『山槐記』保元元年三月二十四日条。

(124)それぞれ『御遊抄』清暑堂、『兵範記』同日条、『御遊抄』朝覲行幸、同書内宴。なお、保元二年八月の基実任右大臣大饗については、『御遊抄』任大臣では「九月」とし「基通」とするが、それぞれ「八月」「基実」の誤りであろう。

(125)それぞれ『御遊抄』朝覲行幸、同書内宴、『山槐記』同日条、『御遊抄』臨時御会。なお、応保元年十二月の臨時御会は、『御遊抄』では「応保九」とあるが、「応保元」の誤りであろう。

(126)それぞれ『山槐記』同日条。

(127)史料大成版『兵範記』では三月十四日条にみえるが、同条には脱簡があり、『山槐記』の記事と比較すると、脱簡以降の記事は十九日のものと推察される。

(128)『山槐記』仁安二年三月二十日条の石清水臨時祭、『兵範記』同年十月二十五日条の日吉社御幸、同書同年十一月二十一日

条の賀茂臨時祭、同書同年十二月四日条の内侍所御神楽などに勤仕した者たちである。

(129) ここまでいずれも『兵範記』。

(130) 『史料綜覧』三。

(131) 承安三年までの御遊をあげると、朝覲行幸にともなうものとして、仁安三年八月四日・嘉応元年四月二十八日・同二年正月三日・承安元年正月十三日・同二年正月十九日・同三年正月十三日（それぞれ『御遊抄』。但し、嘉応元年については『兵範記』、承安元年・同二年については『玉葉』にもみえる）、任大臣については仁安三年八月十日・嘉応二年十二月十四日（ともに『御遊抄』）などがある。そのほか、仁安三年十一月十四日の御神楽拍子合、同年十一月二十四日の大嘗会巳日節会（ともに『兵範記』『御遊抄』）、承安元年正月三日の元服儀（『玉葉』『御遊抄』）などにも行われている。

(132) 承安四年三月八日には今様会があり（『玉葉』）、同年九月に入ると十五日までの間、頻繁に今様合が行われた（『玉葉』『吉記』）。

(133) このほか『百練抄』には「主上令吹御笛給、其声寥亮、御笛師権大納言実国卿叙正二位」とみえる。

(134) ここまで『玉葉』。

(135) それぞれ『兵範記』仁安四年四月二十八日条、『古今著聞集』巻第二十（注(121)参照のこと）、『山槐記』治承二年正月四日条、『御遊抄』臨時御会、『山槐記』治承三年正月六日条。

(136) 『兵範記』仁安三年四月三日条の石清水臨時祭、同書同年十二月二日条の賀茂臨時祭調楽、同月十九日条の皇太后日吉社行啓定、同書同四年正月二十日条の石清水臨時祭、同年二月五日条の皇太后宮行啓平野社定、同月十二日条の皇太后平野社行啓、同書同年二月十七日条の石清水臨時祭定、同年三月十四日条の同臨時祭、同年三月二十日条の石清水・賀茂社行幸舞人定、同書仁安四年四月二十六日条の石清水行幸、同年八月二十九日条の賀茂行幸、同書同年十一月二十一日条の御禊、同書嘉応元年十二月七日条の内侍所御神楽、『玉葉』承安元年九月十七日条の石清水臨時祭御神楽、『兵範記』同年十一月二十七日条の賀茂臨時祭、『吉記』承安四年三月十九日条の石清水臨時祭、『玉葉』治承二年十月二十九日条の春日祭使、『山槐記』治承三年十一月十九日条の賀茂臨時祭、同年十二月十四日条の内侍所御神楽。

(137) 『兵範記』仁安三年十一月十四・十六日条、同書同年十二月四日条、同書同四年正月二十日条、同書嘉応元年十一月二十一日条、同書同年十二月七日条、『玉葉』治承二年十月二十九日条など。

(138)『吉記』寿永元年八月十四日条、同書同年九月十四日条、『玉葉』同年十一月二十六日条(『御遊抄』清暑堂にもみえる)、『吉記』寿永二年二月二十一日条、他は『御遊抄』臨時客・臨時行幸・朝覲行幸。

(139)『山槐記』治承四年四月二十六日・二十七日条、同書同年十二月七日条など。

(140)それぞれ『御遊抄』臨時御会・朝覲行幸。

(141)『吉記』元暦元年十一月十三日条・『御遊抄』清暑堂、『玉葉』建久元年三月四日条、同書同二年三月二十八日条・『御遊抄』任大臣、『玉葉』同年四月十三日条、同書同五年二月十四日条、『三長記』同六年十一月二十八日・同七年十一月二十二日条。

(142)それぞれ『西宮記』所引『醍醐天皇御記』、『河海抄』所引『醍醐天皇御記』。

(143)それぞれ『西宮記』巻八、裏書、同書巻七、臨時御願。

(144)『大鏡』一、『年中行事秘抄』三月、『江家次第』石清水臨時祭。

(145)『体源抄』十一ノ上「帝王管絃御沙汰之事」。

(146)山田孝雄『源氏物語の音楽』一六頁。

(147)拙著『日本古代音楽史論』一九八〜二〇〇頁。

(148)『中右記』天仁元年十一月二十三日条に「旧神楽譜云、昔貞観御時神宴之日、被選定神楽歌者、若是此御神楽之事歟」とあり、鍋島家本『神楽歌』の朝倉に「此歌為御前返歌、是延喜二十一年勅定也」とみえる。

(149)福島和夫「新撰横笛譜序文並びに貞保親王私考」(『東洋音楽研究』三九・四〇)。

(150)注(147)前掲書、一九五〜一九七頁。

第四章　地下楽家の成立とその活動

第一節　「一者」制と地下楽家の成立

左方・右方に狛・多氏がそれぞれに配されるようになる時期については、村上天皇から一条天皇の頃とする井浦芳信氏の説がある。これは系図や楽書等の史料によって説かれたもので、多氏系図の公用の注記に「左右分別成伝左舞曲於狛光高」とあり、楽書の所伝に「光高ガ時ヨリ、左一者定メ置侍也」「舞人モ、昔ハ左右ヲ相兼テ侍ケルニヤ。昔多氏ニモ」云々（ともに『教訓抄』巻第四の序）などとあることをヒントに「長保三年（一〇〇一）以前に左方一者が別置されて狛光高がこれに補せられ、左方・右方一者の分離は村上朝と一条朝を繋ぐ二十年のうちのある時に一応決定され、その予定のもとに前提としての伝授が行はれた」などと指摘している。(1)しかし、これらを裏付ける確実な史料はみられず、その実態はいま一つ明白ではない。

まず、制度化されたと思われる「一者」についても、系図や楽書史料を除くと管見では『古今著聞集』巻第六所載の「平等院一切経会に多政資秘曲を奏する事」の話に「延久元年夏比」として「多政資一者にて、一鼓かけて」とあるほか、『殿暦』元永元年（一一一八）十二月十七日条の「裏書云」の中の割注に「行高、左一者、給一階」、『兵範記』仁安四年（一一六九）三月三日条に「左一者光親」「右一者好方」などとあり、しかも『古今著聞集』の記事は

『教訓抄』巻第七にもひかれているが、同書では一者とはみえないのであり、『古今著聞集』の編者橘成季が新たに加えた可能性が考えられる。この一者に近い表現としては、『御堂関白記』寛弘五年（一〇〇八）正月二日の中宮大饗に舞を奏した多吉（好）茂について「是当時第一者内、依高年可（耳カ）」とあり、『小右記』治安元年（一〇二一）十二月十四日条に「而儛道第一政方也」とあり、『続本朝往生伝』一条天皇のところに同朝の諸道に優れた人々をあげて「皆是天下之一物也」という一般的な使用例しか確認できないのである。ことに『小右記』の記事は臨時音楽において藤原頼通が舞人を勧賞しようとして実資に諮った時のもので、大友成道を抽賞することに対して実資は「被賞次者可無便歟」などと述べて反対していることがみえる。これによると、舞人全体の中で順位がつけられ、多政方が第一、次が大友成道であったことが窺えるが、政方は右近将曹、成道は左兵衛府生で、それぞれ右舞、左舞の担当であったと察せられ、一者制のように右一者、左一者などとされていないのであり、また当然奏舞に加わったであろう狛氏が勧賞の対象となっていないのは、いわゆる一者制が成立していなかったことを示していよう。

また、もし十一世紀初頭に「一者」制度が整えられたとするならば、舞楽の中心は当然右舞は多氏が、左舞は狛氏が中心になって行われたはずである。なかでも、一鼓は一者の役割とされたのであるが、『左経記』長元八年（一〇三五）五月六日条の舟楽に一鼓を打ったのは多正方と大友成道であったのであり、ここからも舞人にあってはこの両者が一位、二位を占めていたことが知られるのである。狛氏で最初に一者になったとされる狛光高については、多氏系図の公用のところには公用が狛光高に左舞を相伝した旨が注記されていたが、狛氏系図の光高のところには光高は大友信正の弟子として始めて舞を習ったことが伝えられており、あるいは『続古事談』第五、諸道には「光高ハ兼時ガ弟子ナリ」とあり、多氏系図にみられる注記は同氏の立場に立って記されたもので必ずしも信憑性がないと思われる。また、この時に活躍していた舞人として『続本朝往生伝』に伝えられているのは多良茂（好茂）・同政方・大伴

（大友）兼時・秦身高であり、他史料によるとほかに大友信正・同成道などをあげることができ、多氏では好茂・政方父子がみえるが、狛氏は窺い得ず、むしろ狛光高に舞を伝授したと伝えられる大友兼時・同成道の存在が知られるのであり、十一世紀初頭に狛氏が果たして左一者として、中心的地位にいたかは疑問であり、当該期には「一者」が制度として整えられていたかも疑問の残るところである。

『続古事談』第五、諸道に狛光末（季）の言葉として、

円融寺供養之時、兼助、茂助、青海波マヒ、好茂、身高、信正、光高、輪台マフ。コレハ舞ノ仙也。近ハ正方、光高、青海波マヒ、正助、時助、則高、光末、輪台ツカウマツル、コレイミジキ事也。

とあり、ここでは多・狛氏のほかに他の専業の地下楽家以外の舞人によって舞われていること、多氏と狛氏がともに左舞の青海波と輪台を舞っていることが示されている。同記事中の前者の多好茂・狛光高・秦身高らの勤めた円融寺供養は『日本紀略』によると永観元年（九八三）三月二十二日のことであり、後者は多正助（政資）・時助（節資）、狛則高・光末（季）がそろって舞をなしていることから、十一世紀の四〇年代頃までのことであり、多氏と狛氏が一曲を一緒に舞っていることが知られることによって、十一世紀半ば頃までは未だ流動的であったことを示唆するものとして注目できる。

それでは、一者制はいつ頃に成立したかというと、一者制については左右両部制[2]における左舞・右舞の一者制と、楽所制度における一者制とに分けて考えねばならないであろう。「左一者」「右一者」という明白な史料は、十二世紀に入って初めてみえること、『楽所系図』には「左方一」や「舞一」のほかに「楽所一」ともみえ、同系図多氏では自然麻呂・良常・公用のほかに節資以下にみえ、狛氏では光季について「楽所一」とみえ、節資と光季はいずれも堀河・鳥羽朝に活躍した舞人であったことから、楽所一者制については堀河朝の楽所に殿上・地下寄人のほかに楽所舞

人・楽人が配された時に楽所舞人・楽人に対して行われるようになった制度ではなかったかと推察する。一者制の整う条件として楽家の成立が必要であったと思われるが、多・狛氏以外は十一世紀末から十二世紀にかけて成立したものであり、いわゆる『楽所補任』にはこれらの楽家舞人・楽人が記載され、それぞれ「左一」「右一」「笛一」などと注記がなされているのである。

しかし、楽書や系図に一者に関して多公用・狛光高の名が見えるのは重要である。多氏に相伝された採桑老・胡飲酒の相承系譜、狛氏に相伝された荒序舞・抜頭の相承系譜にはそれぞれ公用、光高から始られているのもこれを示している。多氏では自然麻呂を楽家の祖とするものの、古記録によって実際に奏舞が確認できるのは公用の子好茂（好用）以降のことである。好茂は『体源抄』十一ノ上に「舞人右」としてまず最初にあげられていること、永観三年（九八五）三月、寛弘四年（一〇〇七）四月の舞楽御覧に舞人「第一者」の役割と思われる一鼓を掌っており、長保三年（一〇〇一）十月の東三条院御賀には藤原頼宗の納蘇利の舞師としてみえ、そのほか多くの奏舞記事も窺えること[3]から、好茂の時に右舞を中心に担当させられるようになったことは十分に考えられるところである。しかも既述のように舞人全体の中にあっては、好茂が一鼓を掌っている状況からいっても、第一者であったことは間違いないであろう。したがって、多氏に関しては、系図等にみえる一者を治めた年数は、好茂以降は十分に考慮するに値するものであろう[4]。

狛氏においては、狛光高は永観元年三月二十二日の円融寺供養に輪台を舞ったことが伝えられており、一条朝にはその活動は窺い得ないが、『小右記』長和二年（一〇一三）九月十六日条の道長上東門第行幸に将監として駿河舞の舞人の一人として数えられており、同書寛仁三年（一〇一九）七月二十五日条には左将監としてみえ、『春記』永承三年（一〇四八）正月条には一鼓を掌った初出がみられる。『教訓抄』巻第一では長保三年十月東三条院御賀での陵王を舞った頼通の舞師は光高とされており、この時の勧賞によって左方の奉行を始めるようになったと伝えている。『狛氏系図』などでは一者については光高からみられ、『体源抄』でも「舞人左」は光高より始められているなどのことから、光高の時に左舞を中心とした舞楽相承を行うようになっていったことは認められるであろう。光高は『小右記目録』万寿三年（一〇二六）四月四日条には「光高・久光等闘殺事」とあり、この後一年ほど謹慎を余儀無くされ、『小右記』同四年五月三日条には「左唐《太》・高麗舞人三《各歟》曲、（中略）、左近将監光高在舞人内、被優免歟、月来依致害事禅閣勘当、今日俗《活》息歟云〻」とあり、左近将監として復帰し、その晩年には一鼓を掌っていることからみると、左舞を相承する過程を通して次第に左方舞人として重要な位置を獲得していったものであろう。おそらくは、光高は一条朝に大友信正・兼時といった大友氏より左舞を中心に伝授したものであり、その晩年になって左舞の一者となったのであろう。

したがって、多氏が右舞、狛氏が左舞を担当するようになるのは、系図や楽書に伝えるように一条朝の末期までであった可能性は認められるが、舞人・楽人の中で第一者、二者という序列はあっても、多氏が右舞一者、狛氏が左舞一者というように固定化していたのではなく、十一世紀前半にはいまだ流動的であり、永承三年に八十九歳で卒したという(5)光高の晩年になって左舞一者としての世襲が認められていったのではなかろうか。左右両部制における舞人の一者制度については、十一世紀半ばの成立と推察できる。しかもこれは、左方・右方の一者であり、左右の舞人・楽人の中の一者制として成立していたのであろう。これが左右方全体の序列、舞人、笛・笙などの楽器の序列として整備されるようになるのは舞人・楽人の楽家が整えられ、大内楽所に彼らが配されるようになる院政期のことであったと考えられるのである。

ともかくも、このように十一世紀前半までには左右両部に狛・多氏が専属に配されることになると、当然それぞれの舞は父子等の親族間で相伝されることとなり、専業の楽家としても確立していったものと考えられる。多氏に関しては少なくとも多自然麻呂以来、神事的音楽の相承がなされていたことは推察できるが、既述のように公用以前においては舞人としての活動は顕著にみられないのである。公用の子好茂は『御堂関白記』寛弘七年（一〇一〇）七月十七日条の敦康親王元服に右兵衛尉として七十余歳で舞楽を舞い、右衛門権少尉に加任されているが、この時道長は好茂を評して「当時物上手也」と記しており、この言葉にはまだ譜代という意識よりも衛府や雅楽寮の舞人が多数いるうちの舞の名人というほどの意味合いが窺われる。だが同時に、同書同二年正月二日条の二宮大饗に舞を奏した多正（政）方について「吉茂男」、秦清国について「身貴子」と記しているように重代であることを意識し始めていることも窺われる。『春記』永承三年（一〇四八）閏正月二十九日条にみえる採桑老について「右近府生時助伝父業云々」との割注がみえ、明らかに特定の曲の父子等間の相伝がすすめられているのである。このように多氏においては、右方一者とされた好茂の頃から従来からの神楽のほか右舞や採桑老・胡飲酒を相承し、奏舞するという専業の楽家として形成されていくのである。

狛氏についても左舞を専業することになるが、なかでも秘曲とされた荒序舞や抜頭の相承系譜はいずれも光高から始められている[6]ことからも、左一者となった狛光高以後、楽家として形成されていったことは十分に認められるところである。いずれも十一世紀前半には楽家として成立したと考えることができるのであり、この後、十一世紀後半から十二世紀前半にかけては、豊原・大神・戸部・山村氏等といった楽家も成立することになる。

はやくから楽家として形成されていた多氏にあっては、『中右記』康和四年（一一〇二）正月二日条に、朝覲行幸において納蘇利などを奏した多忠方・近方兄弟について、「二人僅十余歳、舞体絶妙、相伝家風、今日初奏此舞、見者感涙」とみえ、十余歳にして家風相伝の舞体は絶妙であったことが述べられ、すでに家風が形成されるほどの舞楽の伝統を有していたことが知られるのである。狛氏においても同書天仁元年（一一〇八）十二月十九日条に、白河法皇御所六条殿への初めての行幸に行われた舞楽に振鉾などを奏した八十余歳の狛光末（季）について「舞伝数代、体法絶妙」と述べているように、光高以降、則高、則高の子の光季・則季・高季、光季の子の光貞・光則などと数代にわたって舞伝えられたものであった。これらのことは、これまでの考察を傍証するものであろう。

このような楽家の舞人・楽人は、同書承徳二年（一〇九八）三月十日条にみえる神楽に多時（節）方が初めて拍子をとり、父佐（資）忠とともに無難に勤めたことについて「依為重代者歟」といわれているように「重代者」と称された。このような「重代者」、すなわち音楽専業の楽家舞人・楽人は京都のほかにも南都にも居住し、大寺社に所属する者も多数含まれていたのである。

承徳元年三月二十八、二十九日の両日、春日社行幸の舞楽が盛大に行われた。藤原宗忠は『中右記』の中で、二十九日に興福寺付近で奏された音楽について述べているが、これによればこの時に舞人・楽人を勤めたのは「京都楽人」と「南都官人」であり、「京都楽人」は竜頭・鷁首船各八人、立楽五人の計二一人が船楽を掌り、「南京官人」は舞人・楽人の計三〇人が社頭での楽舞を掌ったとあり、ここには「京都楽人」「南京官人」という表現がみえる。「南京官人」はその主体が舞人・楽人であったように「南京楽人」と書きかえてもよいであろう。

また、『楽所補任』によると各舞人・楽人の出自について「京」「八幡楽人」「興福寺舞人」「興福寺楽人」「東大寺」「薬師寺」などとみえ、さらに具体的にその出自が記載されている。この中の「京」とは、「京、八幡楽人」と記されている場合もあるように大内や石清水八幡宮等に所属した京都方楽人を意味するものであり、先の分けかたでみるならば「京」「八幡楽人」は「京都楽人」に、「興福寺舞人」「興福寺楽人」「東大寺」「薬師寺」は「南京官人（楽人）」として考えることができるであろう。さらに氏名をあげるならば、「京」には多・豊原氏、「八幡楽人」には戸部（小部）氏、「興福寺舞人」には狛氏・登美氏、「東大寺」舞人では山村氏、「薬師寺」楽人には玉手氏らがおり、彼らはやはり同書の中にみえる「非重代楽人」に対し、「重代楽人」すなわち奏舞・奏楽を専業とする楽家の舞人・楽人であった。次節以下においては、これらの専業の地下楽家のうち、主要な楽家の舞人・楽人の系譜とその音楽活動を検討していくことになるが、まず最初にはこれらの中では、もっとも古い楽家の一つであった多氏について検討していくことにしよう。

第二節　多氏の系譜とその活動

一　楽家の確立——多自然麻呂から節資まで——

多氏が早くから歌舞と深い関わりを有していたことについては、山上伊豆母、西郷信綱等の諸氏[7]によって説かれているところである。ことに西郷氏は、多氏はすでに奈良時代以前から「宮廷神事の歌舞音楽をつかさどる」役におり、「記紀歌謡とよばれる雅楽寮の宮廷大歌は多氏の管理するところであったのではなかろうか」と述べ、太安万侶が『古事記』の選者になったのもこれと無縁ではないとしている。

管見によれば、楽家多氏の系図ならびに系譜として知られるのは次のものである。

『多氏系図』（『体源抄』所収、以下体源本とする）『多氏系図』（『続群書類従』系譜部所収、以下続群本とする）『多氏系図』（『系図纂要』所収、以下纂要本とする）『地下家伝』『楽家系図』（宮内庁書陵部所蔵、以下楽家本とする）『楽所系図』（宮内庁書陵部本、三条西家本、以下楽所本とする。なお、以下では宮内庁書陵部本によった）平出久雄編『相承系譜』『神楽血脈』（『続群書類従』管絃部）『舞曲多氏相伝系図』『神楽歌多氏相伝之統』（ともに『楽家録』巻之十六所収）『胡飲酒相承』（『続群書類従』管絃部、宮内庁書陵部蔵『楽道相伝系図』〔二本あり〕所収）『採桑老相承』（同上）

これらのうちの体源本等では多自然麻呂の時に「始伝歌舞両道左右同奉行之」とみえ、楽所本においても「舞楽神楽等元祖」とされており、『楽家録』巻之十六に尾張浜主が渡唐後、自然麻呂に舞を相伝したとする伝承がみられる。また体源本等には「一者三十九年」などと注記されているが、「一者」については既述のように成立は十一世紀半以降のことであり、信憑性のあるものではない。自然麻呂が音楽を奏したことを示す確実な史料は窺えないが、『日本三代実録』貞観元年（八五九）十一月十九日条の清和天皇の大嘗祭において、田舞を掌った多治氏や久米舞を掌った伴・佐伯氏とともに授位されていることから、自然麻呂はこの時神楽のような神事的歌舞を掌ったことが推察される。自然麻呂後の春野、良常、脩文、脩正らについても系図ではいずれも「一者」とされているが同様に音楽との深い関わりを示す明確な史料はみられず、自然麻呂の子春野については同書仁和元年（八八五）十一月十日条に右近衛府の従七位下刈田首貴多雄に傷つけられことがみえ、春野の子良常・良常の子脩文は系図にみえるのみであり、その子脩正は競馬を行っていることが知られるくらいである。だが、その多くは衛府官人として任ぜられ、少なくとも衛府官人の職掌の一つとして音楽との関わりをもっていたことは考えられよう。多脩正の子公用についても、『村上天皇御記』康保二年（九六五）七月二十一日条には御鷹飼との関わりがみえるのみでやはり音楽記事は知られないのであり、既述のように公正の子好茂において多く窺われる。好茂の音楽活動は天延二年（九七四）十一月十一日の選子内親王着裳の時に奏舞したのを初見とし、第30表のようにみえる。これによると、まさに「当時物上手」としての音楽的活躍ぶりが窺われる。好茂は系図によると長和四年（一〇一五）に没したという。八十二歳以上の長寿であった。また、

第30表　多好茂・政方の音楽活動

多好茂

年月日	行事名	官職	典拠	備考
天延二・一一・一一	選子内親王著裳	右衛門府生	天延二年記	良茂とある。舞を奏す
天元二・正・二	臨時客		小右記目録	舞を奏す
寛和元・三・三〇	円融上皇童舞御覧	右近将曹	小右記	吉茂とある。一鼓を掌る
長保三・一〇・九	東三条院御賀	右兵衛尉	小右記・権記	小右記には吉茂とあり、権記には好義とある。納蘇利を舞った藤原頼宗の舞師として、栄爵に預かる
寛弘二・三・六	中宮大原野社行啓試楽	右兵衛尉	小右記	舞楽を奏す
四・四・二五	内裏密宴	右兵衛尉	御堂関白記	吉茂とある。一鼓を掌る
五・正・二	中宮大饗	右兵衛尉	御堂関白記	吉茂とある。この時、生年七五歳
七・七・一七	敦康親王元服	右兵衛尉	御堂関白記	吉茂とある。右衛門権少尉に加任

多政方

年月日	行事名	官職	典拠	備考
寛弘二・正・二	二宮大饗		御堂関白記	正方とある
寛仁元・九・二三	摂政八幡詣宮寺儀	右近将曹	小右記・左経記	納蘇利を舞う。小右記は二四日条にみえる
三・七・二五		右近将曹	小右記	この日、丹波より参着したという。雅方とある
四・三・二二	無量寿院供養	右近将曹	小右記	舞楽を奏す
治安元・三・二九	道長無量寿院百余体絵仏像供養	右近将曹	小右記	舞楽を奏す
元・一二・一四	童舞御覧	右近将曹	小右記	舞楽を奏す
三・四・一七	賀茂祭使還立	右近将曹	小右記	陪従
三・閏九・二三		右近将曹	小右記	馬を給う
三・一〇・一三	源倫子六十賀	右近将曹	小右記	一鼓を掌る。納蘇利を舞った藤原頼宗息兼頼の舞師として道長より脱衣を賜る

万寿四・七・二九		右近将曹	小右記	相撲節に束帯を著さず勘当さる
長元三・五・二	内裏御修法結願	右近将曹	小右記	
三・八・二一	法成寺東北院落慶供養		小右記	舞楽を奏す
三・九・五	関白石清水八幡宮参詣試楽		小右記	納蘇利を奏す
三・一〇・一	当季大般若経読経始	右近志	小右記	右近志とあるも将曹か、またこの時には丹波よりの帰路に落馬して出仕せず
六・一一・二八	源倫子七十賀	右近将曹	小右記	一鼓を掌る
八・五・六	朝座・夕座		左経記	正方とある。一鼓を掌る
八・五・二三	賀陽院水閣歌合	右近将監	賀陽院水閣歌合	正方とある
長久元・九・二八	内侍所御神楽	右近衛将監	春記・多氏系図（体源抄所収）	和琴を掌る。同系図によると宮人勤仕賞を賜ったか

同系図には「一者卅年」とみえる。既述のように多氏は好茂の時には舞人第一位を占めるようになっていたと察せられ、その没年まで舞人第一（一者）であったとすると、舞人第一になったのは寛和元年（九八五）頃となる。

ところで、一者に関しては、東寺観智院に伝えられている「楽所一者次第」がある。これによると好茂は永観二年（九八四）に就任し、二八年間治めたとある。楽所本・楽家本には一者に就いた順番が記されているが、これは嫡流を継承した順ともみなせるであろう。これらによると好茂を継いだのは好茂の叔父にあたる武文であった。系図では武文の没年を寛仁四年（一〇二〇）とし、一者であった期間を四年としている。武文を継いだのは好茂の子政方であり、既述のように治安元年（一〇二一）十二月にはすでに「儛道第一」の者となっているのであり、同三年十月にはそれを示す一鼓を掌っている。したがって、武文がその前年の寛仁四年に没した後に一者に就いたものであろう。好茂に関する奏楽記事は寛弘七年（一〇一〇）を最後にみられず、実質的にはこの頃第一線を退いていたものと察せられる。好茂が没してから武文が右舞人第一に就いた場合にはおよそ系図の伝えるような年数に近い期間であろうし、好茂が没する前に譲っていたならば『楽所一者次第』のように長和元年からの八年間、武文が舞人第一であったろう。

多政方は寛弘二年正月二日の二宮大饗に「吉茂男」として舞を奏したのを初出とし、第30表のような音楽活動が知られる。このほかに体源本に「去九九禁裏炎上時於内侍所御前宮人勤仕賞也」とみえる。この内裏炎上が長久元年（一〇四〇）九月九日のものであることは明らかであるが、この時の内侍所における音楽とは『春記』同月二十八日条にみえるように、神鏡を新造の唐櫃に納めた後に行われた内侍所御神楽であったと推察され、(8)政方は和琴を掌った。同系図によると政方は寛徳二年（一〇四五）の没とある。『春記』永承三年（一〇四八）五月七日条、法成寺での仁王会に行われた採桑老に割注した中に「件舞故右近将監多政方所習伝也、而政方死去、其子右近府生時助父伝之由云々」とみえることから、没年代はほぼ間違いないであろう。系図によると一者は二六年とあり、『楽所一者次第』には寛仁四年の就任で二六年間とある。政方が右舞人第一となったのは、既述のように武文の死をうけた寛仁四年のことであったが、この年から没する寛徳二年までの二六年間とするのが妥当であろう。

『多氏系図』に政方の子としてみえるのは、政資と節資である。平出久雄氏は『相承系譜』の中で政資を好茂の子とし、「兄政方の死後その養子となり立嫡」と注記している。しかし、『小右記』長元三年（一〇三〇）十月一日条には「以番長多政資可補府生之由被奏下了、政資者政方子、是舞師也」とあり、『小右記』同六年十一月二十八日条に「右近将曹政方打一」とあり、『左経記』同八年五月六日条の船楽にも「正方成道打壹有薪荷」とあることから、(9)平出氏が兄政方の死後に養子になったとするのと矛盾する。また、政資は系図によると承暦元年（一〇七七）十月十六日、七十四歳の没とされており、これは後述するように十分信用に足るものであるので、(10)誕生年は長保五年（一〇〇三）頃となり、好茂はこの時には七十歳ほどの高齢であり、好茂と政資を実の親子とするには無理がある。したがって、多政資は政方の実子であったとすべきであろう。『春記』永承五年（一〇五〇）三月十五日条には「関白及右府召政助時助兄弟、給衣」とあることからいっても、政資と節資はともに政方の実子で兄弟と考えることができよう。

嫡流は政方のあと、政資、節資と移った。万寿四年（一〇二七）正月二十九日、高麗舞師多政資は番長に任ぜられており、これが初見記事である。その三年後の長元三年（一〇三〇）十月一日の大般若経読経始に父政方が舞人として勤仕する予定であったが、丹波よりの帰途に落馬し「突損手」ね、参上できなくなったために、その代わりとして番長政資が府生に補され勤仕したという。このほかの音楽活動は第31表の通りであるが、『胡飲酒相承』の正（政）資によると政資は父政方より胡飲酒を相承し、永承五年三月の臨時楽に舞い、勧賞を得たという。これは『百錬抄』に「於内裏有臨時舞楽事、諸卿参入、舞人有勧賞」とあるように、同月二十八日に行われた臨時楽であったと察せられる。このように兄政資は父政方より胡飲酒を相承したと伝えられるのに対し、弟節資は父政方から採桑老を伝授された。節資の活動は長久元年（一〇四〇）九月二十八日の内侍所御神楽では歌人として奉仕しているのが初見で、『神楽血脈』によると父政方から神楽を相伝している。また、永承三年（一〇四八）閏正月に採桑老を舞ったとあるが、『春記』の作者藤原資房が「右近府生時助伝父業云々」と注記しているように、多氏の秘曲相伝に関する事情は貴族のあいだでもひろく知られていたところであったろう。このほか、第31表のような活動が窺われる。

ところで、政資と節資の生没年を検討すると、体源本では政資は承暦元年（一〇七七）十月十六日七十四歳の没、節資は応徳元年（一〇八四）七十歳の没とみえる。古記録によって確認できる最後の記事は、政資が治暦三年（一〇六七）、節資が永保元年（一〇八一）四月であるが、『後二条師通記』同三年十月一日条の法勝寺塔供養に左方の中心であった狛光季とともに栄爵を受けた「時季」も時助（節資）とすべきところの誤記であったものと推察され、それぞれ系図に記された没年との矛盾はなく、また二人の没年の差七年は政資の死後節資が第一者に就いたと推察すると節資の第一者の期間は没するまでの七年間となるが、系図によっても節資の一者は七年とされ一致していることからも、

第31表　多政資・節資の音楽活動

多政資

年月日	行事名	官職	典拠	備考
万寿四・正・二九		番長	小右記	高麗舞師近衛とあり、この時、番長に補せらる
長元三・一〇・一	当季大般若経読経始	右近衛府生	小右記	舞人を勤める
永承五・三・六	高陽院御堂供養調楽	左近将曹	春記	同書には左近将曹とあるも右近将曹か。新宿徳を舞う。本来は試楽の予定であったが、同供養延引のため試楽も延引となる。政助とある
五・三・一二	高陽院御堂供養試楽	右近将曹	春記	振鉾を掌り、新鳥蘇・納蘇利を舞う。政助とある
五・三・一五	高陽院御堂供養		春記	振鉾を掌り、新鳥蘇等を舞う。政助とある
五・三・一八	臨時楽		胡飲酒相承	
康平四・一〇・二五	平等院御塔供養	右近将監	康平記	一鼓を掌る。正助とある
四・一〇・二六	同院朝礼御堂荘厳	右近将監	康平記	一鼓を掌り、新鳥蘇を舞う。正助とある
五・正・二〇	太政大臣頼通大饗	右近将監	康平記	一鼓を掌る
治暦三・四・一四			水左記	中納言小児（源顕房の子雅実か）の胡飲酒の師とみえる。正助とある

多節資

年月日	行事名	官職	典拠	備考
長久元・九・二八	内侍所御神楽	右近府生	春記	父政方とともに神楽を掌る。時助とある
永承三・閏正・二七		右近府生	春記	採桑老を舞う。時助とある。同書同月二九日条
三・五・七	法成寺仁王会	右近府生	春記	採桑老を舞う。時助とある
五・三・六	高陽院御堂供養調楽	左近府生	春記	同書には左近府生とあるも右近府生か。新宿徳を舞う。本来は試楽の予定であったが、同供養延引のため試楽も延引となる。時助とある
五・三・一二	高陽院御堂供養試楽		春記	新鳥蘇・採桑老・納蘇利を舞う。時助とある
五・三・一五	高陽院御堂供養		春記	新鳥蘇等を舞う。時助とある
康平三・三・二五	白河院に朝観行幸		康平記	採桑老を舞う。時助とある

三・一一・二六	明尊九十賀	右衛門志	康平記	採桑老を舞う。時資とある
四・一〇・二六	平等院朝礼御堂荘厳	右衛門志	康平記	青海波を誦す。時助とある
承暦四・四・二八	内裏還幸		帥　記	振鉾を掌り、胡飲酒・打毬楽を舞う。時助（資）とある
永保元・四・二八	関白師実賀茂社参詣		帥　記	拍子・一歌を掌る。時助とある
三・一〇・一	法勝寺塔供養		後二条師通記	同書には時季とあるも、左方の狛光季とならんで、右方として栄爵されていることから多時助であろう

その没年についても信憑性のあるものと考えられる。したがって、政資は没年とその年齢から誕生年はおよそ長保五年（一〇〇三）となり、節資の場合は長和三年（一〇一四）頃となる。政資は永承五年三月には振鉾を掌り、その後も振鉾や一鼓を掌っているのに対し、節資は兄政資の死後の承暦四年四月に振鉾を掌っているのが初見であることからも、父政方の死後、まず兄政方が嫡流を継いだことは間違いない。しかし、多家に相承された秘曲については、相承系譜によると先述のように神楽と採桑老は節資、胡飲酒は政資へ相伝されている。永承三年閏正月二十七日、節資は採桑老を舞ったが、藤原資房は『春記』の中で、或人からの伝えとして「左大弁奉執柄命、於彼里亭一昨日夜令舞採桑老」とし、関白頼通の命によりわざわざ里亭に呼んで舞わせたものであったことを記している。これは既述のように時助が父業を伝えた曲であり、同年五月にやはり関白の命によって同曲を舞った時にも「件舞故右近将監多政方所習伝也、而政方死去、其子右近府生時助父伝之由云々」とあるように、節資の伝えた神楽・採桑老は父政方から直接相伝したものであったろう。一般的にはこのように直伝されたが、兄政資の胡飲酒に関してはまた『続古事談』第五、諸道に次のように伝えられている。

正方シナムトスル時、正助胡飲酒ノ事ヲトヒケレバ、孫子ニヲシヘタリ、ソレニトヘトナム云ケル。サテ正助ハ子ニナラヒケリ。カクホドヨキ物正助ニサキダチテ、ワヅカニ廿余バカリニテウセニケリ。

正助（政資）は父正方（政方）の死にのぞんで、胡飲酒について問うと、父は孫子に伝えたのでそれに問えと答えたという。これによると政資は胡飲酒を父政方から直接伝えられたのではなく、政方が相伝した孫、すなわち政資にとっては自分の子から政方の死後に習ったということになる。その政資の子は父政資に先立ち二十余歳で亡くなったという。政資の子とは、系図に「早世」と注記されている資方のことであったと察せられる。父政方はなぜ生前に政資に伝えず、孫の資方に相伝したか明白でないが、多氏が伝統的に相承してきた神楽や採桑老も政資の弟節資に相伝しているのをみると、父政方からみて嫡男の政資に音楽的才能において物足りなさを感じていたことによるのであろうか、あるいは政資となんらかの感情の対立があったのであろうか。既述のように確かに、政資は永承五年（一〇五〇）三月になって始めて胡飲酒との関わりがみられるのであり、それまでは同曲の奏舞もほとんどみられない。なお、同書にはまた、

正助ウセテ後、胡飲酒舞ベキモノナカリケレバ、時助ヲ召テ、父正方、兄正助コノ舞ヲツタヘテタビ〳〵奏シキ。汝サダメテミナラヒナン。ツカウマツレト仰ラレケレバ、イマダナラハヌヨシ申シケルヲ、猶ツカウマツレ、汝ガ子助忠、正助ニナラヒタルヨシキコシメス。カレニイヒ合テツカウマツレト仰ラレケレバ、シブ〳〵ニ仰事ナレバツカウマツルバカリナリトテ、マカリタチニケリ。

とあり、政資は節資の実子資忠（助忠）に胡飲酒を伝えており、節資は結局資忠に習うことになるが、(11) 系図によると節資の子資忠は政資の養子となっており、政資が胡飲酒を資忠に相伝したのもそのためであろう。政資が資忠を養子にしたのは、政方が直接胡飲酒を伝授したという資方が早世したためであったと察せられる。同書には右の引用文の後のところに「時助ガ子助忠、タビタビ舞テ勧賞カウブレリ。助忠正連ニコロサレテ後、ナガクコノ舞タエニケリ」とあるように、助忠（資忠）は胡飲酒を舞いたびたび勧賞されたが、節資が応徳元年（一〇八四）に没し、資忠も山村

正連に殺されると、胡飲酒はしばらく絶えたという。続いて、この事件に関係した多資忠・節方、山村吉貞・政連の系譜を中心に検討していこう。

二　多氏と山村氏——多資方・節方、山村吉貞・政連——

『神楽血脈』『胡飲酒相承』『採桑老相承』によると、政資が相承した胡飲酒、節資が相伝した神楽と採桑老はいずれも資忠が相承した。多氏における資忠の位置についてはすでに触れたが、ここで諸系図をあげ、資忠を殺害した山村氏との関係に言及し、それぞれの音楽活動に触れつつ、多資忠・節方親子殺害事件について考察してみよう。

まず、多資方の祖父にあたる政方以後の系譜について、『多氏系図』諸本によってみると系図1のようになる。

これらの中の体源本、続群本、纂要本ではいずれも資忠に注記して「節資子」とし、『胡飲酒相承』『採桑老相承』にも同様にみえることからも、既述のように資忠は節資の実子で政資の養子となったことは問題ないであろう。また、資方は纂要本を除いていずれにも政資の子とみえ、体源本・続群本に「早世」と注記があるが、先述のように二十余歳で亡くなったものであろう。これらの系図の中で問題になるのは、楽所本によると政連という者が政資の子としてみえ、しかも「依害資忠配流讃岐国」とあり、資忠を殺害した旨が注記されていることである。平出久雄氏は諸系図を校合し、その『相承系譜』において、系図2の通りとし、政連を除き、政資の子に好貞を加えており、その補注では「舞人の山村吉貞か」としている。

ところで、山村氏は大和国添上郡南部に本拠を置いた豪族で、十世紀末頃から右近衛府・右兵衛府の官人となり、また東大寺と深い関係をもち、東大寺の勢力を背景とした下級官人の地位と自ら備えた武力をもって、大和盆地の中

系図 1

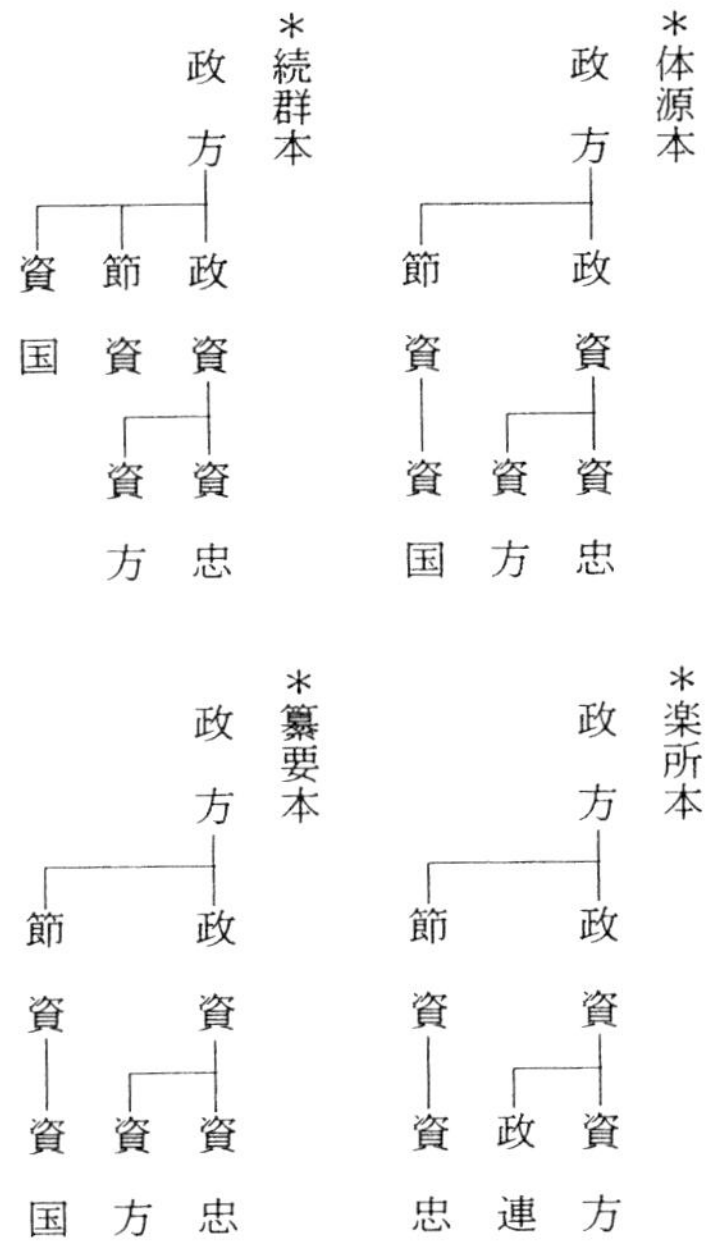

系図 2

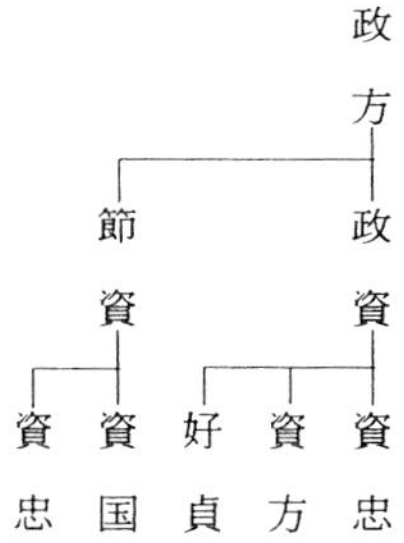

部にかなりの勢力をはっていた氏族で、(12)それぞれ舞人・楽人としても仕えるところとなる。『楽所系図』には真光から始まる楽家山村氏の系図が系図3のようにみえる。

この中の山村吉光は寛弘二年（一〇〇五）に近衛府生に任ぜられ、(13)『春記』永承五年（一〇五〇）三月十二日条の高陽院御堂供養試楽に左兵衛志として狛氏の舞人とともに安摩・春鶯囀・青海波を舞っている。これらの曲はいずれも左舞であり、これで見る限りにおいてはまだ右方舞人として固定していなかったことが知られるが、(14)同年九月十七日付の「大田犬丸名結解」によると左兵衛尉吉光が東大寺御霊会

系図 3

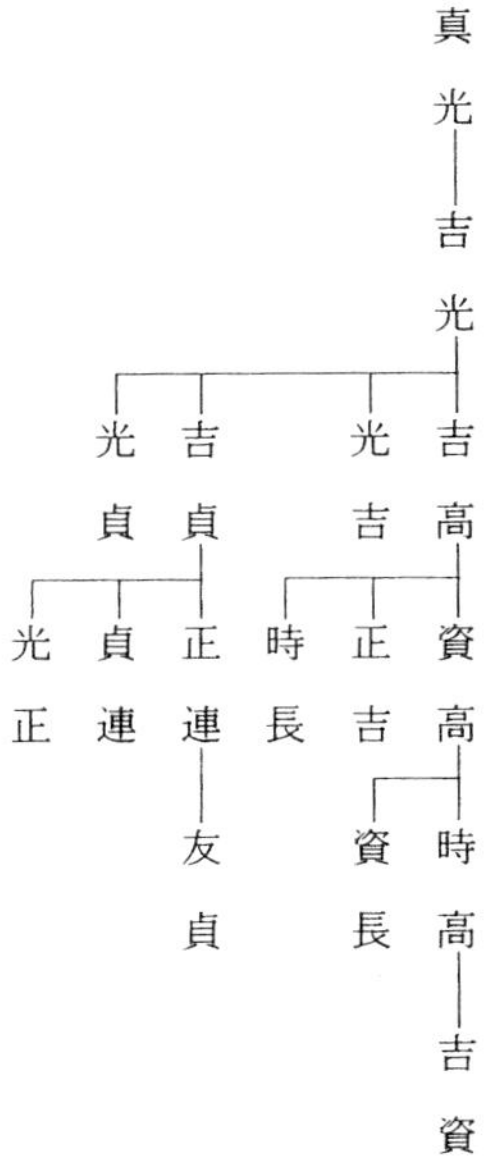

の「右方目」としてみえ、同会の右方舞人として勤仕していた可能性が考えられる。同系図によれば吉光の子に吉貞がみえ吉貞の子に正連がみえ、吉貞には「右将曹」「依令害多資忠被禁獄死畢」、正連には「右衛志」「依資忠事配出雲国」と注記されている。多氏系図楽所本にみえる政資の子政連については「右将曹」「依害資忠配流讃岐国」とあり、山村正連と多政連とは同一人なのかあるいは異なるのか判断することはできない。

そこで、古記録によって吉貞・正連（政連）に関する記事をあげて検討してみよう。『水左記』応徳元年正月十七日条左大臣俊房大饗での左舞地久の舞人四人の中に「（右近衛―筆者注）府生多吉貞、右兵衛志多政連」とあり、『中右記』寛治四年（一〇九〇）正月三日条の朝覲行幸における納蘇利を掌ったのは「佐忠、正連」であり、『後二条師通記』寛治七年十一月二十日条の臨時除目には「（右近衛―筆者注）将曹正六位上山村宿吉貞〔禰脱カ〕」とみえ、『中右記』嘉保二年（一〇九五）八月六日条の行幸試楽での納蘇利について「時方、正連、着舞装束」とある。これらによると吉貞については、右近衛府生多吉貞とも右近衛将曹山村吉貞ともみえ、やはり同一人か否かを示す明白な史料はみられないが、官職においてともに右近衛府官人とあり、同一人物で寛治七年の臨時除目に右近衛府生より同将曹に転任した可能性が十分に考えられる。政（正）連については「政連」「正連」とも、「右兵衛志多政連」ともみえる。多資忠・節方を殺害した記事によると、「政連」（『今鏡』「村上の源氏第七」の新枕）「正道（連カ）」（『古事談』第六）といずれにも記されるが、その系譜や官職には触れられていない。しかし、『続古事談』第五、諸道には「正助ガイキタリケル時、外孫正連童名峯丸、ニ胡飲酒ヲシフベキヨシ白川院頭弁実政朝臣シテ仰ラレケレバ」云々とあり、『胡飲酒相承』の山村正連の項にも「山村吉貞子、正資外孫」とみえる。正助あるいは正資とはいうまでもなく多政資のことであり、その外孫ということは政資の娘の子ということになる。しかし、『楽所系図』では政連は政資の子とされている。これはどのように考えたらよいのであろうか。多政資の外孫説をとるならば、政資の娘婿が問題となり、当然政連の父とされる吉貞が考えられよう。『体源抄』九の中で宇治殿御時平等院一切経会に舞楽を行った正連について、その童名の峯丸を説明して「峯丸者正資孫山村義貞男ナリ。母為正資娘ナリ」とあるのはこれを傍証している。しかも、『水左記』に吉貞について多姓で記していたということは、平出久雄氏が推測しているように、(15)山村吉貞が多政資の養子となったことも考えねばならないし、胡飲酒を養子資忠とともに外孫政連に伝授し、『続古事談』同所に童舞の振鉾について「左ニハ光季ガ孫千手丸ホコヲフリケリ。右ニハ時助ガ弟子鶴法師丸イデテホコヲフラントシケルヲ、三条内大臣能長座ニオハシケルガ、大声ヲハナチテ、正助ガ孫峯丸ヲヲキテ、時助ガ弟子ホコフルベカラズトテ、オヒイレラレケレバ、峯丸イデテフリケリ」と伝えられているのも注目せねばならない。

ここで、多政資、その弟節資、政資の養子資忠（節資の実子）、山村吉貞、その子政連の年齢構成を考えてみよう。政資の生没年は既述のようにおよそ長保五年（一〇〇三）から承暦元年（一〇七七）までであり、節資は長和三年（一〇一四）から応徳元年（一〇八四）頃までであった。系図などによると資忠は康和二年（一一〇〇）五十五歳の時に殺害されたと伝えられていることから、その誕生年はおよそ寛徳二年（一〇四五）となり、ちょうど祖父政方の亡くなった頃であった。したがって、資忠は節資三十一歳頃の子となる。山村吉貞・政連の生没年を示す史料はないが、応徳元年正月には地久を舞っていることから考えると、政連の方は少なくとも二十歳前後であろうし、吉貞は四十～五十代であったと推察される。『続古事談』にみえる正助（政資）が外孫正（政）連に胡飲酒を教えたという話は「白川院頭弁実政朝臣シテ仰ラレケレバ」とあるように白河天皇の代で藤原実政が頭弁であった頃、すなわち承保二年（一〇七五）六月には右大弁に転じ同四年正月には蔵人頭となっているので、(16)この時より数年間の頭弁の在任期間の頃であったと察せられ、政資が同年十月の没であったことから、この話は同年正月から十月までの間の事であったものと推察される。同記事の「正助ガイキタリケル時」という表現もいかにも正助の晩年の頃を思わせる。それはともかくとして、承暦元年（承保四）に政資が政連に胡飲酒を教えた時には政連はまだ峯丸という童の頃であったのであり、習舞に堪えられる年齢というと十〜十五歳頃と考えてよかろう。このように考えるならば、政連が父吉貞とともに地久を舞った応徳元年には政連が十七〜二十二歳となり、政連が吉貞三十歳頃の子とするならば、この時吉貞は四十七〜五十二歳となり、さらに康和二年六月の事件は吉貞が六十五歳前後、政連が三十五歳前後のことであったと推定できよう。

ところで、政資には実子として資方がいたが、政資三十歳頃の子とすると、資方が二十余歳で早世した時には政資が五十歳半ば頃で天喜年間（一〇五三〜一〇五八）頃のことであり、節資の子資忠、政資の娘婿の山村吉貞が養子にはいったのはこの後のことであったと思われる。『神楽血脈』『採桑老相承』によると資忠は神楽や採桑老は実父節資より、胡飲酒は義父政資より相伝したが、『胡飲酒相承』には養子のこととともに相承の経緯について次のように伝える。まず、資忠のところには「父節資為正資養子、令行向之日、正資存知此舞故歟之由、件日授胡飲酒序畢」とあり[17]、節資のところには「習子息資忠故者、節資不伝胡飲酒、仍以子息資忠為正資之猶子也、其後節資習資忠」とある[18]。これらによると、資忠を政資の養子としたのは節資が相伝していない胡飲酒を相伝させるためであった解せられるのであり、養子にはいった時期も資忠がすでに実父節資から神楽や採桑老を伝授された後のことと察せられ、年齢的には早くとも資忠十歳以後のこと、すなわち天喜三年（一〇五五）以降のこととなり、ちょうど政資の実子資方が没した頃と重なり、結果的には資方が早世後すぐのことで、名目上は嫡流を継ぐものとして養子となったのであろう。これに対し山村吉貞が政資の養子となった時期は、応徳元年（一〇八四）には多姓でみえることから、遅くともこれ以前であり、早い場合には吉貞が政資の娘婿となったと思われる頃、すなわち政連の生年から推察して康平の末年頃（一〇六二〜一〇六五）が考えられる。吉貞がおよそ三十歳前後のことであったと察せられる。

第32表　十一世紀後半における多氏の奏舞者

年月日	行事名	奏舞者及び曲名	典拠及び備考
永承五・三・五、一二	高陽院御堂供養調楽・試楽	振鉾—正助、新宿徳—正助・時助、新鳥蘇—正助・時助、採桑老—時助、納蘇利—正助・時助	『春記』
康平三・三・二五	白河院に朝覲行幸	採桑老—時助	『康平記』
三・一一・二六	明尊九十賀	採桑老—時資	『康平記』
四・一〇・二六	平等院朝礼御堂供養	一鼓—正助、新鳥蘇—正助、青海波—時資	『康平記』
五・正・二〇	太政大臣藤原頼通大饗	一鼓—政資	『康平記』
承暦四・四・二八	内裏還幸	振鉾—時助、胡飲酒—時助	『帥記』
応徳元・正・一七	左大臣源俊房大饗	地久—多吉貞・多政連	『水左記補遺』。他に玉手輔頼・狛則時も同曲を掌った
寛治二・八・七	相　撲	貴徳—祐忠	『帥記』
二・一〇・二八	法勝寺大乗会結願	採桑老—祐忠	『帥記』『中右記』。『中右記』では佐忠。この時始めて舞う
四・正・三	朝覲行幸	振鉾—佐忠、納蘇利—佐忠・正連	『中右記』
五・三・二七	競　馬	納蘇利—助忠	『後二条師通記』
五・七・三〇	相撲御覧	振鉾—資忠、貴徳—佐（資）忠	『中右記』
六・正・一九	興福寺北円堂并食堂供養	帰徳—佐忠、納蘇利—時方	『中右記』。納蘇利は公正とともに掌っている
六・七・三〇	相撲御覧	振鉾—資忠、帰徳—佐（資）忠	『中右記』
六・八・五	童相撲	納蘇利—節方カ	『中右記』
七・三・一一	御神楽	本拍子—資忠	『中右記』
七・三・二〇	春日社御幸	振鉾—資忠	『中右記』
嘉保元・五・二	八　講	振鉾—佐忠	『中右記』
元・五・四	円宗寺八講始	王仁—佐忠	『中右記』
元・五・六	花山院八講結願	胡飲酒—佐忠	『中右記』
二・二・二七	楽所始	一鼓—佐忠	『中右記』

二・六・七	京極殿御堂供養	右舞人―時方	『中右記』。左は成兼
二・八・一	相撲御覧	振鉾―佐忠	『中右記』
二・八・六	行幸試楽	振鉾―佐忠、帰徳―佐忠、納蘇利―時方・正連	『中右記』
承徳元・三・二八	春日社行幸	納蘇利―佐忠・時方	『中右記』
二・三・九	石清水臨時祭	拍子―佐忠・時方	『中右記』同一〇日条。時方の拍子は初度
二・一〇・二〇	祇園御塔供養	一鼓―資忠	『中右記』
二・一二・二	内侍所御神楽	拍子―佐忠・時方	『中右記』

ここで、十一世紀後半における、山村吉貞・政連も含めた多氏の奏舞者について整理してみると第32表のようになる。同時に第一者の変遷について検討すると、既述のように節資は政資の承暦元年（一〇七七）の死後、応徳元年までの七年間勤めたものと察せられ、承暦四年四月の振鉾は時助（節資）が行っていることからも明らかである。節資が応徳元年に没した後の第一者の掌る振鉾・一鼓の記事によると、寛治四年（一〇九〇）正月に佐忠（資忠）であるのをはじめ、承徳二年（一〇九八）十月の一鼓までいずれも資忠が掌っていることが知られる。したがって、節資の実子で政資の養子になった資忠はすくなくとも寛治四年より承徳二年までの八年間は第一者であったことが確認できる。ところで、資忠の一者は体源本・纂要本では一三年とあり、続群本では一五年とされている。[19] 単純に考えるならば、資忠は節資の死後の応徳元年より、殺害される康和二年（一一〇〇）までの一六年間、第一者であったとみることもできよう。続群本はおよそこの説を採用したとみることができよう。しかし、体源本と纂要本は一三年説をとっているのであり、また『古事談』六に引かれている助忠殺害に関する話には、正連に注記して「一者」とみえるのが注目される。[20] ここに政資の養子となったと察せられる吉貞もしくは政連が第一者についた可能性が考えられるのである。吉貞・政連が第一者に任ぜられた可能性のある時期は、十一世紀後半の奏舞内容から考えて、節資の没した応徳元年

より資忠の振鉾を掌った寛治四年までと、承徳二年十月、古記録によって確認できる最後の資忠一鼓奏楽の年から殺害される康和二年までの間であろう。ことに永保四年（応徳元）正月には吉貞は多姓でみられるのに対し、『後二条師通記』寛治七年十一月二十日条の臨時除目には山村吉貞とみえることから、前者の時期が着目される。節資が亡くなった応徳元年当時、嫡流を継ぐ者として考えられるのは、政資の養子となっていた政資の娘婿の吉貞と政資の弟節資の子の資忠であり、この時吉貞はおよそ五十歳前後、資忠は三十九歳、政連はおよそ二十歳前後であり、吉貞と資忠のあいだには十歳ほどの年齢差があったものと察せられる。

ところで、応徳元年正月十七日に行われた左大臣源俊房の大饗には左右舞楽が奏されたが、この時左方舞人としてみえるのは左近衛尉狛光季・右（左カ）兵衛尉狛則季・左近府生狛行高・左近衛狛光定（貞）であり、いずれも左舞狛氏の主体をなしていた舞人たちであったのに対し、右方舞人としては右近将曹玉手輔頼・右近府生多吉貞・右兵衛志多政連・府生狛則時とあり、狛則時は未詳だがなぜか多資忠・節方といった舞人がみられないのである。これらの舞人はそれぞれ万歳楽・地久を掌った舞人であり、他に舞人もいたと考えられなくもないが、この時に奏されたのはほかに左舞が賀殿、右舞が白濱でともに四人舞であり、『水左記』の記事の記し方からみてもそれぞれこれらの四人が奏したようにとれる。しかも祐（資）忠の奏舞の初見は管見によると寛治二年（一〇八八）八月のことであり、多氏嫡流を継いだことを示す振鉾を掌るのは同四年正月のことであった。そして、同七年には吉貞は山村姓へ戻っているのである。これらのことから考えるならば、節資の死後、多氏の嫡流はまず政資の養子のうちの年長の吉貞に移り、これを不満とした資忠との間に対立があり、なんらかの理由で寛治元年かおそくともその翌年には和解し、資忠がこれを継いだものと推察される。『中右記』によると資忠は同二年正月十九日に右近将監に任ぜられ、八月には貴徳を十月には秘曲の採桑老を奏舞しているのはこれを意味するものであろう。この頃に第一者に就いたと考えるならば、その殺害される康和二年（一一〇〇）までの一三年間一者であったとする体源本とおよそ一致するのである。

　このように考える時、康和二年の吉貞・政連による資忠・節方殺害にいたる原因は、節資の死後に存在したのであり、溯ればともに政資の養子となったときに種はまかれていたといえよう。いったんは和解し、寛治四年正月三日の朝覲行幸には納蘇利を佐（資）忠と正（政）連が、嘉保二年（一〇九五）八月の行幸試楽には同曲を時（節）方と正連が掌っているのが窺える。しかし、寛治七年十一月に山村吉貞とみえることは、養子関係は解かれたものと思われ、第32表の十一世紀後半の奏舞状況をみても知られるように、吉貞の奏舞はまったく窺われず、政資より胡飲酒を相承した政連も同曲を奏する機会はほとんど与えられなかったのではあるまいか。吉貞・政連の資忠・節方父子殺害の原因を明白に伝えるものはない。多氏と山村氏との舞人としての環境を比べた場合、自然麻呂以来の古い伝統をもち好茂の時には専業となり、右舞といくつかの秘曲を相伝してきた多氏の方が上臈であることはいうまでもない。多政資・節資亡きあと資忠が即、嫡流を継げば問題はなかったであろう。しかし、政資にはその娘婿の吉貞が養子となっていたのであり、しかも秘曲相承に関しては、政方が結果的には胡飲酒は政資に、採桑老と神楽は節資に相伝したように、政資は胡飲酒をすでに養子にはいっていた吉貞の子すなわち孫の政連のみに相伝しようとしたことが推測される。ところが、『胡飲酒相承』資忠・節資のところに記されていたように資忠が政資の養子になったのは胡飲酒を相伝するための目的があったのであり、この背後には節資の意向が強く働いていたように察せられる。政資も資忠が胡飲酒を習うために養子となることを知っていたのであり、そういう意味では資忠をこころよく養子に迎えたとは思われないのである。資忠の背後には節資がいたのであるが、政資・節資・吉貞・政連の関係を暗示するかのような興味深い話が『教訓抄』巻第五、貴徳のところに伝えられている。

　宇治殿御時、平等院一切経会ニ、正連童名峯丸未元服、舞胡蝶、其体殊ニ美ナリ。有御感、次日召之、御覧帰徳峯

丸者正資孫、山村義貞ガ男也。母為正資娘也。出時右足ヲ摺。又破ノ太鼓上ノ果ニ、桙ヲ左ヱ差。足ハ先左差テ、次ニ右ニ差反随時上拍子也。時資見之、難ジテ、此舞損之云々。親父吉貞問之、何ノ手ゾ違ル哉。時資答云、出時足ヲバ左ヲ可摺也。破ノ桙ヲ右ヱ可差也云々。吉貞云、散手ハ左足ヲ摺ル、桙ヲ右ヱ差。帰徳ハ右足ヲ摺ル、桙ヲ左ヱ差也。此事万人所知也。如申状、散手帰徳同前歟。然者無左右舞之差別歟。相論此事之間、遂及口舌、倶問還非於正資云々。不答不言。舞人峯丸聞相論共、抛桙、流涕シテ不終其舞。殿下令尋其由緒御ニ、起於時資之論。因茲、時資蒙御勘当三年不被免云々。其後時資之流者、左足ヲ摺シ、右ヱ桙ヲ差。正資流、如先ク右足ヲ摺シ、左ヱ桙ヲ差也。

これによると「宇治殿御時、平等院一切経会」の時とある。平等院一切経会が始められるのは延久元年（一〇六九）のことであり、[21]宇治殿すなわち藤原頼通が亡くなるのは承保元年（一〇七四）のことであるので、これはこの間の出来事であり、この時に峯丸すなわち正（政）連は元服前の童であったことから、政連の誕生年を前に推測したようにおよそ一〇六〇年代としたことは十分信憑性のあることが確認できよう。この記事の内容をみていこう。宇治殿の時の平等院一切経会において、政連が元服前にもかかわらず胡蝶を優美に舞ったので、翌日天皇に召され帰徳を奏舞したという。しかし、この舞様に対して時（節）資が足の摺り方や桙の差す方向などについて非難し、これに政連の父吉貞が反論するなど、舞様をめぐっての相論があったという。この相論を聞いていた政連は桙を投げ出し涕泣し、最後まで舞うことができなかったという。頼通がその由を尋ね、結局節資が原因を作ったということで、節資は三年間の勘当を余儀なくされたと伝える。そしてこの後、節資流は節資の主張した方法で相伝され、正（政）資流は政連の舞ったように相伝されたという。政連が舞い吉貞が主張した左方舞は、まさしく政資から相承したものであったのであり、この話にみられるように胡飲酒のみならず帰徳も政資より相伝しているということは、やはりこれまで考察してきたように、多政資の娘婿山村吉貞は政資の養子となり、政資の相承していた曲を相伝されたものと考えられるのである。平出久雄氏が『相承系譜』において、好(吉)貞を政資の子とし、楽所本で政連を政資の子としているのは、これらの伝承等に基づきこのような結果を想定されたからこそであろう。ただしここまで、吉貞が政資の養子となったものとしてみてきたが、同本では政連とし、政連が一者になったという説もあることから、政連こそが養子とされたという可能性もまったく考えられないわけではない。少なくとも政資は政連に胡飲酒を相伝しているように、その才能の点において政連の方に期待をかけていたと察せられる。政連の名の「政」も政資の一字をとってつけたものであったろう。政連を正連と記した史料もあるが、このことから、政連のほうが正式な名前であったと考えられる。

吉貞と政連は多氏の一員となり、吉貞は節資の後に第一者となったものの、多氏より下臈出身の二人が多氏内において置かれた立場は微妙なものがあったろう。それが現実となってあらわれたのが平等院一切経会での吉貞・政連に対する節資の仕打ちであり、これはいまだ元服前の政連の心を深く傷つけたことであったろう。また、節資の意向によると思われる実子資忠の政資への養子は、結果的には吉貞・政連父子を多氏から追い出すことになったのである。さらに、山村姓にもどってからの吉貞と政連は舞人として疎んぜられることが多かったであろうし、逆に資忠は吉貞に代わって第一者となってからは、右舞の中心となったであろう。前掲のように十一世紀後半、ことに資忠が第一者になったことが確実な寛治二年(一〇八八)以降の奏舞についてみると、資忠が振鉾を六度、一鼓を二度、貴徳を五度、御神楽を四度、納蘇利を三度、ほかに採桑老・胡飲酒・王仁・催馬楽を掌ったほかは、資忠の子節方が納蘇利を三度、御神楽を二度掌り、政連が納蘇利を二度、公正が納蘇利を一度奏しており、資忠は多氏相伝の秘曲である神楽・採桑老・胡飲酒を独占していることが窺える。このことは、政資から胡飲酒や他の右舞の正統な流れを継いだ政連にとっては耐えがたいことであったろう。幼少の頃から舞人としての才能にめぐまれていただけに、それを発揮できない不満は次第に募るばかりで、幼い頃節資にうけた仕打ち等がそれに拍車をかけることになったであろう。そして遂に康和二年（一一〇〇）六月の祇園会において、吉貞・政連父子は資忠・節方父子を殺害するに至ったものと考えられる。楽所本によると山村政連は出雲国に配流となり、父吉貞は禁獄されたまま亡くなったと伝えられ、これに連座して吉貞の兄光吉・弟光貞についても流罪となったという。『今鏡』村上の源氏、第七や『胡飲酒相承』によると、政連の配所にはその子息の友（倫）貞も付き従ったようで、その後友貞は密かに上京し、父政連より習った胡飲酒を藤原顕長に相伝したと伝えられており、政連もまた配所の出雲国の国司らに相伝したといわれている。

この事件によって、多氏が数代にわたって相伝してきた胡飲酒・採桑老は中絶することになるのであり、これは資忠がこれらを独占したことによってもたらされた結果でもあった。幸いにも胡飲酒は政資が源雅実に相伝していたために廃絶を免れ、勅定によって源家から資忠の子の忠方に伝えられ、採桑老は好茂より伝えられていた四天王寺楽人秦氏相伝のものが資忠の子の近方に伝えられることによって復活し、再び多氏によって相承されていくことになる。(22)これによって忠方と近方の流れは嫡流と庶流として、胡飲酒と採桑老をそれぞれ相伝していくようになるのである。

三　多忠方と近方

康和二年（一一〇〇）六月、多資忠が山村吉貞・政連に殺害された時、その子忠方と近方はいまだ元服前であった。『教訓抄』巻第四が胡飲酒のところで「古記」として伝えるところによると、堀河天皇は胡飲酒・採桑老が多家より失われたのを嘆き、十五歳の忠方、十二歳の近方を元服させ、勅によって右舞は東大寺舞人紀末延より、胡飲酒は源家より、採桑老は天王寺舞人秦公貞より伝習することを命じ、神楽の秘説は堀河天皇自らが相伝したという。父資忠は康和二年に五十五歳で死亡したので、この時忠方十五歳とするならばその誕生年はおよそ応徳二年（一〇八五）となり、同様に弟近方の誕生年は寛治二年（一〇八八）となる。『楽所補任』保延元年の忠方の注記には応徳二年生まれとみえ、同書仁平二年の近方の注記には寛治二年生まれとみえ、これを傍証している。

体源本等の系図によれば、資忠には長子節方・二男節茂・三男忠方・四男近方がいた。この中の節方については、寛治六年正月の興福寺北円堂并食堂供養において納蘇利を掌っていることから、この時すでに二十歳前後と考えてよかろう。しかし、康和二年には父資忠とともに殺害されるのである。節茂については続群本に「胡飲酒被下、中院右大臣雅□御説、不仕舞人」などとあり[23]、胡飲酒を中院右大臣源雅定より伝授したが舞人として仕えなかったという。したがって、胡飲酒は忠方一人によって相伝されることになるのだが、忠方への相伝者については『胡飲酒相承』や『続古事談』では源雅定とし、『今鏡』『古事談』『古今著聞集』では雅定の父雅実とする説もある。いずれが妥当か、検討してみよう。

源雅実は顕房の長子で、承保四年（一〇七七）十九歳で参議となり、保安三年（一一二二）十二月に太政大臣に任ぜられた後、天治元年（一一二四）七月に出家し、大治二年（一一二七）二月、六十九歳で薨じたことが知られる。したがって、その誕生年はおよそ康平元年（一〇五八）となる[24]。雅実は治暦三年（一〇六七）十月二十二日に胡飲酒を舞い御衣を賜っているが[25]、相承系譜によると雅実に胡飲酒を相伝したのは多政資とされており、『水左記』同年四月十四日条に「未刻許詣右府、同車見物、了彼第中納言小児始舞胡飲酒、其師正助」とあり、この年の二月に雅実の父顕房は権中納言に任ぜられていることからも[26]、この時胡飲酒を舞った小児とは雅実であったことは誤りないであろう。したがって、源雅実は九歳の時、奏舞するその四ヵ月前より多政資から手ほどきをうけていたことが知られる。

雅実の子雅定は元永二年（一一一九）参議に任ぜられた時、二十六歳とみえることなどから誕生年はおよそ寛治七年（一〇九三）となる。久安六年（一一五〇）八月、右大臣に任ぜられるも、仁平四年五月に出家し、応保二年（一一六二）五月に六十九歳で亡くなったという(27)。雅定も康和四年（一一〇二）三月九日の白河法皇御賀試楽において父雅実と同様に九歳にて胡飲酒を舞ったが、この時は多資忠が殺害された直後でもあり、同曲の奏舞はことに注目されたようで『中右記』には次のように記されている。

胡飲酒出庭中舞、一曲不誤、万人感歎、生年九歳、雖有年少恐、全無其失、誠是可云神妙歟、去々年、多佐忠父子共被殺害之後、此舞已絶、内大臣治暦三年、九歳舞此曲、今日初伝世、可謂勝事歟、

また、長治二年（一一〇五）正月五日の朝覲行幸にも胡飲酒を奏し、「舞体誠以絶妙、衆人感歎」と絶賛されている。

このようにみるならば、多資忠が討たれた康和二年には源雅定はまだ七歳であり、その直後に胡飲酒が堀河天皇の勅定によって忠方らに伝習されたとしたならば、年少の雅定からの相伝とするよりも、この時四十二歳であった雅実から相伝したとするほうが自然であろう。忠方が胡飲酒を奏した初度の例は『楽所補任』元永元年条や『続古事談』第五より元永元年（一一一八）十二月十七日の最勝寺供養の時であることが窺われるが、『殿暦』同条裏書に「今日有胡飲酒右近将曹忠方舞之、右府被教」とあり、これによっても右府すなわち源雅実の指導によるものであったことが明らかである。しかしまた、雅定を忠方の相承の師と位置付けていた『胡飲酒相承』の注記に「宝荘厳院供養日、舞続手足、雅定近被発加云々」とあり、この内容はいま一つ明確でないが、『中右記』などによるとこの法会は長承元年（一一三二）十月七日に行われたものであり、この時雅定が何か舞の手を加えたと解することができるならば、忠方は雅定が長じた後に教えを受けていたと推察することができる。すでにこの時には、忠方が十五歳に雅実から相伝されて一八年も経過し、雅実も亡くなっていた。童子時代からこれまで何度も胡飲酒を舞って称賛されてきた雅定も二十五歳になっていたのであり、年下とはいえ胡飲酒においては経験豊富な雅定から再び習ったとしても不思議ではない。忠方の息子

の忠節も『胡飲酒相承』に「弱冠之時雖習忠方、憖不覚云々、仍鳥羽院御賀之時、受右府説」とあり(28)、幼いころ父忠方に習ったものの、長じて奏する段になり再び右府すなわち源雅定の説を伝授されているのである。忠方の場合も童子の時には雅実から胡飲酒を習い、長じてからは雅定より伝授されたことが十分に考えることができる。二説がみえるのもこのような理由によるものであろう。

多忠方は父資忠が殺害された翌年の康和三年（一一〇一）十月十九日に、同四年三月に行われる白河上皇御賀のための楽所始において楽所勾当に任ぜられた。弱冠十六歳であったが、先の事件によって右方の舞人は、資忠、その嫡男節方、加害者側の山村吉貞・政連・光吉・光貞らが一度にいなくなったこともあって、多氏の嫡流を継いだ忠方が任ぜられたものであろう。『長秋記目録』には忠方の楽所勾当就任について、「生中面目事」と記している。楽家多氏の存亡の危機に貧していた忠方にとってみれば、その危機を逃れ面目を保ったことは最大の喜びであったろう。忠方の活動をみても、同書康和四年別記正月二日条や『中右記』同条にみられる朝覲行幸には狛光季（末）とともに振鉾を掌り、弟の近方とともに納蘇利を奏しているが、これは八十歳の狛光季と十八歳の多忠方というまったく年齢の離れた二人が一緒に振鉾を行ったものであり、これに対して藤原宗忠は「年歯懸隔、希有事歟」と感想を述べている。『楽所補任』保延元年条によると、忠方が右一者であった期間は三三年とみえる。死亡した保延元年（一一三五）から溯ると一者に就いたのは康和四年（一一〇二）となり、既述の同年正月の朝覲行幸には狛光季と「列一」が宣下され振鉾を行ったのはこれを意味するものであろう。

弟の多近方は忠方より三歳年少であり、忠方が胡飲酒を相伝されたのに対し、採桑老を相承した。これはかつて多好茂が四天王寺楽人秦公信に相伝したものを、今度は公信の子公貞（公定）から伝授されたものであった。この時はまだ十二、三歳の頃であり、康和四年正月の朝覲行幸に兄忠方と舞った納蘇利について藤原宗忠は「多忠方近方兄弟、二人僅十余歳、舞体絶妙、相伝家風、今日初奏此舞、見者感涙」と記し、若くしてすでに絶妙の舞体によって家風を相伝していたという。しかし、近方が採桑老を始めて舞ったのは『長秋記』天承元年（一一三一）正月二日条の朝覲行幸の時のことと思われ、この間、天永元年（一一一〇）三月四日の鳥羽殿における院の尊勝陀羅尼供養、元永元年（一一一八）三月三日の宇治一切経会、同二年十月七日の季御読経において舞われた採桑老は、いずれも近方に同舞を教えた秦公定によるものであった。[29] これは、近方の初度の奏舞の年齢が四三歳であったことからも窺われるように、採桑老という曲自体が「其体老人、携杖着紫浅袍、微々行、身体如不堪人」というものであり、[30] 近方が十代の頃に伝授されたといってもすぐに舞えるものではなく、年齢を重ね舞人としての年季を積んで始めて生きる舞であった。天治元年（一一二四）正月五日の朝覲行幸に採桑老が舞われたが、『長秋記』同条裏書に、後に聞いた話として「採桑老、康和比多資忠為山村吉貞許参《マヽ》、後北京舞人無知此曲者、而天王寺舞所公定伝習此曲之由有其聞、去十二月比召上京都令習伝也」とあり公定をたびたび京都に召し上げ伝習させているように、すでに三十歳代半ばに達していた近方らは公定からしばしば採桑老の教えを受けたであろう。『楽所補任』によると近方は保延二年（一一三六）に「右一」とみえ、仁平二年（一一五二）には忠方の子忠節について「八月十六日初為一物」とあり、同書や系図では近方が一者であった期間をいずれも一七年としていることから、近方の一者の期間は忠方の没した保延元年より近方が出家する仁平二年四月までであったと察せられる。

ところで、多氏が相承したのは右舞のほかに神楽があった。『神楽血脈』によれば資忠・節方が殺害されたことによって多氏において中絶した神楽は、資忠より相承していた堀河天皇より忠方と近方二人に相伝されたことになっており、『教訓抄』巻第四にも「神楽ハ兄弟黒戸ニ召居テ、令勅下御出」とあるが、これに続けて「秘事ハ二男近方下給タリ」とみえ、堀河天皇は神楽を忠方・近方の二人に伝授したものの、その秘曲については弟近方に伝えたという。

『体源抄』十ノ上にはこの伝授のことについて記されており、これによれば近方は堀河天皇より三年近くにわたって伝習を受け、十六歳の時に初めて内侍所御神楽の拍子をとったという。古記録によって忠方と近方が拍子を掌った例をあげると、近方は天永二年（一一一一）十月、永久二年（一一一四）十一月、元永二年（一一一九）十二月、大治四年（一一二九）十二月、同五年十一月などの御神楽を掌っているのに対して、忠方は大治四年十二月と同五年十一月の時に、しかも近方とともに拍子をとっていることが知られるのであり、[31]神楽は二人に相伝されたものの秘曲は近方のみに伝えられ、近方がその主導権を握っていたといえよう。

四　嫡流（忠方流）の動向――景節と忠成――

この後嫡流は忠方の子忠節によって継承されたが、系図によって忠節以後の系譜を一瞥すると、鎌倉期から室町期にかけて、庶流に比べてかなり波乱にとんでいることが窺われる。忠節の子景節・忠成兄弟の争いにより景節の子忠久[32]は関東に住し中原景康の養子となっており、忠成の孫忠世は「為女被𢽬害」れ、忠成の系譜の忠量・忠幸・忠継、忠景も殺害され、忠敦も「為盗人横死」している。[33]これらについては、鎌倉期以降のことでもあるので、他日を期すこととして、ここでは嫡流の中でも忠節とその子景節・忠成に関して検討してみよう。

多忠節は『楽所補任』大治五年条によると二十歳で右近府生に任ぜられており、系図には建久四年（一一九三）に八十四歳で卒去したとあるように、およそ天仁二年（一一〇九）か翌年の生まれと察せられる。胡飲酒奏舞の初度は『中右記』保延二年（一一三六）十月十五日条の金剛院内造立五重塔供養でのことであり、これは前年六月に父忠方が没していたために忠節が奏したものであった。この後、同五年正月の朝覲行幸[34]には胡飲酒を奏し胡飲酒賞を授けられ、右近将曹に任ぜられた。仁平二年(一一五二)、おじの右近将監多近方が卒するとこれに代わって忠節が右一者に任ぜられる。一者の期間は文治四年(一一八八)に出家するまでの三六年間であった(35)。

ところで、系図によれば、忠節には景節・忠成の二人の息子がいたが、ともに一者になってはおらず、しかも忠成は景節のために殺害されたという。これについて『胡飲酒相承』忠成の注記に「為夜打被致害了。舎兄景節所為歟之由、世以疑之」とあり、『楽所補任』建永元年条忠成の注記に「兄景節之子童強盗之体ニテ打之」とみえる。いったい何が原因であったのであろうか。まずそれぞれの経歴について『楽所補任』によってみると、多景節は平治元年(一一五九)に内舎人としてみえ、仁安二年(一一六七)には右近将曹に転任、文治二年に左衛門尉とみえる。多忠成は文治元年右兵衛尉に任ぜられ、建久六年三月の東大寺供養(36)において始めて胡飲酒を舞ったものと思われ、この時三十一歳であった。その後たびたび胡飲酒を舞うことによって賞を被り、正治元年(一一九九)には将監になるが、建永元年(一二〇六)に殺害される。ところで嫡家多氏に秘伝として相承されていたのは既述のように胡飲酒である。『胡飲酒相承』によると同曲は忠節よりその子景節・忠成のいずれにも相伝されている。景節の奏舞については同相承に「後白河院御時、於蓮花王院惣社舞也」とあり、後白河の時代、蓮華王院惣社の法会に舞ったという。蓮華王院は長寛二年(一一六四)後白河法皇の勅願によって建立され、その惣社や同社祭は安元元年(一一七五)頃より始められた(37)。したがって、景節が胡飲酒を舞ったのは安元元年以降、後白河法皇の崩御した建久三年(一一九二)までの間のことと察せられる。さらに、父忠節が生きている間には忠節が掌ったであろうから、景節の胡飲酒奏舞は忠節の出家した文治四年(一一八八)から建久三年の間のことであったろう。これに対し、忠成は建久六年の初度の舞の後たびたび舞っていることが知られるのであり、これにより忠方流の嫡流は兄景節がわずか三年間継受した後、弟の忠成に受け継がれたものと推測されるのである。

また、『神楽血脈』によると神楽の相伝についても忠節からは忠成一人にしか伝えておらず、景節は近方流の成方から相伝されたことになっている。兄景節がなぜわずか三年で嫡流を弟忠成に譲らなければならなかったのかその理由は明白でないが、景節が鎌倉幕府の楽所に勤仕したことが何か関連があるかもわからない。『鶴岡社務記録』建久二年（一一九二）十一月二十一日条には左一者の狛盛光とともに「右一者多左衛門尉多景節」とみえる。この後同四年五月には『楽所補任』にその名がみえることから、いったんは都へもどっていたと思われるが、建永元年（一二〇六）忠成が殺害され、景節の所為との疑いがもたれると再び関東に下向したという[38]。建久二年十一月に景節が鎌倉へ下向していることについては、『吾妻鏡』同月二十一、二十二日条にやはり近方流の好方・好節が鎌倉に下り鶴岡八幡宮で神楽を奏したとあることから何ら不思議はない。しかし、好方と好節はその後もたびたび幕府に招請されての下向であり[39]、鎌倉の舞人・楽人に神楽を伝授していたのであって、そこに在住もしくは長期間にわたって留まっていることはなかった。この点、景節の場合も同様であったと思われ、景節が鎌倉に下向していたことが弟忠成が嫡流を継承した原因となったとは考えられないのである。とするならば、景節が弟忠成を殺害に及んだのは早くに嫡流を奪われた恨みによるものではなかったのか。事件発覚後、景節は鎌倉へ下向し再び都に戻ることはなかった。体源本等では景節の子忠久は鎌倉において中原景康の養子となり、建久九年には星川姓を賜ったという。景節が忠久に胡飲酒を伝授したか否かは明白ではない。忠成も殺害されたことによって多氏の胡飲酒相承は再び中絶しようとしていた。近方流の好方は天皇の許可を得て、先に忠節から胡飲酒を伝授されていた源雅行から七十有余歳にして習い[40]、これによって多氏における胡飲酒廃絶の危機は回避される。同本によるとその後、忠成の子忠茂も胡飲酒を相承することになるが、右一者は忠節が任ぜられたのを最後に、景節・忠成・忠茂等においても任ぜられることなく同流は衰退する。

五　庶流（近方流）の動向

多近方には成方・近久・好方・好久・近助の男子がいた。[41]『楽所補任』によると長子成方は大治五年（一一三〇）に十七歳で右近府生に補任され、保延五年（一一三九）には「十月廿六日成勝寺供養日、依父近方譲任」として右近将曹に転じ、応保元年（一一六一）には右近将監となるが、仁安元年（一一六六）に没している。母は狛行高の娘であったという。二男近久は保元三年（一一五八）内舎人となり、永暦元年（一一六〇）には右近将曹としてみえる。寿永元年（一一八二）には右近将監に任ぜられこの時五十九歳で、建暦元年（一二一一）には右一者となり、建保元年（一二一三）に没した（体源本『多氏系図』によると、建暦元年正月の出家、同年十月の死とされている）。九十歳であったという。三男の好方は久安二年（一一四六）十七歳で右衛門志に任ぜられ、「不経府生」と注記されているように若くして同志に任ぜられたものであった。永暦元年（一一六〇）には三十一歳で右近将曹、安元元年（一一七五）には四十六歳で右近将監となり、文治五年（一一八九）に前年の忠節の死の後をうけ一者となり、この六十歳の時に従五位下を叙した。建暦元年に八十二歳で没するまで右一者は二二年間にわたって勤めたという。『採桑老相承』によると、採桑老は近方から成方・近久・好方の三子に相承されており、神楽も『神楽血脈』所収『糸管要抄』によると同じく三人に相伝されているが（『神楽血脈』では成方・好方の二人とし、近久は兄成方からの相伝とされている）、既述のように忠方流にて中絶の危機にあった胡飲酒を源雅行から伝習したのは好方であった。このことから知られるように、近方流を継いだのは三男の好方であったものと察せられる。

父の近方は仁平二年（一一五二）五月に没するとおそらくは長男成方が後継者となったものと思われるが、その成方も仁安元年（一一六六）に卒去する。(42) この後は近久か好方かのいずれかが後継を襲うことになるが、年齢は近久が六歳ほど年長であった。だが近久は崇徳院の頃に武者所に出仕しており、始めて楽人として奉仕するようになるのは保元三年（一一五八）近久が三十五歳の時であった。これに対し好方は既述のように十七歳で多くの楽人を追い越して、久安二年（一一四六）には右衛門志に任ぜられた。この時父近方は右一者であったが、好方の出世は単なる父の労によるものばかりではなく、『台記別記』同三年三月二十八日条にみえる宇治入道相国（藤原忠実）七十御賀供養の舞楽には父近方・従兄弟の忠節・兄成方などとともに右方舞人の一人として加えられているように、好方は音楽的才能にも恵まれていたものと思われる。

近方亡き後の採桑老を掌った者についてみると、保元四年二月には成方が、その没後は仁安四年三月、建久五年（一一九四）三月には好方が舞っている。(43) 右方一者についても父近方・従兄弟忠節の後、好方が二三年間勤め、続いて近久が二年間勤めているということも以上の結果を示唆している。しかも、建暦元年（一二一一）に好方が卒去した後、近久が右方一者に任ぜられたことについて、『楽所補任』に「好節訴訟云、於近久者舞道神楽道不知秘曲之由雖申無承引」とあり、好節が伯父近久は秘曲を知らないためにその資格がないと訴えたが承引されなかったという。好節にしてみても父好方が卒去した時すでに四十九歳前後であり、決して若くはなかった。結局好節は近久の死後一者となり、建保五年（一二一七）に卒するまでの四年間勤めた。この後、一者は好節の子好氏が継承し、その弟の好継も一者となるが、これ以後は近久の系譜から輩出することとなり、同系譜は鎌倉、室町時代を通してもっとも隆盛することになるのである。

続いて、主に左舞を掌った楽家狛氏について検討してみよう。

第三節　狛氏の系譜とその活動

一　楽家狛氏の成立——光高・則高——

左舞人狛氏の系譜を示すものには、管見によると『狛氏系図』（『体源抄』・『続群書類従』系譜部所収、以下それぞれ体源本・続群本とする）、『楽所系図』（既出、以下楽所本とする）、『楽家系図』（既出、以下楽家本とする）、『系図纂要』、平出『相承系譜』、『地下家伝』、『楽家録』巻之十六所収「奈良楽人系図之説」、『荒序舞相承』『抜頭相承』（ともに『続群書類従』管絃部、宮内庁書陵部蔵『楽道相伝系図』（二本あり）所収）がある。まずこれらによってその出自について考えてみると、その祖とされているのは滋井因叶や好行であり、渡来系氏族であったことは明らかで、実在が確認できる十一世紀初頭の光高までの官職について整理すると第33表のようになる。ここでは楽所本にみえる近衛府官人とする記述に注目したい。すなわち同本ではすでに葛古の時に「舞師唐楽師」であり左近府生とみえ、その曾孫の斯行が雅楽允と左近府生、以下真高が雅楽属と左近将曹、真行が雅楽属と左近将監に任ぜられたとある。承和六年（八三九）に雅楽寮の考人で近衛に補任される道はひらかれていたことを考えると、彼らが雅楽寮と近衛官人を歴任したことはまったく否定はできないが、管見によれば九、十世紀には狛氏が多氏のように近衛官人を勤めた例はこれら以外にはほとんどみえないこと、[44]信頼性の高い説として光高の時にはじめて左舞人として置かれたという事実、同本以外ではいずれもせいぜい光高の一代前の真行において左近府生とされ楽家本ではその真行について「職掌始也」とみえること、

第33表　狛氏系図比較

体源抄本	続群書類従本	楽所系図本	楽家系図本
滋井因叶 高麗国人也	滋井因叶 高麗国人也		
好行 大宰府庁為舞師首	好行 大宰府庁為舞師首	好行 大唐高麗新羅百済等舞楽師也大宰府庁舞師	
葛古	葛古	葛古 舞師唐楽師 左近府生	
衆古 雅楽允	衆古 雅楽亮〔允〕	衆古 雅楽属	
衆行 雅楽師 此時始被置興福寺	衆行 雅楽狛師 此時始被置興福寺	衆行 雅楽允 此時始而被置興福寺職掌	衆行 冷泉院御宇依勅被置興福寺
斯高	斯高	斯高 雅楽允 左近府生	斯高
真高 雅楽属	真高 雅楽属	真高 雅楽属 左近将曹	真高
真行 左近府生	真行 左近府生	真行 雅楽属 左近将監	真行 職掌始也
光高 左近将監	光高	光高 舞師 左近将監	光高 左近将監

楽所本では左右両舞制が成立し左舞に狛氏が固定される光高以前から、右近衛府ではなく一様に左近衛府とされていることなどから、同系図の狛氏に関する真行以前の官職、ことに左近衛府に任ぜられたという記載は後世の狛氏の任官記事によって潤色された可能性がきわめて高いものと察せられる。したがって、狛氏はすでに拙著において説いたように[45]令制のもとで雅楽寮等の楽人として任ぜられ、後に興福寺に置かれるようになり、平安中期頃に近衛府官人に補任されるようになったとするのが穏当であろう。

系図では滋井因叶や好行を狛氏の祖とするが、荒序舞や抜頭の相承系譜にみえるように実質的に左舞を専業とする舞人としての祖は狛光高であった。光高は体源本によると、永承三年（一〇四八）三月八十九歳で卒したとみえる。『春記』によると同年正月に一鼓を掌った光高について「光高八十余者也、上下憐之云々」とあり、舞を奏した光高に対しても「光高毎渡舞、見者感歎云々」とあり、これ以後光高に関する記事がみえないことからも卒年はほぼ同年と考えられる。したがって、光高の誕生年はおよそ天徳三年（九五九）のこととなる。光高に関しては第一節に既述した通りであり、その晩年になって左一者に定められたものと考えられる。

この光高の跡を襲ったのは、同書永承五年（一〇五〇）三月十二日条の高陽院試楽に亡き父光高に代わって左方の振鉾を勤めた則高であった。この時には左近将曹であったが、『康平記』康平四年（一〇六一）十月二十五日条の平等院御塔供養では左近将監として一鼓を掌っている。則高は体源本・続群本によると承保三年（一〇七六）に七十八歳で卒したとあることから、その誕生年はおよそ長徳四年（九九八）となり、父光高三十九歳頃の子であった。体源本や『楽所一者次第』では一者の期間を三一年間とし、その死去する承保三年まで一者であったとするならばその任ぜられた時期は寛徳二年（一〇四五）頃となり、『楽所一者次第』でもその任ぜられた時期を同年としている。しかし、他の事例からみても父光高の死後に一者になったとするのが穏当であり、三一年間とする伝承とは異なるが、永承三年から承保三年までの二八年ほどではなかったかと察せられる。

二　嫡流と庶流——光季・則季・高季——

狛則高には光季・則季・高季の三人の男子がいた。光季は『中右記』天永三年（一一一二）十月二十三日条によると「右近大夫将監狛光末、昨日依老病卒去年八十六」とあり、八十六歳没とするが、系図や『楽所補任』では八十八歳とする。同書天永三年には万寿二年（一〇二五）生まれとあり、また「長暦二年始出仕、仕公家七代、将監以後栄爵十八度、一物治三十八年」とあり、長暦二年（一〇三八）以来七代の天皇に奉仕してきたとみえる。これによると初出仕の年齢は十代前半となり、後一条、後朱雀、後冷泉、後三条、白河、堀河、鳥羽天皇に仕えたことになる。しかし、その活動が明確に知られるのは『春記』永承五年（一〇五〇）三月六日条の高陽院御堂供養試楽のことであり、大伴信国・茨田光重・多吉方とともに序の舞を奏し発詠も行っている。また、『楽所補任』や系図、『楽所一者次第』ではいずれも一者を三八年間治めたとされており、『楽所補任』天永二年の狛行高に「左二」とみえ、父光季の死去した同三年に始めて「一物」とみえること、『中右記』同二年二月一日条の朝覲行幸には光季が振鉾を行っていることから、光季はその死去するまで一者であり、死去後は行高がこれを継承したものであった。系図等に伝える三八年間とは数年ずれるが、光季が一者となったのは父則高の卒した承保三年（一〇七六）から光季の死去する天永三年までのことであったものと推察される。

『地下家伝』十一や系図によると、光季は承暦元年（一〇七七）十二月十八日に勧賞を受け、従五位下に叙せられ左近将監に任ぜられたという。この日は法勝寺阿弥陀堂供養の日であり、『舞楽要録』によると左方は万歳楽・秦王破陣楽・胡飲酒・打毬楽・陵王、右方は地久・林歌・新靺鞨・狛桙・納蘇利が舞われたとある。前年に父である左近将監則高が卒去したことを考えると、光季が承暦元年十二月に父の跡をうけて左近将監に任ぜられたとされるのは十分信憑性があろう。

ところで、狛氏において秘曲として相伝されたのは陵王荒序と抜頭である。『教訓抄』巻第一によれば荒序は八帖からなり、舞には二四八説と八方八返説があった。前者の説は北方・東方・西方・南方においてそれぞれ二返ずつ舞って、最後には北に向かって終えるというもので、後者は北方より舞いはじめて乾、西、坤、南、巽、東、艮と舞い、最後に北を向き右膝をついて終えるというものであった。なかでも八方八返説が「キハメタル大事秘事」とされていた。(46)『荒序舞相承』によれば則高から嫡子光季へ相伝されており、嫡流の相承曲とされている。光季が同曲を舞ったことが確認できるのは、『体源抄』一三「代〻公私荒序所作事」（以下「荒序所作事」とする）にみえる承暦四年八月十五日の石清水八幡宮の放生会である。また光季については、『教訓抄』巻第七に多政資と入綾舞手に関して論争した旨の話が伝えられている。(47)これに対し、抜頭は庶流に相承された曲であり、『抜頭相承』によると則高からは二男の則季の系譜と、三男の高季の系譜がみられる。このほか左舞の皇麞について、『教訓抄』巻第四には「此舞於光季・則季雖伝、依父則高之命不舞、三郎将曹高季舞之、今ハ大神右舞人ゾ舞伝ケル」とあり、同曲は三人の兄弟に相伝されたが父則高の命によって三男の高季のみが舞うことを許されたという。さらに、楽所本高季には「相承抜頭還城楽両曲為家業」とあるように、高季の系譜では還城楽も相承したという。

則高の二男則季、三男高季については、古記録や『楽所補任』などにわずかな記事がみられるにすぎない。則季は系図や『古今著聞集』巻第十五などによると、承保三年の舞楽御覧に秦王破陣楽を舞って兵衛尉に任ぜられ、白河院の勅定によって院の寵愛する童二郎丸に青海波などの左舞の秘事をことごとく授けた功によって院の北面に祇候することが許されたと伝えている。『水左記』には永保四年（一〇八四）正月十七日に万歳楽を舞った舞人の一人として、「右兵衛尉」とみえる。高季は系図では「将監」「康和二年十月死」などとみえ、『中右記』寛治八年（一〇九四）五月四日条によれば舞楽を奏し殿上人より纏頭されたことが知られる。このほか『教訓抄』巻第五、胡徳楽に、寛治三年の平等院一切経会において同曲の勧盃の瓶子取の役に兄光季の教えに基づき二舞の面をつけたために奇異に思われたと伝えている。

ところで、『荒序舞相承』『抜頭相承』によれば、両秘曲はいずれも光季・則季・高季の祖父にあたる光高からその嫡男則高へと相承されたのであるが、則高の子供たちの代から陵王荒序は長子の光季、抜頭は二男則季・三男高季へと相伝され、光季を祖とする嫡流、則季、高季を祖とする二つの庶流に別れ、『続教訓抄』第一冊などに春鶯囀の序について「嫡流狛光季方ト、末流狛行高方ノ舞様、大ニ相違セリ」と記されるように、その舞様もしだいに変化していったのである。

長子の光季は万寿二年（一〇二五）頃の誕生であり、二男則季・三男高季はこれ以後の生まれであることはいうまでもないが、高季の卒去が康和二年（一一〇〇）と伝えられるように、則季・高季とも兄光季より先に没したために、ともに一者となることはなかった。しかし、これ以後は狛氏に相承された左舞一者もこれら三系統から出されたのであり、光季の死後に一者となったのは三男高季の子行高であった。行高については庶流の動向のところで述べることとして、続いて光季を祖とする嫡流の動向を検討してみよう。

三　嫡流の系譜

狛光季は九十歳ちかくまで長生し、一者三八年間と伝えられているように舞人の中でももっとも長期間にわたりその任にあったと察せられるが、実子には恵まれなかったという説がある。『続古事談』第五、諸道には次のように伝えている。

光季又子ナシ。女子ノ子ニテ光貞光則アレドモ、光貞ニハ舞ミナヲシヘタレドモ、ソノ身中風シテ目ミエズ。光則ニハワヅカニ半分ヲシヘタリ。光末七十ニアマリニタリ。ヲシヘハツベカラズ。左右ノ舞タエナントストゾ申ケル。

系図によると光季の子どもとして光貞・光則のほか、友光・行貞の名がみえ、(48)光貞については「実外孫、女子也、宇治網代目代内舎人子云々、理宮長者酒浪友忠子也」と注を付している。これによると光貞は光季の娘の子であり、光季はその光貞に対しすべての曲を相伝したという。にもかかわらず、古記録や『楽所補任』にも光貞の名がまったくみられないのは、『続古事談』が記すように中風かなんらかの病により「目ミエズ」という出仕できない体調であったことによるものと推察できよう。

二男光則については『続古事談』ではやはり娘の子としているが、他の史料によって確認することはできない。光則は『楽所補任』天仁元年(一一〇八)に左近府生とあり、「左三、年四十」の注記がみえる。同書によれば天永三年(一一一二)に一者であった光季が没すると庶流の行高が一者に転じ、光則は三者から二者となる。永久三年(一一一五)には左近将曹に転任し、保安元年(一一二〇)七月に行高が卒去するに及んで一者に転じ、同二年二月には将監に任ぜられた。一者となった時には五十二歳であったという。『長秋記』天治元年(一一二四)正月五日条の朝覲行幸に左近将監狛光則が右近将監多忠方とともに「鼓舞」すなわち一鼓を掌っており、『楽所補任』の記事の信憑性を傍証している。同書によればこの時から保延二年(一一三六)正月に卒するまで、奏舞によって多くの栄爵をこうむったことがそれぞれの条に注記されている。これらの中で他史料によって確認できるものについて述べてみると、まず大治三年（一一二八）三月十三日の円勝寺供養は『百練抄』にみえ、『舞楽要録』によると栄爵の対象となった秦王（秦王破陣楽）が舞われたことが窺われる。天承元年（一一三一）正月二日の栄爵については『長秋記』正月二日条の朝覲行幸に

次散手光則、上皇召関白、給一階由被仰、関白帰座仰右大臣、々々起座透廊西一間跪、以左陣官人召光則仰之、光則往反経左陣後承賞、経左陣南進庭中再拝、杖桙立、

とみえる。長承元年（一一三二）三月二十三日の内裏臨時楽については『中右記』同条にみられるが、同書によるとこの日の振鉾（桙）を掌ったのは狛末定（季貞）であり、振鉾を行うことができるのは左右の舞人の中の一者かそれに相当する者であり、本来ならば一者の光則が行うものであった。また奏舞された中にも栄爵の対象となった散手は確認できない。

したがって同条に「右近将監多忠方、左近□所、所労候間懸一鼓前行」とみえる「所労」の主は光則であったものと思われ、光則は実際には勤仕できなかったものと推察される。しかし、同年十月七日の白河阿弥陀堂供養には出仕し、『中右記』に、

被仰左大臣、光則可賜一階、左大臣起座、於参議・程（座歟）、以陣官人召光則於欄下、被仰賜一階之由、光則進出前庭二拝、経舞台東庭入楽屋、

とあるように一階を賜り、この時散手を舞ったものであろう。同三年二月十七日の栄爵についても『長秋記』や『中右記』などによって確認される。光則は保延二年正月に卒去するが、『楽所補任』同年の注記によれば前年の十一月頃より実質的には出仕していなかったという。左舞一者は行高の後の保安元年からこの時までの一七年間治めたので

あり、系図などでも同年数とされている。

狛光季の三男友光は同書天養元年（一一四四）の注記によれば、延久四年（一〇七二）生まれで、『中右記』康和四年（一一〇二）三月二十四日条の臨時楽御覧に弟行貞とともに皇帝破陣楽や北庭楽を掌っており、長治元年（一一〇四）三月三日には光則・季貞・光時とともに輪台を奏したことがみえる。また『楽所補任』では天仁元年以来、左近府生としてみえるが、天養元年二月には「依病出家、同廿九日卒、年七十三」あるいは「近来不仕、興福寺許也」とあるように、晩年近くになってからは朝廷に出仕することなく興福寺ばかりに参じていたという。

光季の四男行貞は、同書永久四年（一一一六）に「八月日任、年卅二、左舞人故光季孫光則弟也、興福寺舞人」とみえ、やはり光季の娘の子で、光季の養子となったようで、友光と同じように天養元年まで左近府生であった。朝廷に出仕した記録としては康和四年三月の臨時楽御覧に皇帝破陣楽を友光とともに奏したことが知られるのみで、天養元年には、四天王寺に居住し同寺の舞人となったことで「楽人同座行列無例」として大内楽所から擯出されてしまうのであるが、その原因について大胆な推察が許されるならば、「近来不仕」とあった兄友光とともども、嫡流でありながら大内楽所における立場になんらかの不満をいだいていたことが朝廷に出仕しなくなった原因ではないかと思われる。

既述のように長子光貞は病のため早くから出仕できなかったのであり、嫡流として勤仕していたのは光則・友光・行貞の兄弟と光貞の長子光時などであった。彼らの年齢を比較すると、それぞれの誕生年はおよそ光則は治暦四年（一〇六八）、友光は延久四年、行貞は承保二年（一〇七五）、光時は寛治二年（一〇八八）であり、友光・行貞と光時とは十五歳前後の年齢差があった。しかし、保安元年（一一二〇）、行高の死によって光則が一者になると、その翌年には光時は序列で友光を追越し(49)、左舞二者の庶流の季貞（行高の弟）と並んで左近将曹に任ぜられたのである。この時光時は三十五歳で、おそらくは季貞に次ぐ三者とされたものであろう。友光はこのような人事に対して不満をもつようになっていったと思われる。さらに、後述するように康治二年（一一四三）に光時の子則安（源則康）が二十二歳で左兵衛尉に任ぜられ、左将監の父光時について二者に抜擢されたことも一つの契機となって朝廷への出仕を懈怠するようになっていったものではなかろうか。行貞は朝廷の舞人として補任されたのは光時より後のことであり、序列は最初から光時より下位であったが、則康の抜擢には怒りを通り超した諦めの境地に達したことであろう。保延二年（一一三六）、一者の光則が亡くなると庶流の季貞がこれを継ぎ、二者には光時が就いた。この時季貞七十歳、光時五十歳、友光六十四歳、行貞六十一歳であった。次いで、翌年に季貞が亡くなると光時が一者となったのである。

狛光時の誕生年については諸説がみられる。系図には「平治元年五月四日死、七十三歳」とあり応徳三年（一〇八六）頃となるが、『楽所補任』天仁元年（一一〇八）条に「年廿」とあり寛治二年（一〇八八）頃の生まれとなる。平出『相承系譜』では同三年生まれとしている。『楽所補任』によれば天仁元年にはすでに左近府生、左七者としてみえ、その後狛光季、同行高の没によってそれぞれ左六、五者となり、既述のように行高の死の翌年の保安二年に三者狛行季、四者狛友光を追い越して左近将曹に任ぜられ、狛光則・同季貞に次いで三者となったものと察せられる。保延二年（一一三六）、光則が卒すると七十歳の季貞とともに五十歳の光時が左近将監に任ぜられ二者となるが、同書ではこのことについて「一二物相並近衛将監初例」と注記している。狛氏の長老で二者であった季貞と嫡流の後継者光時の両者に配慮しての特例として行われたものであったろう。光時は翌年の季貞の籠居によって一者になると、平治元年（一一五九）に卒去するまでの二二年間を一者として勤めたのであり、その年数は系図等の注記とも一致している。この間の活動のうち、栄爵を受けたものについて古記録等によって確認できるものについてみると、久安三年八月十一日鳥羽殿御堂供養の散手賞は、『本朝世紀』同日条に「左近将監狛宿禰光時舞散手了之間、内大臣召光時於欄下被仰給一階之由」とあり、同五年三月二十日延勝寺供養、同六年十月二日法勝寺金泥一切経供養についても同書にそれぞれ「左近将監狛光時奏此曲之間、雅定卿奉勅召光時於欄下以近衛官人召之、仰賜一階之由、光時即於前庭拝舞」「左近将監狛光時奏散手之間、曲終入楽屋、発帰徳乱声之間、更有仰召返光時、被仰賜一階之由左大臣仰之」とある。仁平二年三月八日御賀後宴については『兵範記』同条に「此間内大臣召左近将監光時、於階下仰賜一階由、光時於庭中徒手二拝、左舞曲皆美麗之故云々」とあり、同三年十一月二十七日の競馬についても『本朝世紀』同条に「舞人左近将監狛光時一階」とあり、それぞれ確認できる。このように光時は五十歳前後で一者となってからは、その実力を遺憾なく発揮し美麗な舞を披露し[50]、仁平二年三月の御賀には左大臣藤原頼長の要請によってその子隆長の舞師になるなど、摂関家との交流もみられた。

系図によれば、光時には光近・光量・則安・光重・光景の男子がいた[51]ことが知られる。長子光近は同書に「寿永元四廿九死六十五才」とあるのを参考にすると[52]、永久五年（一一一七）頃の生まれとなる。『楽所補任』では長承元年（一一三二）十月に初めて左近府生に任ぜられ、この時十五歳であったという。若くして舞人に任ぜられた例として十二世紀初頭の多忠方・近方兄弟の例があるが、これは父・兄がともに殺害されるという特殊な事情が存在したのであり、これを除くともっとも早い例とみることができる。これ以後しだいに、若年にして楽人・舞人に任ぜられる傾向があらわれていく。同書によると光近はこの後、久安元年（一一四五）には左近将曹、保元三年（一一五八）五月には「内教坊妓女舞師賞」により左兵衛尉に転じ、永暦元年（一一六〇）には左近将監で左一者としてみえている。前年の父光時の死によって一者に任ぜられたものであろう。一者はこの後卒去するまでの二三年間勤め、系図でも同年とみえる。光近の奏舞例についても、『台記別記』康治二年（一一四三）正月十八日条の賭弓に龍王（陵王）急序破二反を舞い、久安三年（一一四七）三月二十八日条の宇治入道相国（忠実）七十御賀供養に青海波・万歳楽・春鶯囀・太平楽を舞い、『兵範記』仁平二年（一一五二）正月二十六日条の左大臣家大饗に出仕するなど枚挙にいとまがない。保元三年五月に内教坊の舞師に任ぜられたことについて、『兵範記』同月二十九日条に「今日主上初御覧内教坊、舞妓十二人、（中略）、舞師左近府生狛光親執大拍子、進舞台西下之間、召光親被仰任給左兵衛尉由」とみえ確認できる。嫡流に代々相承されてきた陵王荒序は父光時から相伝し、長承三年（一一三四）閏十二月十四日の内裏御覧に十七歳で奏して以来頻繁に舞っている。(53)

光近の兄弟のうち則安（康）については、『楽所補任』天養元年（一一四四）条によると源姓に改姓したことがみえるが、『本朝世紀』康治二年（一一四三）十二月三十日条には次のように記されている。

今日、被下左兵衛少尉源則康改姓申文、帰本姓狛也、件則康、曩祖光高、則高、光季、及光時、皆一時名物也、殊巧大唐舞曲、而則康忽変其道、為主水正源則遠養子、是仁和寺法親王被寵遇之間、於院北面加元服、即祗候北面之故也、今帰本姓勤伶人之役、末代之善政、何事過之哉、件申文被下外記、而依大外記師安申状被下官方了、

これによると狛則康は主水正源則遠の養子となり、仁和寺法親王に寵愛され、元服後には院の北面に祗候したが、本姓にもどり伶人の役を勤めたいとの旨を上申し認可されたという。『楽所補任』康治二年条の注記によると、同年正月三日の朝覲行幸に二十二歳で初めて舞人に列し、しかも左兵衛尉に任ぜられ左二者の位置に置かれたものと推察される。この時父光時は左近将監であり、父子が左近将監と左兵衛尉と並ぶのは承保年中（一〇七四〜七七）に狛則高・光季父子につぐ第二例目であったという。この時、則康より四歳ほど年長で、早くから陵王荒序を舞い、嫡流の後継者として着々と足場を築いてきた長子の光近はいまだ左近府生であり、光近の楽所における序列も庶流で狛氏の長老である七十二歳の狛友光、六十九歳の同行貞、光則の子の狛則友、同則助についで左七者であったと思われ、則康の任官がいかに異例であったかが窺われる。このような異例の二者就任は、やはり仁和寺法親王の後見によって鳥

羽法皇の北面の武士となり、左兵衛少尉という舞人としては高い地位にあったことによるものであった。[54]しかし、若いうえに、技量に裏打された二者の地位であったわけではなく、『台記』久安六年六月二十四日条によると酔に乗じて兄光近と喧嘩に及んでいるのであり、狛家内におかれた則康の立場もつらいものがあったのであろう。この事件の翌々日に出家している。『楽所補任』久安六年（一一五〇）条には出家の動機について「六月十五日出家、非道心、非病、酒狂云〻、又私主君仁和寺宮勘当故歟、年二十九」とあり、酒狂によるもので仁和寺宮の勘当を被ったとしているが、少なくとも酒狂の原因には狛家におかれた彼の微妙な立場があり、しだいに深刻な悩みとして心に鬱積していったことがあろう。[55]しかし、『本朝世紀』に「殊巧大唐舞曲」と記されていたように舞人としての才能はあったものと思われ、『台記別記』や『本朝世紀』によると久安三年三月二十八日の藤原忠実の七十御賀には所労の父光時に代わり青海波や陵王を舞い、同五年三月二十日の御願寺延勝寺供養でも父光時とともに安摩を舞っている。則康は嫡流に相承された陵王荒序についても光近とともに相伝されているのであり、ゆくゆくは嫡流をめぐって兄光近との相承争いの可能性をはらんでいたであろう。だが則康の出家によって光近が嫡流を継承することになり、則康は久安六年六月、南都において出家し寂禅と称したという。[56]

狛光時の四男光重は系図には「光時孫光忠男也」とみえるが、光忠については同系図の当該期の人物として窺いえず、外孫であった可能性があろう。『楽所補任』文治四年（一一八八）条には将監に任ぜられた時の年齢が六十一歳とみえることから、およそ大治二年（一一二七）の生まれと推察され、則康の六歳ほど年下であったと思われる。同書における光重の初出は、保元三年（一一五八）に左近府生として還任している。同年以前に光重の名を見出すことはできない。しかし、左近府生として還任した時の同書に記されている順番に注目したい。すなわち、大神是光、狛光久につぎ、狛光行の前に置かれているのであるが、同書を年代を溯って確認すると仁平元年（一一五一）に出仕を停止させられた光弘という人物にたどりつく。光弘は同年四月「依酒狂企自害、仍永放狛姓、停出仕取一家親族証判畢」とあり、酒狂により自殺を企て狛姓から放たれたとされているのである。光弘は久安三年（一一四七）に初めて左近府生として補されており、「四月日任、左舞人、光時男、興福寺、年廿」とある。ここには光時の子とされているが、系図に光弘の名を確認することはできない。この理由を狛姓から追放されたゆえとみることも可能であるが、光重が還任した時の左近府生の地位が同じであることや、光弘も久安三年に二十歳であったということからその誕生年は大治二年頃となり、光重と年齢において一致することなどから、光重と光弘とは同一人物であったと考えられるのである。光弘は二十四歳の時に狛姓から追放され出仕を止められたが、酒狂から立ち直り七年後に還任されるに及んで、再起をはかる意味において改名を行ったのではないかと推察されるのである。

　光弘（光重）の音楽活動についてはわずかしかみられず、『台記別記』久安三年三月二十八日条の忠実七十御賀には舞人として「光弘無官、輪台、春鶯囀、太平楽」とあり無官とされているが、左近府生に任ぜられたのは前記のように四月のことであったので矛盾はない。これ以後は『玉葉』建久五年（一一九四）三月十日条の大原野行啓試楽に光重として青海波や龍王を舞ったことが知られる。また「荒序所作事」によると、同七年三月二十六日の賭弓、同八年二月十五日の常楽会には陵王荒序を奏しており、これは権中納言藤原顕長が光重の兄光近より受けたものを相伝されたものであった。[57]『公卿補任』によると顕長は仁安二年（一一六七）十月に没していることから、荒序は光重が還任した保元三年（一一五八）以降仁安二年までの間に伝授されたものと推察できる。左舞一者は、二三年間治めた狛光近の死後、庶流の行高の孫則近を経て、正治元年（一一九九）に光重が七十二歳ほどで就き、その没する翌年までの足掛け二年間を治めた。[58]

　光時の五男光景については、系図では外孫で東大寺僧恵継の子とされている。[59]『楽所補任』によれば保元二年四月に初めて左近府生に任ぜられているが、仁安三年を最後にみえず、その奏楽活動も古記録等によって確認できない。嫡流は光近から、その娘の子で養子となった光真へと継承されるのであるが[60]、これ以後の経過については他の機会に譲って、続いて狛氏庶流の動向を考察してみよう。

四　庶流の系譜

先述のように則高の子供の代から嫡流と庶流に分かれたが、まず則高の二男則季の系譜（西流狛氏）、続いて三男高季の系譜（辻流狛氏）の順にみていこう。系図によれば則季の子としては行季一人が知られる。『楽所補任』によれば行季は天仁元年（一一〇八）にはすでに左舞五者で三十六歳とみえるが、保延四年（一一三八）には中風によって出仕せず、その三年後の永治元年には卒している。出仕を停止する前年には、一者末（季）貞の死によって嫡流の光時が一者となると、行季は光時についで二者となったものと察せられる。奏舞の活動としては康和四年（一一〇二）三月二十四日の臨時楽御覧に打毬楽の舞人の一人としてみえるのをはじめ長治元年（一一〇四）八月一日の御八講には輪台を舞い、天永四年（一一一三）正月八日の朝覲行幸、元永二年（一一一九）九月三十日の鴨院殿寝殿仏教供養、同年十月五日の御八講結願には舞人として勤仕している[61]。

その行季の子として行元と季時が知られるが[62]、行元については未詳である。季時は『楽所補任』によると保延元年に左近府生に任ぜられ「年三十、左舞人、興福寺、行季男」とみえる。応保元年（一一六一）八月に左近将曹に転任し、承安二年（一一七二）に六十七歳で卒去している。系図には「篳篥相伝」とあり[63]、『篳篥師伝相承』に「季兼弟子」とあるように篳篥を相承したという。その師にあたる藤原季兼は敦兼の子で、祖父敦家は和邇部用光から相伝を受け、『尊卑分脈』には「本朝篳篥一芸相伝棟梁也」と称された人物であった。奏舞の記録もみられ、『兵範記』によると久寿二年（一一五五）と保元三年（一一五八）の三月三日に行われた宇治一切経会において庶流に伝えられた抜頭を舞い、保元三年の同会ではさらに安摩を舞っている。だが、『抜頭相承』では狛行季から季時の子季長（行季の孫）への相伝とされており、季時についてはみえない。また、このほか鶏婁鼓を奏し、万歳楽・赤白桃李花などを舞っていることが知られる。(64)

一方、高季の系譜については、高季の子供たちに行高・季貞・国高・康高・保孝がいた。(65)行高は『楽所補任』保安元年（一一二〇）条にみえる注記に康平五年（一〇六二）生まれとあり、系図によっても確認できる。天仁元年から始まる『楽所補任』には行高はすでに二者で左近将曹とみえるが、『殿暦』康和四年三月二十四日条によるとこの時の臨時楽御覧に右舞人多忠方とともに任ぜられたものであった。天永三年（一一一二）十月嫡流の狛光季が卒すると行高は同年十一月の法勝寺での白河法皇六十御賀から一者を預かったのであり、(66)これ以後保安元年に卒去するまでの八年間同地位にあった。『中右記』によると白河法皇六十御賀の舞楽には、左方の振鉾を掌るとともに陵王をはじめて舞ったという。陵王荒序は嫡流相伝の秘曲であり、陵王そのものが嫡流によって舞われることが普通であったようだが、同書には「又雖可有抜頭、可舞龍王之由、殊有仰、仍行高初舞之也」とあり、本来ならば行高は庶流に相承されていた抜頭を舞うべきところを、白河法皇の意向によって陵王を舞わせたものであった。行高は永久二年（一一一四）十一月二十九日の白河新御願寺供養日に散手を舞って勧賞を被り左近将監に転任するが、その時の作法について「行高登台三拝、了又舞入楽屋、作法頗不知歟、二拝也、而不可及三度、又於庭中可拝也、又着浅履、人々為奇」と批評されている。(67)行高の音楽活動は同書寛治五年（一〇九一）七月三十日条の相撲御覧に狛光季とともに輪台の破を舞っているのをはじめとして枚挙にいとまがないが、『楽所補任』によって勧賞を受けたものについてみると、既出のもの以外に元永元年（一一一八）十二月十七日最勝寺供養の散手賞、保安元年二月二日朝覲行幸の青海波賞が知られる。これらについて他の史料によって確認すると、前者については『舞楽要録』によれば散手は行われておらず、『殿暦』同条の裏書に「有舞人賞行高、左一者、給一階、大平楽了入間召之、楽人正清、笛吹、任左近将監」とあるように、散手賞ではなく太平楽を舞ってのものではなかったかと思われる。後者については『中右記』同条などから光則とともに青海波を舞ったことが知られ、同書にはさらに「爰有仰召左近将監狛行高、内大臣奉勅起座、於東透廊召寄行高、被仰給爵之由、出庭中及三拝可二拝也」と記されており、再び作法を失しているが爵を賜っている。

また行高は、系図に「大神惟季為聟伝笛」とあり、『大家笛血脈』にも大神惟季から笛を相承しており、狛氏の横笛の祖と伝えられている。これはおそらく、行高が笛を伝承する大神惟季の娘を娶り姻戚関係が生まれたことによって、惟季が行高へと相伝したものであろう。同流の笛は、この後には行高と惟季の娘の間に生まれた行則によって相承されるのである。

高季の二男季貞は『群書類従』所収の『楽所補任』保延三年条に治暦三年（一〇六七）生まれとあり、系図などによってもほぼ確認でき、兄行高より五歳年下であった。『中右記』嘉保二年（一〇九五）七月三十日条の相撲召合に抜頭を舞った時には府生とみえ、永久五年（一一一七）十二月には左近将曹に転任し（五十一歳）、この時兄行高（五十六歳）、嫡流の光則（四十九歳）について三者であった。保安二年には前年の行高の死によって光則について二者となり、保延二年（一一三六）正月に光則が卒し、その三月二十三日の勝光明院供養において『中右記』に「秦王左右府被退出了、予依殿下仰立座向座末、以陣官人召舞人、左近将曹季貞成給将監仰也、季貞拝」と記されているように左近将監に任ぜられ一者となった。さらに、同年十月十五日の法金剛院御塔供養に万歳楽を舞い一階を賜っている。しかし、既述のように翌年二月十六日の常楽会において青海波を舞い終えて退場する時に舞台の下で俄に倒れ、その後は出仕しなくなったという。一者に就いていた期間はおよそ一年間であった。なお、『抜頭相承』には季貞の名はみえないが、古記録によると幾度も奏舞していたことが窺われる。

この庶流を継承したのは行高の息子たちであった。長子行則は元永元年（一一一八）十二月に十七歳で左近府生に任ぜられ、久安元年（一一四五）正月には左近将曹に転じた。しかし、同六年六月には落馬し足を怪我したために一年ほど出仕しなかったが、翌仁平元年（一一五一）八月の放生会から再び出仕したと伝える。長寛元年（一一六三）三月に出家し翌月に卒去したという。享年六十二歳であった。[68] 既述のように行則は笛を相伝したが、音楽活動は『長秋記』元永二年八月十七日条の内裏舞楽、『中右記』同年九月三十日条の鴨院殿寝殿仏経供養、十月四日条の御八講などにおいていずれも舞人として勤仕している。また、抜頭を舞ったことも窺え、[69]『抜頭相承』では父行高よりの相伝とされている。

行高の二男行時は保延元年（一一三五）に三十二歳にしてはじめて左近府生に任ぜられ、兄行則の二歳年下であった。『楽所補任』によれば同四年の行時について「依刃傷行方事、依長者宣被止出仕」とあり、行方について、

> 九月十七日春日若宮祭日於興福寺南大門為行時被刃傷、其後行歩不通、随依長者宣、行時相共被止出仕、同五年五月五日卒、年五十三、

とある。行方とは登美則方の二男の登美行方のことで、大治二年（一一二七）四十一歳で左近府生に新任されたのであり、狛氏同様、興福寺楽人であった。この刃傷の争いの原因はまったく不明であるが、ともに興福寺舞人であり、事件が起こったのが春日若宮祭当日であったことから、同祭における奏舞などの担当をめぐっての争いであったものと推察される。登美行方はこの翌年に亡くなるのであり、あるいはこの時の傷が原因となったのかもわからない。狛行時は事件の翌年には「九月日免任」とあるように出仕を許されている。行時の奏舞例としては、『兵範記』仁平二年八月十六日条の法勝寺奉賀法皇五十御賀、同三年三月三日条の平等院一切経会などが知られるが、ことに後者においては

抜頭を掌っている。しかし、『抜頭相承』では行時の名はみられない。『楽所補任』によると安元二年（一一七六）十月の卒で七十二歳であったという。

行光は『楽所補任』保安三年（一一二二）条に左近府生に任ぜられているが、その注記には「年卅一、笛吹、為故行高養子改姓」などとあるように行高の養子であり、およそ寛治六年（一〇九二）生まれで、行則・行時よりも十歳以上年上であった。行光の実父は未詳であり、またなぜ行則・行時より年長の行光が行高の養子に入ったか明白ではない。だが系図に第三子として記されているのは、行光が養子に入った時には少なくとも行則・行時の兄弟はすでに生まれていたのではないかと思われ、養子となったのは行時が誕生する康和五年（一一〇三）以降ではないかと推察される。行光は「笛吹」とみえるように、舞人ではなく笛吹の楽人として出仕したのであり、ことに『教訓抄』巻第四の妓楽のところに行光やその孫の有光について触れているように妓楽笛を相承した。行光が行高の養子に入った理由はいまひとつ明白ではないが、行高の時に笛の相伝を大神氏より受け、長子行則へと伝えたが、行則は既述のように舞人として出仕していたのであり、狛氏の笛相承者として養子に迎えられたのではなかろうか(70)。その後行光は保延五年（一一三九）に雅楽属に任ぜられ、仁平二年（一一五二）八月に病によって出家し、九月に卒去する。

同庶流は行則の子則近に継承される。則近は『楽所補任』によると、久安六年（一一五〇）四月に初めて左近府生に任ぜられる。この時十八歳とみえることや、同書建久九年（一一九八）に六十六歳で卒したとあることなどから、長承元年（一一三二）頃の生まれということになる。永暦元年（一一六〇）には左近将曹に転任、安元二年（一一七六）に将監に任ぜられ、寿永元年（一一八二）に嫡流の光近が卒去するに及んで一者となった。一者は卒去するまでの一六年間治めたであろう。『楽所補任』によると勧賞をうけた音楽活動として八例みられるが、古記録などによって確認できるものをあげると、安元二年御賀臨時楽の抜頭賞については『玉葉』同年三月十六日条にみえる後白河法皇五十御賀宴の時のもので、同書には「左抜頭範近、装束如恒、舞了欲退帰之間、又被仰賞任将監給」とある。寿永二年二月二十一日朝覲行幸の万歳楽賞については、『吉記』同日条に「召舞人狛則近、被仰勧賞則近不奉召退入、以官人遣召之間遅々、地久之間参進、又奉仰之後、不拝退入、忘失歟」とあり、「不拝退入」という非礼をおかしている。そのほか、建久六年三月十二日東大寺供養の散手賞は『東大寺続要録』供養篇、同八年四月二十二日三条殿七条女院朝覲行幸のあったことは『百練抄』にみえる。しかし則近の活動については未詳である。なお、則近は左舞一者には寿永元年から卒去する建久九年までの一六年間勤めており、系図でも「一者十六年」とみえる。

則近以後もその子の則房、孫の定近と一者を輩出しているが、嫡流と比べるとその一者に就いている期間は短いことから、嫡流を補うような形で一者に任ぜられたと思われる。しかし、庶流にあっては有力な系譜であった。これ以後の動向に関しては、また他の機会に考察することにしよう。

また、豊原・大神・小部氏などの他の楽家については、稿をあらためて検討したい。

注

（1）井浦芳信「舞楽二分法の形成」（『東京大学教養学部人文科学科紀要』二六、国文学・漢文学Ⅷ、昭和三十七年）一一四頁。

（2）左右両部制については、拙著『日本古代音楽史論』の「むすびにかえて」で述べたところである。林屋辰三郎・井浦芳信氏もそれぞれ『中世芸能史の研究』、『日本演劇史』で触れている。

（3）それぞれ『小右記』永観三年三月三十日、『御堂関白記』寛弘四年四月二十五日、『小右記』長保三年十月九日条。

（4）一者については、系図に注記があるほかに『東寺文書』甲号外二八号に『楽所一者次第』（「右一者次第」「左一者次第」）があり、一者に定められた年次、その期間が注記されているが、多氏においては、少なくとも好茂以前については必ずしも信用できるものではない。

（5）『体源抄』所収『狛氏系図』。また、『地下家伝』十一にもみられる。なお、『地下家伝』では九十歳の卒とする。

（6）『荒序舞相承』、『抜頭相承』（ともに『続群書類従』管絃部所収の『催馬楽師伝相承』におさめられている）。

（7）山上伊豆母「楽家多氏成立の背景―神語から神楽へ―」（『芸能史研究』四七）、西郷信綱『古事記研究』五三頁。
（8）『地下家伝』十では長久元年十一月十六日のこととしているが、同日に御神楽が行われたことは確認できない。
（9）当該期の古記録には、多正（政）方のほかに右近将曹紀正方がおり、まぎらわしいが、この場合はともに一鼓を打ち、『小右記』治安元年十二月十四日条に多政方と大友成道が舞道第一者、これに次ぐ者としてみえることからも多正（政）方のことであると考えられる。
（10）誕生年を没年と年齢などから割り出す場合、年齢の数えかたによって一、二年の誤差があると思われる。以下の場合も同じである。
（11）『胡飲酒相承』にも、正（政）資―資忠―節資の系譜がみられる。
（12）稲垣泰彦『日本中世社会史論』第一部第一第二章補節「山村氏について」五一頁。
（13）『東大寺別当次第』権少僧都雅慶条。
（14）『平安遺文』六八六号。同書では「御霊会右方白左兵尉吉光」などとあるが、稲垣氏の引用文に従った（注(12)前掲書、四九頁）。
（15）平出久雄『相承系譜』京都方多氏、好貞ならびにその注(6)。
（16）『公卿補任』承暦四年。
（17）宮内庁書陵部蔵『楽道相伝系図』所収による。続群所収のものは「又節資為正資養子」云々とある。
（18）宮内庁書陵部蔵『楽道相伝系図』所収による。続群所収のものは「習子息資忠故者、節資不得胡飲酒」云々とある。
（19）「楽所一者次第」（『東寺文書』甲号外二八号）では資忠について「承徳二年任治七」とある。承徳二年（一〇九八）から七年間となると彼の死後までということになり、明らかに誤りである。
（20）『改定史籍集覧』『新訂増補国史大系』所載の『古事談』ではともに「正道」としているが、後者の校異には「道、原イ本林本谷本作連、谷一本作通」とみえる。これまで述べた他の史料からみても「正連」が適当であろう。
（21）『濫觴抄』下。
（22）これらについては、『教訓抄』などの楽書、『採桑老相承』『胡飲酒相承』や『古事談』『今鏡』などに伝えられている。
（23）体源本には「不任舞人　勧学院学生」とある。『楽所系図』には節茂はみえない。

(24) ここまで『公卿補任』承保四年、保安三年、同五年。また、承保四年の雅実の記事の中に「く頭書云」として「康平二年月日誕生」とみえる。
(25) 『百練抄』『扶桑略記』同日条など。なお、『公卿補任』承保四年、雅実の記事の「く頭書云」では「治暦二年月日童殿上舞胡飲酒」とするが、『中右記』康和四年三月九日条に「内大臣（雅実―筆者注）治暦三年、九歳舞此曲」とあるように治暦三年が妥当であろう。
(26) 『公卿補任』治暦三年。
(27) ここまで右同書、元永二年・久安六年・仁平四年。
(28) 『楽道相伝系図』（宮内庁書陵部蔵による）所収のものによる。なお、『続群書類従』所収では「右府」を「左府」としている。
(29) それぞれ『永昌記』天永元年三月四日、『中右記』元永元年三月三日、『長秋記』元永二年十月七日条。
(30) 『教訓抄』巻第四。
(31) それぞれ『中右記』天永二年十月二十日、同書永久二年十一月十四日、『長秋記』元永二年十二月八日、『中右記』大治四年十二月四日、同書同五年十一月五日条。
(32) 楽所本にはみえない。続群本では「久忠」とする。楽家本には関東在住の注記はない。
(33) 忠世については楽所本では「被害了」、楽家本では「被殺了」とある。忠幸は楽所本では「早世」とあり、他の忠量・忠継・忠景についてはみえない。楽家本では忠量のみみえるが、殺害された旨の注記はない。
(34) 『楽所補任』保延五年、忠節。但し同書では正月三日とみえるが、『御遊抄』朝覲行幸などでは同月四日としている。
(35) 体源本・続群本多氏系図。『楽所補任』文治四年では同年に卒去とする。一者の年数は同系図による。なお、国書刊行会編『玉葉』建久六年三月十二日条東大寺供養に「振桙忠節」とみえるが、同四年には亡くなっているのであり、これは同供養に賞をこうむり右一者となった庶流の多好方の誤りと推察される。
(36) 同供養については『玉葉』建久六年三月十二日条、『東大寺続要録』供養篇にみえるが、忠成による胡飲酒奏舞については確認できない。
(37) 『京都市の地名』（『日本歴史地名大系』27）参照。

（38）『胡飲酒相承』多好方の注記に「忠節男、忠成為夜打被玫害了、而舎兄景節所為之由、其疑出来、仍景節下向東国、其後死去了」とある。『続古事談』第五、諸道に「忠時ガ嫡子景時マドヒウセニキ、忠成又ヌス人ニコロサレニキ」とみえる。『教訓抄』巻第四、胡飲酒には「建永元年九月九日夜、忠成、為景節子童被殺害了」とあり、景節の子童の所為としている。
（39）たとえば『吾妻鏡』寛喜元年十二月十七日、嘉禎元年閏六月二十四日条など。
（40）『胡飲酒相承』好方には、「其之間当曲巳(已カ)欲絶、仍蒙御免、七十有余之後習之、最勝四天王院供養日舞、有勧賞」とみえる。
（41）『楽所系図』には成方・近久・好方のみみえる。
（42）『楽所補任』仁安元年、以下主に体源本・続群本・楽所本『多氏系図』による。
（43）それぞれ『山槐記』保元四年二月二十二日、『兵範記』仁安四年三月三日、『玉葉』建久五年三月十日条。
（44）笹山晴生「左右近衛府官人・舎人補任表―下級官人・舎人その（一）―」（『東京大学教養学部人文科学科紀要』六一）、「左右近衛府官人・舎人補任表―下級官人・舎人その（二）―」（『東京大学教養学部人文科学科紀要』六六）参照。
（45）拙著『日本古代音楽史論』二六七〜二六九頁。
（46）『教訓抄』巻第七には、則高が吉備津宮において陵王の秘事の「トウハウカヘリ」を舞い、神感あって御殿が震動したと伝えている。
（47）「光時記云」として、「前宇治殿下御存生当初、平等院一切経会、三台時、光季舞入綾、右舞人正資、節資訴申云、入綾者在右舞也、左舞自本無之、今光季等作之、其志欲失右舞人也、因茲被召問光季、光季陳申云、左舞多以調子返入舞不舞之、以楽於入舞等者、皆存之、自本依入綾舞也、所陳申有謂、仍彼等令閉口畢」とみえる。
（48）『楽所系図』では友光はみえない。
（49）また、光時に追い越された者には庶流の則季の子行季がおり、友光より上位であったが、行季にとって光時は嫡流として一目置く存在であったであろう。しかし、友光にとっては嫡流内部での光時の抜擢であり、当然これに対しては不満を抱いたことであろう。
（50）光時は荒序を祖父の光季から相伝された。その奏舞の事例をあげると、天治元年・同二年正月の内裏賭弓、大治二年正月の賭弓、同三年正月の八幡宮修正、長承元年八月の内裏舞御覧、同二年三月の賭弓、同月七日の内裏舞御覧、同三年閏十二月の内裏舞御覧、保延二年三月の仁和寺御室舞御覧、同三年十一月の熊野別当法印長範堂供養、久安元年十一月の石清水行幸、同二年三月の賀茂一切経会などである（『体源抄』十三所収「代々公私荒序所作事」）。これらによると、荒序は多氏の胡飲酒・採桑老のように左舞一者が掌ったものではないことが知られる。

(51) 続群本では則安を則守とする。楽所本では光近・光重のみ、楽家本では光近・僧恵継・則安・光景・光重とみえる。また、『楽所補任』久安三年条には狛光弘について「光時男」とみえる。

(52) 体源本による。続群本では「寿永元年四月廿五日死、六十九（五ィ）」とみえる。

(53) たとえば長承三年閏十二月二十四日の市杣一宮、保延二年正月二十三日の院御所、同二年二月九日の内裏舞御覧、同年三月八日の舞御覧、同月十一日の内裏賭弓、久安元年正月七日の宿願八幡修正、同年十二月四日の上鴨社行幸、長寛二年閏十月二十三日の中川山寺、仁安二年二月十五日の常楽会、同三年正月十九日の賭弓、承安三年九月二十五日の法住寺殿舞御覧、同四年正月七日の石清水修正会、治承二年正月十八日の賭弓、同年二月十五日の常楽会での奏舞が知られる（『体源抄』十三所収「代々公私荒序所作事」）。

(54)(55) 角田文衛「狛則康の出家」（初出『古代文化』二六―二。後に『王朝の明暗』所収）三八八、三九二頁。同論考ではさらに、出家の動機について楽家狛家の問題として詳述している。

(56) 体源本『狛氏系図』。出家した日については同書では六月十四日とし、『楽所補任』久安六年条では六月十五日とする。続群本『狛氏系図』では「久安二（六ィ）年六月十四日於南都出家」とみえる。

(57) 『荒序舞相承』。

(58) 『楽所補任』正治元年、同二年条。体源本『狛氏系図』。続群本では「一者一（二ィ）年」とする。

(59) 体源本・続群本による。なお、楽家本では注(51)でも触れたように、恵継を光時の子とし、恵継の子光景が光時の養子となるかたちになっている。

(60) しかし、『荒序舞相承』によれば陵王荒序は光近の子供たち光朝・光兼・光真・光方・光綱の誰にも相伝されておらず、中絶の危機があったようだが、光則流の光行から嫡流の近真に伝えられ、その危機から脱したものと思われる。子供たちに相承されなかった理由は未詳である。

(61) それぞれ『中右記』康和四年三月二十四日、同書長治元年八月一日条、『長秋記』永久元年正月八日条、『中右記』元永二年九月三十日、同年十月五日条。
(62) 体源本・楽家本による。続群本・楽所本では行元は行光とされている。
(63) 体源本・続群本による。楽所本では「笙篳篥」とみえる。
(64) 『台記別記』久安三年三月二十八日条、『兵範記』仁平二年八月十六日・同三年三月三日条。
(65) 体源本・続群本による。但し後者では「季真(貞イ)将監」とある。楽所本では行高と季貞だけで、国高は季貞の子、保高はその国高の子としてみえる。平出『相承系譜』ではこの説を採っている。楽家本では行高のみ。
(66) 『楽所補任』天永三年。但し、同書では白河法皇六十御賀を十二月とするが、正しくは十一月二十五日である(『中右記』『百練抄』)。
(67) 『中右記』永久二年十一月二十九日条。『楽所補任』では十二月とあるが誤り。
(68) ここまで『楽所補任』による。以下についても、特に注記がない場合は同書による。
(69) たとえば『長秋記』元永二年十月六日条など。
(70) 行光の子光久は『楽所補任』天養元年条に「年廿一、左舞人、元雖為笛吹為舞人、行光男、光時弟子」などとあり、この時には舞人として補されているが、元々は笛吹であったこと、また同書治承二年条には雅楽属に任ぜられているが、第一章で述べたように雅楽寮官人には楽器奏者が任ぜられたことから、この時には本来の笛吹となっていたものと察せられるように、同系譜はある時期までは笛を相承したものと推察される。

音楽人関係系図

〔注〕 ゴシックは、楽所召人・陪従などを勤めた時期を示す。

(1) 源氏

①清和源氏

- 清和天皇 ─ 貞元親王 ─ 源兼忠 ─ 能正 ─ 信成 ─ 成任 ─ 成綱（白河・堀河・鳥羽）
- 清和天皇 ─ 貞保親王
- 清和天皇 ─ 貞純親王 ─ 経基王 ─ 満仲
  - 満仲 ─ 頼光 ─ 頼国 ─ 実国
  - 満仲 ─ 頼親 ─ 頼成 ─ 成綱 ─ 久隆 ─ 信綱（近衛・二条・後鳥羽）
  - 満仲 ─ 頼範 ─ 頼綱 ─ 範弘
  - 頼範 ─ 頼家
- 清和天皇 ─ 貞真親王 ─ 源蕃基
  - 貞真親王 ─ 源蕃平（村上） ─ 為堯

②宇多源氏

- 敦実親王 ─ 雅信 ─ 時中 ─ 済政 ─ 資通 ─ 政長 ─ 有賢（堀河） ─ 資賢
  - 資賢 ─ 通家 ─ 雅賢
  - 資賢 ─ 信賢（高倉？）
  - 資賢 ─ 時賢
- 時中 ─ 経相（源氏陪従家） ─ 経宗 ─ 兼俊（堀河） ─ 邦家（堀河・鳥羽） ─ 範基（崇徳・近衛・二条） ─ 範仲（高倉）

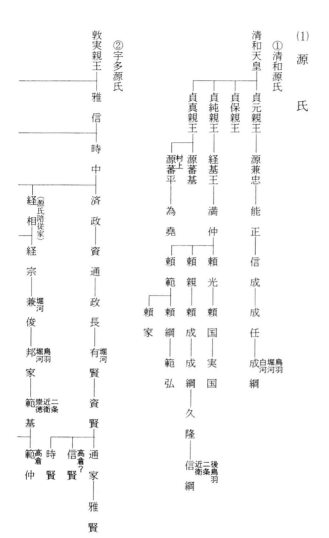

- 重信
  - 道方
    - 経親
    - 経長
      - 道良
    - 経信
      - 基綱
        - 時俊（堀河）
        - 信綱
          - 資重
      - 通時
      - 俊頼
        - 俊重（堀河）
          - 頼経
          - 楽遊
    - 経隆
- 扶義
  - 経頼
- 朝任
  - 師良
    - 俊輔
      - 通季
- 経季
- 宗行
- 俊基（後鳥羽）
- 経時（高倉）（経仲）
  - 経尚

③村上源氏

- 師房
  - 俊房
    - 師頼
      - 師時
        - 師仲
          - 雅仲（定仲）
        - 師任
  - 顕房
  - 師忠
    - 師隆
    - 師親（堀河）

④醍醐源氏

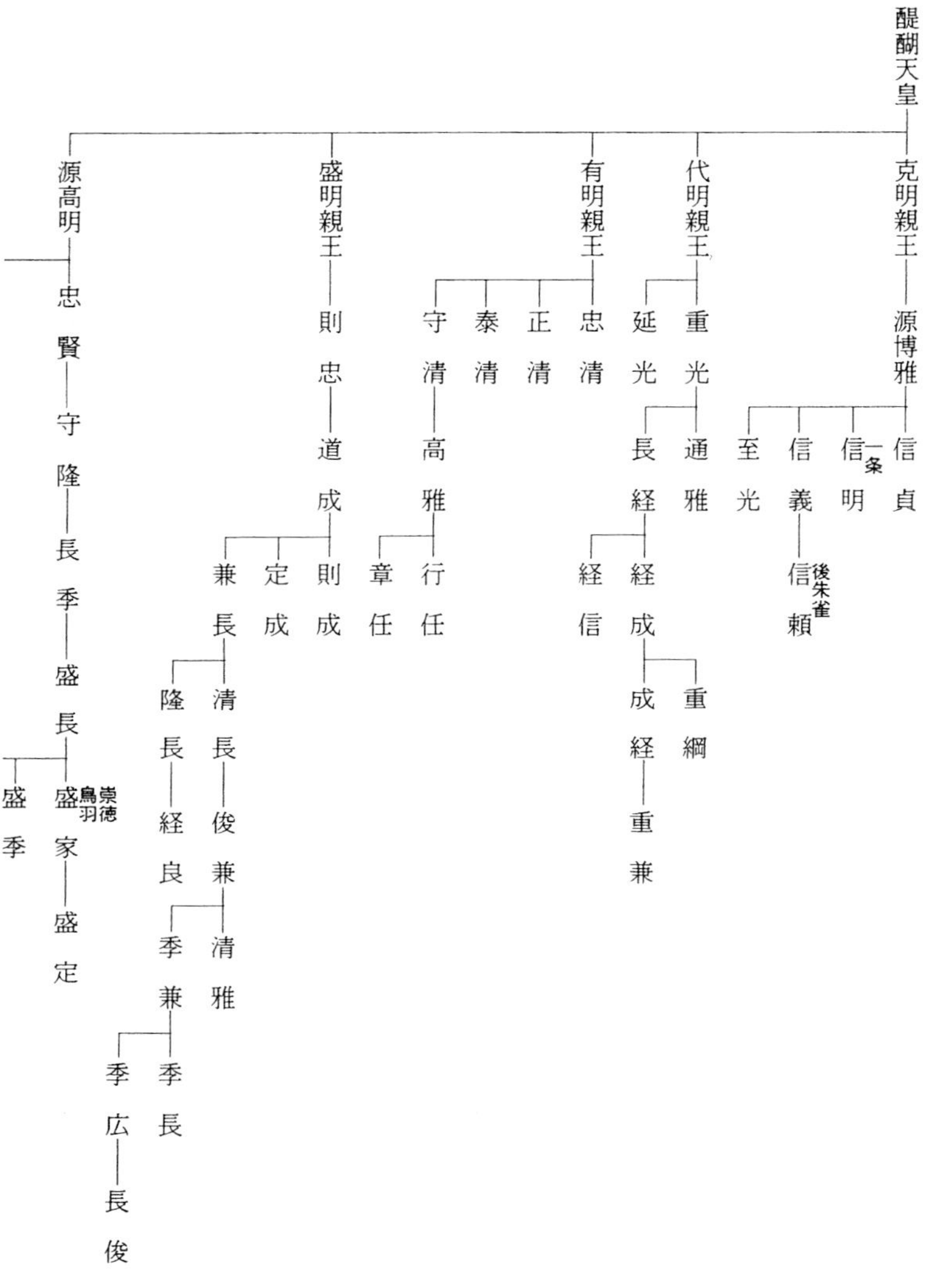
醍醐天皇
克明親王
源博雅
信貞
信明 一条
信義
信頼 後朱雀
至光
代明親王
重光
通雅
長経
経成
重綱
成経
重兼
経信
延光
有明親王
忠清
正清
泰清
守清
高雅
行任
章任
盛明親王
則忠
道成
則成
定成
兼長
清長
俊兼
清雅
隆長
経良
季兼
季長
季広
長俊
源高明
忠賢
守隆
長季
盛長
盛家 崇徳 鳥羽
盛定
盛季

俊賢
- 顕基—資綱
  - 家賢—家俊
  - 道良（経長の子となる）—俊兼
- 隆国
  - 隆俊
  - 俊明
  - 国俊

- 家時
- 盛経—長経

(2) 藤原氏

①説孝流・惟孝流

冬嗣……為輔
- 惟孝
  - 惟憲
  - 泰通
  - 致義
  - 惟光—範光—国房
- 説孝
  - 定輔
    - 高定 後冷泉
    - 重経
    - 利定—知定 堀河 白河（藤氏陪従家）—兼定 崇徳 鳥羽—盛仲
  - 定通

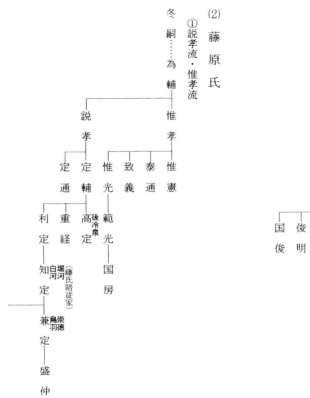

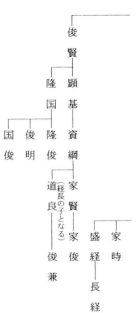

②魚名流

- 魚名—鷲取—藤嗣
  - 高房—山蔭
    - 有頼—在衡
      - 国光—忠輔—相任
        - 為道
          - 実衡
          - 兼衡
        - 国輔
      - 惟信
    - 公利—守義
      - 永頼
        - 孝忠
        - 孝道
        - 委任
        - 保相—資良
          - 章貞 白河
          - 惟信
      - 為昭
        - 則友 一条
        - 知光 一条
    - 兼三—国幹
      - 親信
      - 公正 一条
      - 行正—良佐—忠季
        - 忠職 (通季)
        - 忠光 鳥羽 堀河
  - 貞直—春茂……親賢—親信

- 時定 近衛 崇徳 鳥羽—頼方 高倉 二条 近衛
  - 頼成 二条
  - 有頼 後鳥羽 高倉
  - 憲頼
- 博定 堀河 白河—孝博 崇徳 堀河—孝定—孝道 後鳥羽

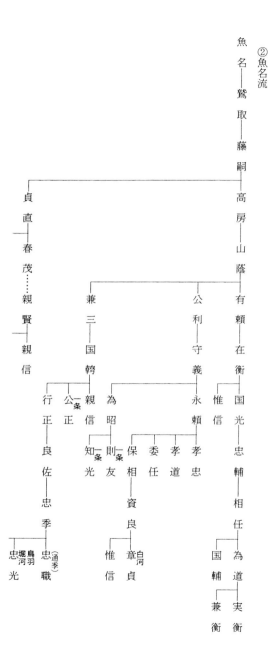

- 行康
  - 兼康
  - 範季
  - 範光（高倉）
  - 範経
- 孝直……孝秀
  - 孝政
  - 重忠（崇徳？）
- 親重
  - 親資
    - 親継
    - 親康
  - 仲俊（後鳥羽）
- 兼永
- 兼良

③長良流

- 長良
  - 国経
    - 忠幹
      - 文信
        - 惟風（一条）
          - 惟房
            - 惟信
          - 惟頼
          - 惟経
            - 知綱
              - 知信
                - 為忠
                  - 為盛
                  - 為業（二条）
                  - 頼業（近衛）
        - 惟貞
        - 惟忠
          - 則経
            - 時家
            - 時忠（堀河）（経）
              - 邦兼
    - 保命
  - 遠経
    - 良範
    - 尚範
      - 季平
      - 宣雅
      - 保方（一条）（明）

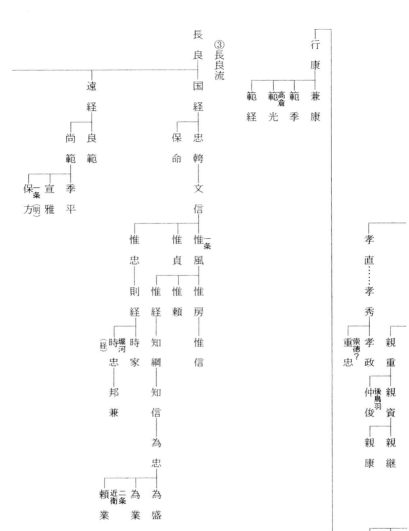

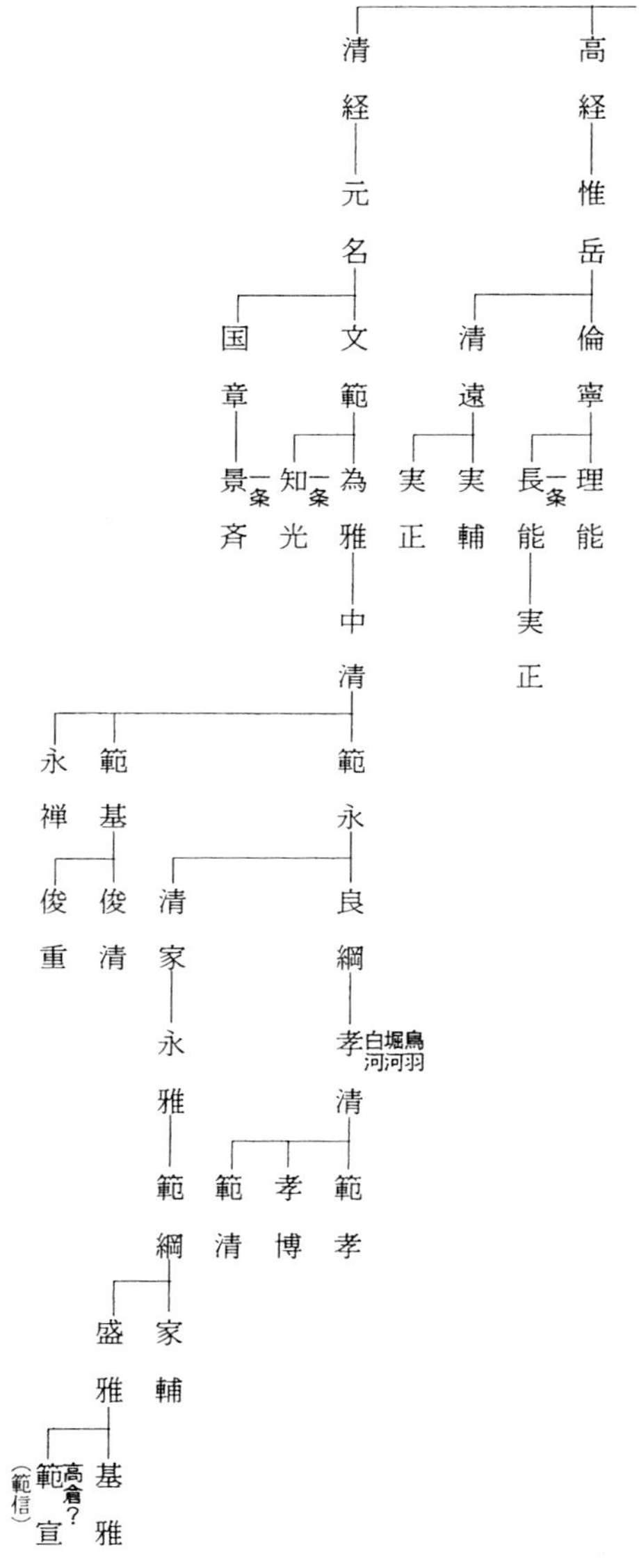

高経
惟岳
倫寧
理能
長能
一条
実正
清遠
実輔
実正
清経
元名
文範
為雅
知光
一条
国章
景斉
一条
中清
範永
良綱
孝清
白河
堀河
鳥羽
範孝
孝博
範清
範基
俊清
俊重
永禅
清家
永雅
範綱
家輔
盛雅
基雅
範宣
高倉?
(範信)

④真作流

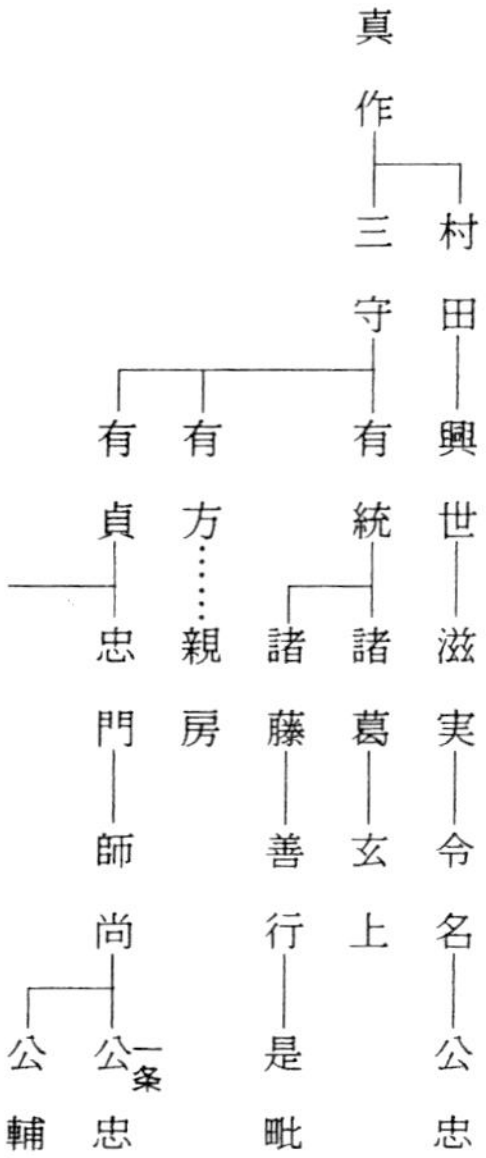

真作
村田
興世
滋実
令名
公忠
三守
有統
諸葛
玄上
諸藤
善行
是毗
有方
親房
有貞
忠門
師尚
公忠
一条
公輔

経邦
- 治方―遠規―元尹
  - 寧親―惟任―兼任―章経
    - 惟兼
      - 惟泰
      - 惟章（盛イ）
    - 惟業
    - 惟盛
  - 有親―国行―憲仲
  - 惟親（一条）―頼文
- 保方……栄成
  - 清兼
    - 実清
    - 資清
    - 盛清（近衛二条）
  - 良経
    - 良輔
    - 良盛

⑤良門流

良門……兼輔
- 雅正……実範
  - 伊綱
  - 家綱（白河）
  - 行綱
- 守正
  - 善理―遠理（一条）―成親―範経
  - 連理

- 庶世─扶光
- 公正

⑥道綱流

道綱……敦家─敦兼
- 実家
- 季兼─季信
- 季行
  - 重季─忠行
  - 定能
    - 親能
    - 定親
    - 定季
- 季家

⑦実頼流（忠平嫡男）

実頼
- 敦敏─佐理─頼房
- 頼忠─公任─定頼─経家─公定─公通
- 斉敏
  - 高遠─資高
  - 実資
  - 懐平─経通
    - 経仲
    - 経季
      - 通家
      - 季仲

⑧末茂流

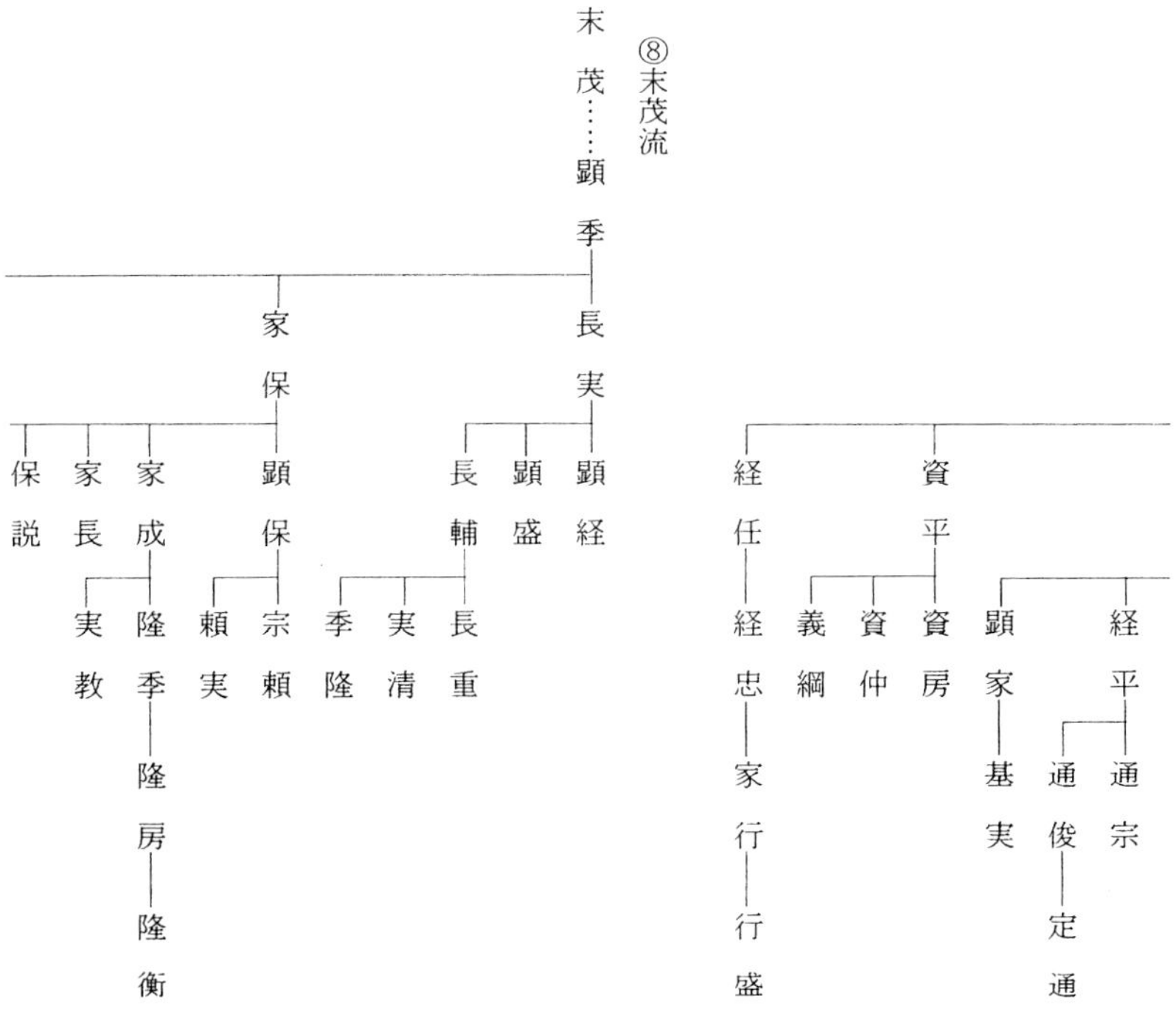
末茂……顕季
長実
家保
顕経
顕盛
長輔
顕保
家成
家長
保説
長重
実清
季隆
宗頼
頼実
隆季
実教
隆房
隆衡
経任
経忠
家行
行盛
資平
資房
資仲
義綱
経平
顕家
基実
通宗
通俊
定通

- （前頁より）
  - 顕輔
    - 重家―経家
    - 頼輔
    - 季経
  - 保成

⑨その他（藤原不比等四男麿流、同冬嗣七・八男、良仁・良世流）

- 不比等―麿―浜成
  - 継彦
    - 広敏―興嗣―忠房
      - 千兼
      - 親衛
      - 親公
    - 貞敏―晨省
  - 大継
    - 高雄
    - 豊主―氏岑―総太
    - 豊継

- 冬嗣
  - 良仁―有実
    - 行能―公明
    - 近光―敦頼
    - 保家―惟純
      - 惟忠
      - 惟信
    - 師保
  - 良世
    - 佐命
    - 邦基
      - 清時
      - 清理
    - 公忠―時延

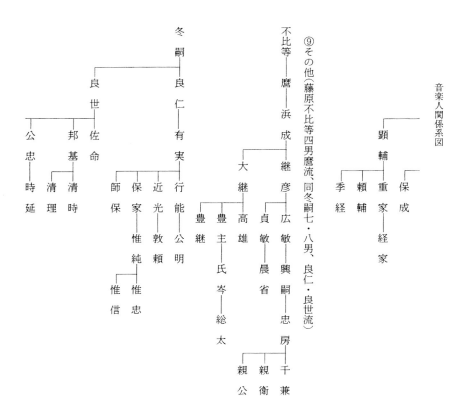

- 恒佐
  - 有相
  - 懐忠
    - 邦昌
      - 邦任
        - 頼資
          - 邦家
      - 邦恒
        - 行房
          - 行実
            - 行佐
              - 成佐
        - 義綱
        - 経行
          - 経縁
            - 有経
            - 兼経
              - 公邦（朝国）

(3) 平氏

- 桓武天皇
  - 葛原親王
    - 高棟王
      - 実範
      - 正範
      - 惟範
        - 時望
          - 直材
            - 季信
            - 親信
              - 重義
                - 教成
                - 棟仲（後朱雀）
              - 行義（一条）
                - 範国
                  - 経方
                  - 経章
                - 師季
                - 行親
                  - 定家
                    - 時範
              - 理義
                - 定親
        - 伊房
          - 統理
          - 善理
          - 実望
      - 季長

(4) 橘氏

- 元愷
  - 永愷
    - 元任
      - 忠元
        - 能元（堀河）
  - 定通（後朱雀）

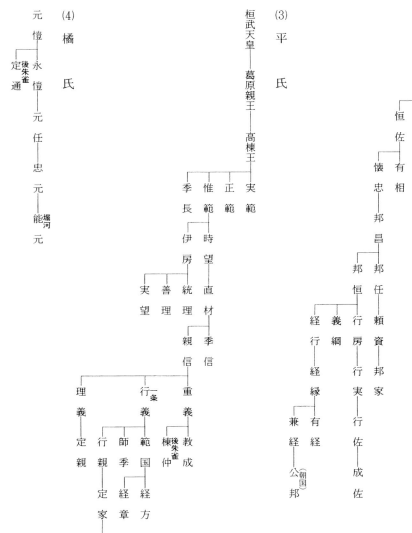

あとがきにかえて

ここ十数年来、歴史学において音や音楽に対する関心が、徐々にではあるが高まっている。なかでも、社会経済史において音や音楽に言及した論考がいくつかみられる。その一つは一揆と金属製打楽器との問題であり、入間田宣夫氏は徳政一揆のための一味を集めるために鐘を鳴らしたとされ、峰岸純夫氏は一揆と鐘・鉦・鰐口・鈴などの打物との関わり、ことに起請文の作成に及んでこれらの楽器が打ちならされるのは誓約を固めるという呪術的な意味をもっていたと説かれている（入間田宣夫「逃散の作法」豊田武博士古稀記念『日本中世の政治と文化』所載一六七頁、峰岸純夫「中世社会と一揆」『一揆』第一巻所載四三・四四頁）。二つめは社会生活と音との問題で、これは西洋史との比較の中で取り上げられたもので、網野善彦・石井進氏と阿部謹也・樺山紘一氏の対談集『中世の風景（下）』に「音と時」としておさめられている。ここでは時と鐘のことが触れられているだけで、不明な点が多いとされ、石井進氏が同書の「あとがきにかえて」において前述の入間田・峰岸両氏が一揆と音の問題に言及していることを紹介され、今後の研究課題とされている（ほかに笹本正治氏の『中世の音・近世の音—鐘の音の結ぶ世界—』など注目すべきものは多い）。これらの指摘は、これまでどちらかというと楽器とは音楽を奏でるための奏楽具としてしか捉えてこなかった私には、楽器が、より民間の実生活に密着した奏鳴具として重要な機能を有していたことへの認識を新たにするものであった。

たしかに、音楽の発生や楽器の原初的意味を考えても、日常生活の中の労働・呪術・恋愛・戦闘などに起源が求められ、[*] わが国の初期の楽器をみても、縄文時代からみられる土笛・石笛、弥生時代以降にみられる琴をはじめ太鼓や鈴などは呪術的な神懸りときわめて重要な関わりをもっていたことが明らかであり、古代においても労働・宗教・信号の為の器として、より本源的な役割を担っていたものと思われる。古代の音楽は、こうした要素を内在しつつ、それから開放されたところに遊宴としての音楽が成立するのであり、わが国の場合にはおよそ推古朝以降のことであったと察せられる。これ以後も律令国家の下において、大角や鉦鼓・太鼓などは軍楽や儀仗楽としての役割を担ったし、平安中期には空也が踊り念仏に金鼓を打ち鳴らして念仏を唱え踊り歩いたと伝えられているように、[**]「音の器」としての楽器の機能は多様で、音や音楽史的研究に課せられたきわめて重要な課題であるといえよう。

＊　音楽の起源については定説はなく、集団労働説（K・ビュッヒャーは集団労働のかけ声を重視し、R・ワラシェクは狩猟や戦闘のときの「鬨の声」を重視する）、呪術起源説（E・B・タイラー）、異性吸引説（C・ダーウィン）があり、ほかにも言語抑揚説（J・J・ルソー、H・スペンサー）、信号説（K・シュトゥンプ）などがある。

＊＊　伝康勝作の鉦を打ち鳴らし念仏を唱える空也像はあまりにも有名であるが、実際に行われた形跡は認められないという（堀一郎『空也』一七六頁）。空也像も鎌倉中期の伝承や当時流行していた踊り念仏の姿に基づくものであろう。しかし、踊り念仏の祖型を新羅の元暁に求める説もあり（橋川正「空也一遍の踊り念仏について」『日本仏教文化史の研究』所収）、堀一郎氏も「踊念仏に内包される呪術宗教的、もしくは神秘主義的な体験と実修は、すでに空也以前にも存」し、その根底に民間シャーマニズムがあったことを指摘されている（前掲書一七九頁）。

本書のテーマは、このような課題とはかけ離れた位置にあるかのようだが、王朝時代の宮廷社会におかれた音楽についてもさまざまな課題が残されていたことは序章において述べた通りである。古記録や物語をひもとくと、政の主要な部分を占めていた儀式や宗教・遊宴にかかわって、断片的だがひじょうに豊富な史料を含んでいることは端的にそれを示すものであろう。社会生活に密着していたという点においては、ともにかかわることのない問題なのである。

宮廷社会において音楽が、荘厳に響き華麗に舞楽が舞われるようになる背景には、令制下の雅楽寮から衛府舞人・

楽人の活動、楽所の創設、楽家の成立などの制度上の変遷が存在したのであり、その解明があって初めて理解されるものであると考えられる。本書でその課題に答えられたかはきわめてこころもとなく、残された課題も多い。すなわち、音楽制度の考察を主としているにもかかわらず当該時期の政治的動向の中での位置付けが不足していることであり、貴族生活の中で音楽を生きたものとして考察することができなかったことなど反省点は多い。これらの課題については他日を期し、本書で示した仮説を論証していきたい。

本書は結果的には前著『日本古代音楽史論』の第二部「古代音楽制度の変遷」の続編となるものであるが、執筆のきっかけとなったのは中世史研究選書の一つとしてテーマをいただいている「中世音楽史論」であった。最初は同論として書き始めたものであったが、令制の残存となった雅楽寮のその後のことに拘泥し、鎌倉時代へと筆を進めることができず、このようなものに化けてしまったのである。にもかかわらず、本書が出版のはこびとなったのは、恩師大隅和雄先生のお力添えによるものである。また、本書をまがりなりにもまとめることができたのは、北海道大学時代に教えを賜った佐伯有清先生、田原嗣郎先生、義江彰夫先生、新潟大学に奉職してからの恩師安藤弘先生など、諸先生の学恩によってはじめてなしえたものであることはいうまでもない。さらに、上野学園日本音楽資料室の福島和夫先生には『楽所補任』諸本閲覧のご便宜をいただき、ご助言を賜った。あわせて感謝申し上げる次第である。

最後になったが、本書を担当してくださった編集部の杉原珠海氏には、常に適切なご助言を賜ったほか、たくさんの表の割り付けなどにご苦労いただいたことと思う。感謝申し上げたい。

一九九四年九月三十日

荻　美　津　夫

平安朝音楽制度史（オンデマンド版）

Digital Publishing

2019年9月1日　発行

著　者　荻《おぎ》　美《み》津《つ》夫《お》

発行者　吉川道郎

発行所　株式会社 吉川弘文館
〒113-0033 東京都文京区本郷7丁目2番8号
TEL 03(3813)9151(代表)
URL http://www.yoshikawa-k.co.jp/

印刷・製本　株式会社 デジタルパブリッシングサービス
URL http://www.d-pub.co.jp/

荻　美津夫（1949～）
ISBN978-4-642-72277-3

著者略歴
一九四九年　北海道に生まれる
一九七八年　北海道大学大学院文学研究科日本史学専攻博士課程単位取得満期退学
現　在　新潟大学人文学部教授

〔主要著書・論文〕
日本古代音楽史論（一九七七年、吉川弘文館）
雅楽—宮廷儀式楽としての国風化への過程—（岩波講座『日本の音楽・アジアの音楽』第二巻、一九八八年）
東遊と駿河・伊豆国（『静岡県史研究』九、一九九三年）

平安朝音楽制度史

一九九四年十二月十日　第一刷発行

著者　荻《おぎ》美《み》津《つ》夫《お》

発行者　吉川圭三

発行所　株式会社　吉川弘文館
郵便番号一一三
東京都文京区本郷七丁目二番八号
電話〇三−三八一三−九一五一〈代〉
振替口座〇〇一〇〇−五−二四四番

印刷＝明和印刷・製本＝誠製本

索　　引

あ　行

か　行

さ　行

た　行

な　行

は　行

ま　行

や　行

ら　行

わ　行